高等职业教育经济贸易类专业在线开放课程新形态一体化教材

国际商务单证实务与操作

杨金玲 朱 蕾 主 编

齐雅莎 吴玉成 副主编

清华大学出版社

北 京

内 容 简 介

本书为高职高专教育国家级精品资源共享课、国家级精品课及高等教育天津市级教学成果一等奖基于"工作过程导向"的进出口单证实务课程建设与改革配套教材,本书精选其中优质资源做成二维码在书中进行了关联标注。本教材分为六大项目、十五项操作性强的任务。每个项目都有明确的知识目标、技能目标和贯穿始终的素养目标。每项任务都有相应的案例导入及思政分析,注重立德树人;同时每项任务都是在真实的任务背景下展开,学生在一定的背景下从事具体的单证操作,减少上岗后的陌生感,尽快适应岗位要求。在每项具体的单证操作部分,又明确了实训目的、操作前准备、操作程序、操作规范、操作样例及操作应注意的问题,使整个单证操作形成一个闭合的流程。重点培养学生的单证缮制技能,提高学生的动手能力和就业能力。

本教材既可作为高等职业院校国际经济与贸易专业、国际商务专业、跨境电商专业、商务英语专业的学生用书,也可作为社会从业者的培训用书。

图书在版编目(CIP)数据

国际商务单证实务与操作/杨金玲,朱蕾主编.—北京:清华大学出版社,2023.10
高等职业教育经济贸易类专业在线开放课程新形态一体化教材
ISBN 978-7-302-63206-1

Ⅰ.①国…　Ⅱ.①杨…②朱…　Ⅲ.①国际贸易－票据－高等职业教育－教材　Ⅳ.①F740.44

中国国家版本馆 CIP 数据核字(2023)第 052476 号

责任编辑:左卫霞
封面设计:刘艳芝
责任校对:刘　静
责任印制:曹婉颖

出版发行:清华大学出版社
　　　　网　　　址:http://www.tup.com.cn,http://www.wqbook.com
　　　　地　　　址:北京清华大学学研大厦 A 座　　　　邮　　编:100084
　　　　社 总 机:010-83470000　　　　邮　　购:010-62786544
　　　　投稿与读者服务:010-62776969,c-service@tup.tsinghua.edu.cn
　　　　质量反馈:010-62772015,zhiliang@tup.tsinghua.edu.cn
　　　　课件下载:http://www.tup.com.cn,010-83470410
印 装 者:三河市春园印刷有限公司
经　　销:全国新华书店
开　　本:185mm×260mm　　　　印　　张:16.75　　　　字　　数:405 千字
版　　次:2023 年 10 月第 1 版　　　　印　　次:2023 年 10 月第 1 次印刷
定　　价:56.00 元

产品编号:097897-01

前　言

众所周知,国际贸易中买卖双方大多相距甚远,很难实现"一手交钱、一手交货",取而代之更多采用的是象征性交货,即卖方以交单代替交货,买方见单付款,因此,在某种程度上讲,国际贸易就是典型的单据买卖。无论采用何种支付方式,买卖双方都要发生单据的交接,国际商务单证贯穿在整个交易过程中的始终。单证员岗是外经贸企业的最基本岗位,国际经济与贸易专业、国际商务专业、跨境电商专业及商务英语专业的学生毕业后若入职外经贸企业,如果企业单独设置单证部,他们的第一个岗位往往是单证员;即使外经贸企业采用"一条龙"操作,不单独设立单证员岗,他们也多是作为业务员的助理,日常工作处理的多是各种单据。单据代表着货物,掌握了单据就等于掌握了货物。通过单据转移,达到了货物转移的目的,国际贸易中货物的"单据化"大大便利了商品买卖过程中货权的让渡或转移,因此,国际商务单证在国际贸易中扮演着重要的角色。

党的二十大报告明确提出"深化教育领域综合改革,加强教材建设和管理",这一重大部署为新时代教材工作指明了前进方向。在全党全国人民以中国式现代化全面推进中华民族伟大复兴这一新的中心任务中,为了更好地服务经济高质量发展,进一步优化营商环境,释放外贸增长潜力,推进贸易高质量发展和高水平对外开放,2022年12月30日全国人民代表大会常务委员会对《中华人民共和国对外贸易法》进行了修订,从事进出口业务的企业不再办理对外贸易经营者备案登记手续,企业自动获取进出口权,这是外贸经营管理领域的重大改革举措,是我国政府坚定推进贸易自由化、便利化的重要制度创新。为了更深入地探索高等职业教育高素质技术技能人才培养模式,努力构建以就业为导向、以岗位技能为核心、以工作任务为主线,将课程思政要素融入课程建设与改革,做到全过程及全方位育人,特编写此教材。为使教师"易教"、学生"易学"、社会学习者"易用",本教材既配有大量的单证知识同步训练和单证技能进阶提高,也配备了全套单证知识和单证技能的参考答案。概言之,本教材实现了五个"统一"。

1. 技能培养与素养培养相统一

本教材全面贯彻党的二十大精神,落实立德树人根本任务。整个教材依据外经贸企业单证操作的工作流程进行编写,涵盖六大项目及十五项操作性强的任务,每项单证操作任务前都配有典型的案例导入,不仅就实际单证工作中存在的问题进行深入剖析,而且对课程思政要素进行提炼和总结,起到润物细无声的作用,将全方位育人有机地融入学生的技能培养中,践行为党育人、为国育才的初心使命。

2. 真实性与虚拟性相统一

本教材围绕刚刚毕业的张琳同学的职业经历展开,她受聘于泰佛贸易公司(虚拟企业),从认知单证开始,到由于业务需要调入业务部具体负责进料加工业务,到最后的缮制完成全套装运单据实现安全收汇,将进口与出口业务所涉及的单证工作有机地结合起来,形成一个完整的闭环,保证学生所学即所用。

3. 知识性与操作性相统一

国际贸易所涉及的环节多,每个环节都有与之相对应的单证,但与安全收汇关系最为密切的是各种结汇单证,学生在充分了解、掌握单证知识的同时,结合具体的任务背景,注重学生的信用证审核能力、结汇单证缮制能力和结汇单证审核能力的培养,进而使学生了解国际商务单证今后的发展趋势,掌握计算机软件制单等套合单证的缮制技巧,使学生适应单证岗的要求,力争做到零距离就业。

4. 纸质资源和数字资源相统一

本教材涵盖大量来自外经贸企业一线的真实纸质资源(单证样例),保证学生所见即所用,教材内容紧贴外经贸企业的单证岗,重点培养学生的单证操作技能,提高学生的就业能力,同时配有动画、微课、图片等数字资源,进一步激发学生的学习兴趣。本教材为国家级精品资源共享课进出口单证实务配套教材,开课平台为爱课程,扫描下方二维码即可在线学习该课程。

5. 针对性与广泛性相统一

本教材主要针对高职院校国际经济与贸易专业、国际商务专业、跨境电商专业、商务英语及其他相关专业未来从事国际商务单证岗的学生,同时兼顾各类在岗及相关行业的社会学习者,作为其工作中的好助手、好参谋,也是一本很好的培训用书。

本教材由高职院校具有丰富教学经验的教师和外经贸企业资深专家组成的编写团队共同完成,由具有15年外经贸企业一线实战经验与22年一线教学经验的天津商务职业学院杨金玲教授、天津国土资源和房屋职业学院朱蕾副教授担任主编,天津商务职业学院齐雅莎讲师和南通思择金纺家居用品有限公司吴玉成总经理担任副主编,齐雅莎和朱蕾老师提供了部分数字资源,吴玉成总经理提供了企业一线的单证资料及"中国国际贸易单一窗口"的实操资源并对教材的编写提出了许多宝贵意见。这是一本校企合作开发的"双元"教材。本教材由南开大学谢娟娟教授、博士生导师审稿。

由于编写时间仓促,编者水平有限,不足之处在所难免,恳请教育界专家、同行企业家和广大学子不吝赐教。

杨金玲

2023 年 4 月

国家级精品资源共享课

进出口单证实务

目　录

商务单证总览

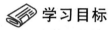 学习目标

知识目标

◇ 了解国际商务单证的基本概念；

◇ 熟悉国际商务单证的种类；

◇ 掌握国际商务单证的作用。

技能目标

◇ 看懂并识别不同的国际商务单证；

◇ 熟悉并掌握国际商务制单的依据；

◇ 掌握国际商务单证的制单流程。

素养目标

◇ 养成耐心细致的工作作风；

◇ 培养精益求精的大国工匠精神；

◇ 真正理解国际商务单证工作与企业的经济利益密切相关。

 思维导图

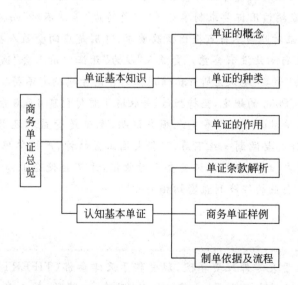

任务一　认知商务单证

 案例导入

中国香港某银行于 4 月 12 日开来 L/C 一份,金额为 540 000 美元,装期为 8 月 15 日,效期为 8 月 30 日,该证所列合同号为"CN1830325"。8 月 9 日受益人交来议付单据,所有单据中的合同号均填写为"CNI830325"。据受益人称,他们公司历来的合同号均以"CNI"为字首,开证行的来证肯定搞错了。因此,受益人坚持以本公司正式编号为准,把单据中的合同号均填写为"CNI830325"。议付行审单亦没有察觉合同号字首中"1"和"I"的不同,遂接受议付寄单,并向偿付行索汇。作为开证行的偿付行即该行的纽约分行于 8 月 9 日亦将货款 540 000 美元划收议付行在该行的账户。

但是,开证行于 8 月 13 日来电表示拒付,理由是"单证不符"。由于单据上的合同号确与来证不符,议付行无法提出抗辩,完全处于被动地位。受益人后来通过议付行与开证申请人多次协商,这批有"不符点"的单据于 9 月 14 日虽被通融接受,但以开证行要求补偿 6 108.75 美元利息而告终。从中不难看出,一个字母之差竟造成 6 000 多美元的损失。

 思政分析

按《跟单信用证统一惯例规定》(简称 UCP600),单据与信用证必须严格相符。开证行、保兑行(如有保兑)或被指定行收到单据后必须以单据为唯一依据决定它们表面上是否符合信用条款。如认为不符,则可拒绝接受单据。

本案例中,受益人如果认为开证行将合同号字首确实搞错,则应立即向开证申请人提出修改信用证,否则即应按信用证要求制单交单,以免造成"单证不符"而被拒付。

议付行审单时本应对此项不符点提出修改要求,特别是应向受益人提出修改信用证中的错误合同号码,但议付行对此没有察觉。受益人"以为"开证申请人会"诚实"地承认确将合同号码搞错,开证行也会"诚实"地认为所开出信用证的合同号码确有不符。但是,实际业务运作却是对方紧紧抓住 UCP600 的规定,坚持拒付,并收取了赔付利息 6 000 余美元。

一个字母之差所造成的 6 000 多美元损失证明,无论是受益人还是议付行都应该提高工作质量,对本职工作都要做到一丝不苟,弘扬大国工匠精神,严把单据质量关,唯有做到单证相符、单单相符、单内相符,才能保证安全及时收汇,才不会使企业遭受经济损失,真正明白单证质量的好坏与企业的经济利益密切相关。

任务背景

张琳同学毕业于天津外经贸学院,现受聘于天津泰佛(TIFERT)贸易公司。该公司是一家中型的专业进出口公司,主营纺织品、服装、工艺品、轻工产品、玩具和食品等进出口贸易,该公司的市场主要集中在欧洲、美国、日本、韩国和中东等国家或地区。

公司首先安排新员工张琳同学到公司的单证部熟悉有关单证方面的知识,以进一步提高单证处理方面的技能和技巧,为今后从事具体业务奠定坚实基础。为此,张琳同学从认知单据的概念、种类、作用,以及制单的依据、流程等主要内容开始向公司的老员工们虚心学习。

国际贸易买卖双方相距遥远,买卖双方不能做到一手交钱、一手交货,在实际业务中大多采用象征性交货方式,即卖方以交单代替交货,买方见单付款,因此,国际贸易实质上是一种典型的单据买卖,国际商务单证在国际贸易中处于一个非常重要的地位。

动画:象征性
交货

 单证条款解析与样例

实训目的
◇ 看懂并识别不同的国际商务单证;
◇ 熟悉常用的国际商务单证模板(Word 或 Excel);
◇ 掌握国际商务单证制单的依据和程序。

操作前准备
◇ 需要具备一定的国际贸易实务方面的专业知识;
◇ 需要具备一定的专业英语方面的知识;
◇ 需要熟练操作 Office 办公软件。

操作程序
◇ 借助翻译软件,看懂合同或信用证中的单据条款;
◇ 提交议付货款结汇单证的种类、份数及具体要求;
◇ 清楚提交议付货款的单证是否有特殊要求及是否能够得到满足。

一、商务单证条款解析

1. 商业发票条款解析

信用证中对商业发票条款的表述方法很多,首先以较复杂的条款为例,解析一下发票单据条款通常由哪几部分组成。

英文:Manually signed commercial invoice in duplicate issued by beneficiary made out
　　　　　①　　　　　　②　　　　　　③　　　　④
in the name of XYZ Co., Ltd. showing freight charges, insurance premium and FOB value
　　⑤　　　　　　　　⑥
separately and certifying the goods are of Chinese origin.
　　　　　　⑦

中文:手签的商业发票一式二份,由受益人出具,抬头人做成 XYZ Co., Ltd.,分别显示运费、保险费和 FOB 货值,证明货物系中国产。

备注:①对发票签署的规定;②对发票类型的规定;③对发票份数的要求;④对发票签发

人的要求;⑤对发票抬头人规定;⑥对发票需加注内容的规定;⑦对发票声明文句要求。

需要说明的是,信用证的发票条款不完全如解析中列举的条款那样完整,往往有很多省略。例如,省略④对发票签发人的要求的规定,则视为由受益人出具;省略⑤对发票抬头人的规定,则视为以开证申请人为发票抬头人。

2. 包装单据条款解析

信用证中对包装单据条款的表述方法很多,首先以较复杂的条款为例,解析一下包装单据条款通常由哪几部分组成。

英文:Signed packing list issued by beneficiary in one original and two copies indicating the
　　　　①　　　　②　　　　③　　　　　　　　④　　　　　　　　　　　　　　⑤
detail of style No. , color No. , sizes and quantities in each carton and also total net weight,
gross weight and measurement.

中文:签署的装箱单,由受益人出具,一份正本、两份副本,显示每箱的款式号、色号、尺码及总的净重、毛重和尺码。

备注:①对包装单据签署的规定;②对包装单据类型的规定;③对包装单据签发人的规定;④对包装单据份数的要求;⑤对包装单据加注内容的要求。

需要说明的是,信用证中的包装单据条款不完全如解析中列举的条款那样完整,往往有很多省略。例如,④对包装单据份数的要求,如果省略,则视为需要向银行提交包装单一式两份,即一份正本、一份副本。

3. 检验证书条款解析

信用证中对检验证书条款的表述方法很多,首先以较复杂的条款为例,解析检验证书条款通常由哪几部分组成。

英文:Manually signed inspection of quality/quantity in duplicate issued by the govern-
　　　　①　　　　　　　②　　　　　　③　　　　　　　　　　④
ment authority indicating ...
　　　　　　　⑤

中文:手签的品质证/数量证一式两份,由政府机关出具,证明……

备注:①检验证书的签字要求;②检验证书的种类;③检验证书的份数要求;④检验证书签发机构的要求;⑤检验证书的特殊要求。

需要说明的是,信用证中的检验证书条款不完全如解析中列举的条款那样完整,往往有很多省略。例如,省略①检验证书的签字要求,根据检验证书本身的特性,也必须签字。

4. 原产地证书条款解析

信用证中对原产地证书条款的表述方法很多,首先以较复杂的条款为例,解析一下原产地证书条款通常由哪几部分组成。

英文:Certificate of origin issued by the CCPIT certifying that goods are of Chinese origin in
　　　　①　　　　　　　②　　　　　　③　　　　　　　　　　　　　　　　　④
one original and one copy the original legalized by the A. R. E. representation in China.
　　　　　　　　　　　　　　　　　⑤

中文:原产地证书由中国国际贸易促进委员会出具,证明货物系中国产,一份正本和一份副本,该证书应该由驻中国的阿联酋代表进行认证。

备注:①原产地证书的种类要求;②原产地证书的签发机构;③原产地证书的内容要求;④原产地证书的份数要求;⑤原产地证书的特殊要求。

需要说明的是,信用证中的原产地证书条款不完全如解析中列举的条款那样完整,往往有很多省略。例如,省略③原产地证书的内容要求,则视为按通常的缮制规范填写原产地证书。

5. 海运提单条款解析

信用证中对海运提单条款的表述方法很多,首先以较复杂的条款为例,解析一下海运提单条款通常由哪几部分组成。

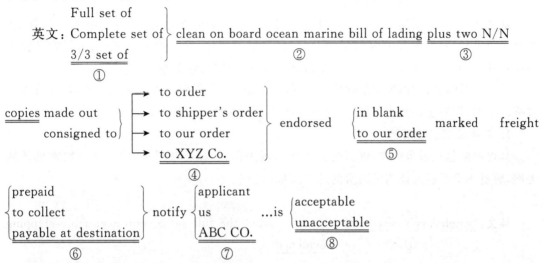

中文:全套(3/3套)清洁的已装船的海运提单加上两份副本提单,抬头人做成凭指定(凭托运人指定、凭开证行指定或抬头人做成 XYZ 公司),空白背书(开证行背书),注明运费已付(运费到付、运费在目的港付),通知开证申请人(开证行或 ABC 公司),×××条款是可接受的。

备注:①对提单正本份数的要求;②对提单的种类要求;③对提单副本份数的要求;④对提单抬头人的要求;⑤对提单背书的要求;⑥对运费支付情况的要求;⑦对被通知人的要求;⑧对其他特殊要求。

需要说明的是,信用证中的海运提单条款不完全如解析中列举的条款那样完整,往往有很多省略。例如,省略③,则视为向银行交单议付无须提供副本提单。

6. 保险单条款解析

信用证中对保险单条款的表述方法很多,首先以较复杂的条款为例,解析一下保险条款通常由哪几部分组成。

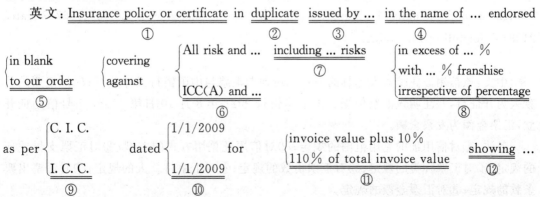

claims if any, payable at ... in currency of ...
     ⑬ ⑭

  中文:保险单或保险凭证一式两份,由×××出具,抬头人为×××,空白背书(背书给开证行),投保一切险[ICC(A)],包括×××附加险(保额超过×%、×%免赔率、不计免赔率),依据2009年1月1日修订的中国保险条款或依据2009年1月1日修订的伦敦协会保险条款,投保金额为发票金额加10%或按110%的发票金额,显示×××,如果有索赔的话,在×××地方用×××货币索赔。

  备注:①保险单据的种类;②保险单据的份数;③保险单的出单人;④抬头人的规定;⑤背书要求;⑥险别要求;⑦附加险别规定;⑧免赔率规定;⑨保险条款规定;⑩保险条款版本;⑪保险金额;⑫保险加注要求;⑬赔付地点规定;⑭赔付货币规定。

  需要说明的是,信用证中的保险条款不完全如解析中列举的条款那样完整,往往有很多省略。例如,省略④抬头人的规定,则视为以信用证受益人为保险单抬头人。

7. 其他单据条款解析

  其他单据包括很多种类,仅以受益人证明函为例,其种类就很多,现仅以一般常见条款为例,解析一下受益人证明函通常的几个组成部分。

  英文:Beneficiary's certificate {certify / state / evidence} that the full set of non-negotiable shipping
         ①   ②

documents must be sent to ABC Co immediately after shipment.

  中文:受益人证明函证明(声明、证实)一套副本单据应该装船后立刻邮寄给ABC公司。

  备注:①受益人证明函的单据名称;②受益人证明函的具体内容。

8. 汇票条款解析

  信用证中对汇票条款的表述方法很多,首先以较复杂的条款为例,解析一下汇票条款通常由哪几部分组成。

  英文:This credit is available with Bank of China Tianjin Branch by negotiation against
         ①   ②   ③

beneficiary's drafts at sight in duplicate drawn on us bearing the clause "drawn under The
      ④ ⑤   ⑥   ⑦

Hongkong and Shanghai Banking Corporation Ltd., Shanghai L/C No.1956717 dated
210810" for full invoice value.
  ⑧

  中文:该信用证凭受益人出具的一式二份即期汇票与中国银行天津分行议付,汇票的付款人为开证行,并注明该汇票依据香港汇丰银行2021年8月10日第1956717号信用证开立,汇票金额为发票全额。

  备注:①对信用证的兑用范围的规定;②对信用证兑用方式的类型;③对汇票支付凭证的规定;④对汇票种类的规定;⑤对汇票份数的规定;⑥对汇票付款人的规定;⑦对汇票出票条款的规定;⑧对汇票金额的规定。

二、商务单证样例

下面为天津泰佛(TIFERT)贸易公司出口到法国的一笔皮包业务全套真实的结汇单据样例,具体包括商业发票(样例 1-1)、装箱单(样例 1-2)、检验证书(样例 1-3)、一般原产地证书(样例 1-4)、普惠制原产地证书(样例 1-5)、海运提单(样例 1-6)、保险单(样例 1-7)、证明函(样例 1-8)和汇票(样例 1-9)。

样例 1-1　商业发票

Issuer TIFERT TRADING CO., LTD. NO. 86, ZHUJIANG ROAD, TIANJIN, CHINA	商　业　发　票 COMMERCIAL INVOICE	
To PARIS INTERNATIONAL CORP. 88, GREAT TOWER BUILDING, PARIS, FRANCE	**No.** INV NO. TT123456	**Date** DEC. 10, 2021
Transport details SHIPMENT FROM TIANJIN TO MARSEILLES BY SEA	**S/C No.** 21CAN-1108	**L/C No.** PIC123456
	Terms of payment L/C AT SIGHT	

Marks and numbers	Number and kind of packages, Description of goods	Quantity	Unit price	Amount
N/M	LEATHER BAGS		FOB TIANJIN	
	50CARTONS　　ITEM NO. SL100	1,000PCS	@USD2.00/PC	USD2,000.00
	100CARTONS　　ITEM NO. SG120	2,000PCS	@USD1.50/PC	USD3,000.00
	150CARTONS　　ITEM NO. SF200	3,000PCS	@USD3.00/PC	USD9,000.00
	300CARTONS	6,000PCS		USD14,000.00

PACKED IN CARTONS OF 20PCS EACH

AS PER SALES CONFIRMATION NO.21CAN-1108 AND BUYER'S ORDER NO.: FE021G.

WE HEREBY CERTIFY THAT THE ABOVE GOODS ARE OF CHINESE ORIGIN.

样例 1-2　装箱单

Issuer TIFERT TRADING CO., LTD. NO. 86, ZHUJIANG ROAD, TIANJIN, CHINA	装　箱　单 *PACKING LIST*		
To PARIS INTERNATIONAL CORP. 88, GREAT TOWER BUILDING, PARIS, FRANCE	Invoice No. INVOICE NO. TT123456		Date DEC. 10, 2021

Marks and numbers	Description of goods	Quantity	Package	G. W.	N. W.	Meas.
N/M	LEATHER BAGS					
	ITEM NO. SL100	1,000PCS	50CTNS	100.00KGS	95.00KGS	2.150M³
	ITEM NO. SG120	2,000PCS	100CTNS	200.00KGS	190.00KGS	4.300M³
	ITEM NO. SF200	3,000PCS	150CTNS	300.00KGS	285.00KGS	6.850M³
	PACKED IN CARTONS OF 20PCS EACH					
	TOTAL:	6,000PCS	300CTNS	600.00KGS	570.00KGS	13.300M³

SAY TOTAL：　THREE HUNDRED CARTONS ONLY

L/C NO. PIC123456

WE HEREBY CERTIFY THAT EACH ITEM HAS BEEN MARKED THE LABEL "MADE IN CHINA"

样例 1-3　检验证书

中华人民共和国出入境检验检疫
ENTRY-EXIT INSPECTION AND QUARANTINE
OF THE PEOPLE'S REPUBLIC OF CHINA

正本
ORIGINAL

编号 No. 21CIQ1189

品 质 证 书
QUALITY CERTIFICATE

发货人 **Consignor**	TIFERT TRADING CO. , LTD.		
收货人 **Consignee**	*　　*　　*　　*		
品名 **Description of goods**	LEATHER BAGS	标记及号码 **Mark & No.**	
报检数量/重量 **Quantity/weight declared**	6,000PCS	N/M	
包装种类及数量 **Number and type of packages**	300CARTONS		
运输工具 **Means of conveyance**	BY SEA FREIGHT		

检验结果
Result of Inspection

　　SAMPLES WERE DRAWN AT RANDOM FROM THE WHOLE LOT OF GOODS AND INSPECT-
ED STRICTLY ACCORDING TO THE S/C NO. 21CAN-1108

ITEM NO. SL100	1,000PCS	50CARTONS
ITEM NO. SG120	2,000PCS	100CARTONS
ITEM NO. SF200	3,000PCS	150CARTONS

　　THE ABOVE RESULTS OF INSPCTION ARE IN CONFORMITY WITH THE REQUIREMENTS
IN THE SAID CONTRACT.

L/C NO. PIC 123456

签证地点 Place of issue　TIANJIN　　签证日期 Date of issue　DEC 23，2021

授权签字人 Authorized officer　ZHANG CHI　　签名 Signature　张弛

样例 1-4　一般原产地证书

ORIGINAL

1. Exporter TIFERT TRADING CO., LTD. NO. 86，ZHUJIANG ROAD, TIANJIN, CHINA	Certificate No. C214408000200001
2. Consignee PARIS INTERNATIONAL CORP. 88，GREAT TOWER BUILDING, PARIS, FRANCE	**CERTIFICATE OF ORIGIN** **OF** **THE PEOPLE'S REPUBLIC OF CHINA**
3. Means of transport and route SHIPMENT FROM TIANJIN TO MARSEILLES BY SEA	5. For certifying authority use only
4. Country / region of destination FRANCE	

6. Marks and numbers	7. Number and kind of packages；description of goods	8. H. S. Code	9. Quantity	10. Number and date of invoices
N/M	THREE HUNDERED (300) CARTONS OF LEATHER BAGS L/C NO. PIC 123456 ＊　＊　＊　＊　＊	4202119090	600KGS	INVOICE NO. TT123456 DEC. 10，2021

11. Declaration by the exporter	12. Certification
The undersigned hereby declares that the above details and statements are correct，that all the goods were produced in China and that they comply with the Rules of Origin of the People's Republic of China. *(stamp: TIFERT TRADING CO., LTD. 泰佛贸易有限公司 ＊)* TIANJIN DEC. 10，2021 ------------------------------------ Place and date，signature and stamp of authorized signatory	It is hereby certified that the declaration by the exporter is correct. *(stamp: TIQNJIN CUSTOMS 中华人民共和国 天津 ORGINA 海关 THE PEOPLE'S REPUBLIC OF CHINA)* TIANJIN DEC. 10，2021 ------------------------------------ Place and date，signature and stamp of certifying authority

样例 1-5 普惠制原产地证书

1. Goods consigned from（Exporter's business name，address，country） TIFERT TRADING CO．，LTD. NO. 86，ZHUJIANG ROAD，TIANJIN，CHINA	Reference No.　　G214408000200001 **GENERALIZED SYSTEM OF PREFERENCES** **CERTIFICATE OF ORIGIN** （Combined declaration and certificate） **FORM A**
2. Goods consigned to（Consignee's name，address，country） PARIS INTERNATIONAL CORP. 88，GREAT TOWER BUILDING，PARIS，FRANCE	Issued in　　**THE PEOPLE'S REPUBLIC OF CHINA** （country） See Notes overleaf
3. Means of transport and route（as far as known） SHIPMENT FROM TIANJIN TO MARSEILLES BY SEA	4. For official use

5. Item number	6. Marks and numbers of packages	7. Number and kind of packages；description of goods	8. Origin criterion（see Notes overleaf）	9. Gross weight or other quantity	10. Number and date of invoices
1	N/M	THREE HUNDERED（300）CARTONS OF LEATHER BAGS L/C NO. PIC 123456 ＊　＊　＊　＊　＊	"P"	600KGS	INVOICE NO. TT123456 DEC. 10，2021

| 11. Certification
It is hereby certified，on the basis of control carried out，that the declaration by the exporter is correct.

TIANJIN DEC. 10，2021

Place and date，signature and stamp of certifying authority | 12. Declaration by the exporter
The undersigned hereby declares that the above details and statements are correct，that all the goods were

produced in _____ CHINA _____
（country）
and that they comply with the origin requirements specified for those goods in the Generalized System of Preferences for goods exported to　　　FRANCE

TIANJIN DEC. 10，2021

Place and date，signature and stamp of authorized signatory |

样例 1-6 海运提单

Shipper TIFERT TRADING CO., LTD. NO. 86, ZHUJIANG ROAD, TIANJIN, CHINA	B/L No. SINO0980

中国外运天津公司

SINOTRANS TIANJIN COMPANY

Consignee or order TO ORDER

OCEAN BILL OF LADING

Notify address PARIS INTERNATIONAL CORP. 88, GREAT TOWER BUILDING, PARIS, FRANCE

Pre-carriage by	Place of receipt
Vessel HANJIN EXPRESS V. 186	Port of loading TIANJIN
Port of discharge MARSEILLES	Final destination

RECEIVED in apparent good order and condition（unless otherwise indicated）the goods or packages specified herein and to be discharged at the mentioned port of discharge or as near thereto as the vessel may safely get and be always afloat.

The weight，measure，marks and numbers，quality，contents and value，being particulars furnished by the Shipper，are not checked by the Carrier on loading.

The Shipper，Consignee and the Holder of this Bill of Lading hereby expressly accept and agree to all printed，written or stamped provisions，exceptions and conditions of this Bill of Lading，including those on the back hereof.

IN WITNESS whereof the number of original Bills of Lading stated below have been signed，one of which being accomplished the other（s）to be void.

Container. seal No. or marks and Nos.	Number and kind of package	Description of goods	Gross weight（kgs.）	Measurement（m³）
N/M	300 CARTONS	LEATHER BAGS FREIGHT TO COLLECT L/C NO. PIC 123456	600.00KGS	13.300M³

Freight and charges	TOTAL NUMBER OF P'KGS IN WORDS THREE HUNDERED CARTONS ONLY.

Ex. rate	Prepaid at	Freight payable at	Place and date of issue TIANJIN DEC. 25, 2021
	Total prepaid	Number of original B(s)/L THREE	SINOTRANS TIANJIN COMPANY 张涛 **Signed for or on behalf of the carrier**

Laden on board the vessel   HANJIN EXPRESS V. 186

DEC. 25, 2021

SINOTRANS TIANJIN COMPANY

张涛

样例 1-7　保险单

PICC

中国人民财产保险股份有限公司
PICC Property and Casualty Company Ltd.

发票号码 Invoice No.	TT123456	保险单号次 Policy No.	TJ0056

货 物 运 输 保 险 单
CARGO TRANSPORTATION INSURANCE POLICY

被保险人：
Insured： TIFERT TRADING CO. , LTD.

　　中国人民财产保险股份有限公司（以下简称本公司）根据被保险人的要求，以及所缴付约定的保险费，按照本保险单承担险别和背面所载条款与下列特别条款承保下列货物运输保险，特签发本保险单。

　　This policy of Insurance witnesses that PICC Property and Casualty Company Ltd. (hereinafter called "The Company"), at the request of the Insured and in consideration of the agreed premium paid by the Insured, undertakes to insure the under mentioned goods in transportation subject to conditions of the Policy as per the Clauses printed overleaf and other special clauses attached hereon.

唛头 Shipping Marks	包装及数量 Quantity	保险货物项目 Descriptions of Goods	保险金额 Amount Insured
AS PER INVOICE NO. TT123456	300CTNS	LEATHER BAGS L/C NO. PIC 123456	USD15,400.00

总保险金额：
Total Amount Insured： SAY U. S. DOLLARS FIFTEEN THOUSAND FOUR HUNDRED ONLY.

承保险别
Conditions
COVERING ALL RISKS AND WAR RISK AS PER OCEAN MARINE CARGO CLAUSES AND WAR RISK CLAUSES (1/1/2009) OF PICC PROPERTY AND CASUALTY COMPANY LTD. (ABBREVIATED AS C. I. C-ALL RISKS AND WAR RISK) (WAREHOUSE TO WAREHOUSE CLAUSE IS INCLUDED)

保费 Premium AS ARRANGED	载运输工具 Per conveyance S. S HANJIN EXPRESS V. 186	开航日期 Slg. on or abt AS PER B/L

起运港 From TIANJIN	目的港 To MARSEILLES

所保货物，如发生本保险单项下可能引起索赔的损失或损坏，应立即通知本公司下述代理人查勘。如有索赔，应向本公司提交保险单正本（本保险单共有　二　份正本）及有关文件。如一份正本已用于索赔，其余正本则自动失效。

In the event of loss or damage which may result in acclaim under this Policy, immediate notice must be given to the Company's Agent as mentioned hereunder. Claims, if any, one of the Original Policy which has been issued in　TWO　original (s) together with the relevant documents shall be surrendered to the Company. If one of the Original Policy has been accomplished, the others to be void.

GROUPAMA INSURANCE COMPANY
RM 1506, PARIS ROAD, FRANCE
TEL： 0033-04-56793561

PICC Property Casualty Company Limited

赔款偿付地点
Claim payable at　MARSEILLES IN USD

日期 Date　DEC. 23, 2021	在 at　TIANJIN	王 华

样例 1-8　寄单证明

TIFERT TRADING CO. ，LTD.
No. 86，Zhujiang Road，Tianjin，China

CERTIFICATE

INV NO. TT123456

DEC. 28，2021

To：PARIS INTERNATIONAL CORP.

88，GREAT TOWER BUILDING, PARIS，FRANCE

RE：L/C NO. PIC 123456

WE HEREBY CERTIFY THAT ONE SET OF NON-NEGOTIABLE DOCUMENT UNDER L/C NO. PIC123456 INCLUDING A COPY OF INVOICE, A COPY OF PACKING LIST AND A COPY OF B/L HAVE BEEN SENT TO PARIS INTERNATIONAL CORP 88，GREAT TOWER BUILDING, PARIS，FRANCE IMMEDIATELY AFTER SHIPMENT.

样例 1-9　汇票样例

BILL OF EXCHANGE

No.　TT123456　　　　　　　　　　Tianjin　DEC. 30，2021

Exchange for　USD14,000.00

At　　＊　＊　＊　＊　　Sight of THISFIRST BILL of EXCHANGE

(Second of the tenor and date being unpaid) Pay to　BANK OF CHINA，TIANJIN BRANCH　or order

the sum of　SAY：U. S. DOLLARS FOURTEEN THOUSAND ONLY.

Drawn under　LC NO. PIC 123456 DATED OCT. 25，2021 ISSUED BY BANK DE PARIS

To　　BANK DE PARIS

三、商务单证缮制依据

商务单证缮制的依据如下。

（1）合同。在非信用证支付方式下，合同是制单和审单的首要依据，从商品名称、数量、规格、价格条件到运输方式、支付方式等均应符合合同的规定；而在信用证支付方式下，虽然单据的缮制应该以信用证条款为准，但有些项目（如商品的品名、规格、单价、佣金等）如果信用证没有明确规定，也需参照合同条款制单。在电汇（T/T）和托收支付方式下，单据的缮制更是需要以合同为基础。

（2）信用证。在信用证支付方式下，信用证取代合同成为缮制进出口单证的主要依据，凡是信用证项下的单据，必须严格按照信用证的条款缮制。因为银行付款原则是"只凭信用证而不问合同"，各种单据必须完全符合信用证的规定，银行才能承担付款责任。如果信用证条款与合同相互矛盾，要么修改信用证，以求得"证同一致"，否则，应以信用证为准，才能达到安全收汇的目的。

（3）仓库的出库单/供货厂家的码单。有关商品的实际出运数量，一般以仓库的出库单载明的具体数量、重量、规格、尺码等为准，或以供货厂家提供的码单为准。有些商品的包装不是规格划一。例如，棉花一般采用机压包，每包的重量很难做到完全一样，包装单的缮制应该以供货厂家提供的磅码单为准；再如，服装、鞋帽一般采用混色混码装，实际业务中，很难做到所有的货物都能严格按照搭配要求装箱，往往最后有些是混箱的，包装单的缮制应该以供货厂家提供的装箱单为准。

（4）业务上的特殊要求。由于每个行业都有其特定的要求，外经贸企业应按规定的格式和要求缮制单据。例如，出口纺织品时经常会遇到国外要求我们提供 AZO free Certificate（无偶氮证明，这是与人类健康有关的一种特殊单据）；出口到信仰伊斯兰教国家的禽类产品，进口商会提出由出口地伊斯兰教协会出具有关证明；AMS 舱单由美国开始，现已扩展到加拿大、澳大利亚、欧洲等国家或地区；农药产品出口到美国、欧盟等国家或地区时，买方通常会要求卖方提供所出口的农药产品的 MSDS（危险数据资料卡）等。

（5）有关国际惯例。国际贸易中的有关国际惯例，如国际商会的《跟单信用证统一惯例》（简称 UCP600）、《国际标准银行实务》（简称 ISBP745）以及《托收统一规则》（简称 URC522）和《国际贸易术语解释通则》（简称 INCOTERMS 2020）等出版物，也是正确缮制国际商务单证的依据。

四、商务单证缮制流程

买卖双方经过友好洽商按照成本加保险费加运费（CIF）贸易术语达成一笔交易，若合同中规定采用信用证支付方式，具体单证流程见图 1-1。

（1）为执行合同，买方首先到银行申请开立信用证。

（2）卖方收到买方通过银行开立的信用证后，要依据合同条款对信用证进行逐条审核。

（3）若信用证中的某些条款与合同中的条款不符且不能接受，卖方要求买方联系开证行办理修改信用证手续。

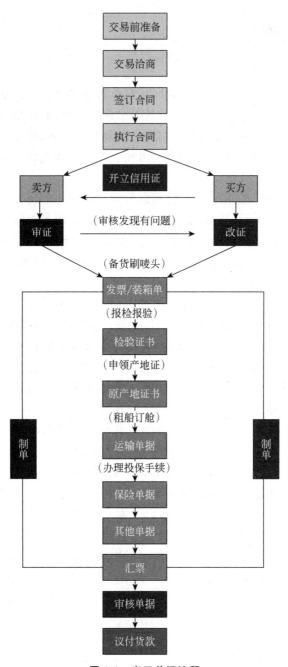

图1-1　出口单证流程

（4）待收到银行正式的改证通知后，卖方按照合同中约定的品质要求开始备货，随之产生发票和装箱单等单据。

（5）货物备妥后，为判定是否符合合同中的品质要求，需要委托第三方（如海关）对货物进行施检，随之产生检验证书。

（6）货物出口前，按照有些国家的规定，要对货物的国籍进行认定，以便进口国按照不同的原产地征收不同的进口关税，卖方需要向贸促会或海关申领原产地证书或办理有关发票的认证手续。

（7）委托船公司或货代公司将货物装运出去，需要办理租船订舱手续，随之产生运输单据。

（8）国际贸易买卖双方相距甚远，运输途中会遭遇各种风险，为了转移风险，需要到保险公司办理投保手续，随之产生保险单据。

动画：交单议付

（9）根据信用证要求缮制其他单据和汇票，按照信用证和合同要求备妥全套结汇单据。

（10）交单议付，填写交单联系单（俗称单据表盖，covering schedule）向银行交单收款，并将全套副本单据存档备查。

五、商务单证操作注意事项

微课：何谓单证的
"三相符"原则

单证制作应做到正确、完整、及时、简明、整洁。

1. 正确

正确是缮制单证工作的前提，单证不正确就不能安全结汇。这里所说的正确，至少包括两方面的内容：一方面是要求各种单据必须做到"三相符"（即单据与信用证相符、单据与单据相符、单据与贸易合同相符）；另一方面要求各种单据必须符合有关国际惯例和进口国的有关法令和规定。从银行的角度来说，依据 UCP600，他们更主要审核受益人提交的单据是否构成"相符交单"，是指受益人提交的单据应该与信用证条款、UCP600 的相关适用条款以及 ISBP745 一致的交单。

从进出口企业来说，除以上三个"相符"外，还要做到"单货相符"，这样单证才能真实代表出运的货物，确保履约正常，安全收汇。跟单托收业务虽然不像信用证那样严格，但如果不符合买卖合同的规定，也可能被进口商找到借口，拒付货款或延付货款。

2. 完整

单证的完整性是构成单证合法性的重要条件之一，是单证成为有价证券的基础。在进出口贸易中，买卖双方在订单中、合同中或信用证中都会明确要求出口方需提交哪些单据、提交几份、有无正副本要求、需否背书以及在单据上应该标明的内容，所有这些都必须得到满足。单证的完整一般包括下列三层含义。

（1）单据内容完整。单据内容完整即每一种单据本身的内容（包括单据本身的格式、内容、文字和签章、背书等）必须完备齐全，否则，不能构成有效文件。

（2）单据种类完整。单证在通过银行议付或托收时，一般都是成套、齐全而不是单一的。遗漏一种单据，就是单据不完整。例如，在 CIF 交易中，出口商向进口商提供的单证至少应有发票、提单和保险单。出口商只有按信用证或合同规定备齐所需单据，银行（或进口商）才能履行议付、付款或承兑的责任。

（3）单据份数完整。单据份数完整即要求出口商提供的各种单据的份数要按信用证或买卖合同和惯例的要求如数交齐，不能短缺。目前，国外有些地区开来的信用证所列条款日趋繁复，所需单证类别甚多，除发票、装箱单（重量单）、提单、保险单等主要单据外，还有各种其他单据，如检验证书、原产地证书、航程证明、邮政收据、电抄副本等，这些单证都需要经过一定手续和事先联系才能取得。因此，在单证制作和审核过程中，必须密切注意，及时催办，防止遗漏和误期,以保证全套单证的完整无缺。

3. 及时

进出口单证工作的时间性很强,各种单证都要有一个适当的出单日期。及时出单包括两方面的内容:一方面,各种单据的出单日期必须合理可行。也就是说,每一种单据的出单日期不能超过信用证规定的有效期限或按商业习惯的合理日期。例如,保险单的日期必须早于或同于提单的签发日期,提单日期不得迟于装运期限,装运通知书必须在货物装运后立即发出等。这些日期如果搞错了,同样会造成出单不符。另一方面,还反映在交单议付上。这里主要是指向银行交单的日期不能超过信用证规定的交单期。UCP600 第 14 条 c 款规定,受益人或其代表按照相关条款在不迟于装运日后的 21 个公历日内交单,但无论如何不得迟于信用证的有效期。

总之,及时是指及时制单、及时审单、及时交单、及时收汇。缮制单据是一个复杂的工程,多数单据由出口商完成,有些需要相关部门配合完成;审核应齐抓共管,这样就可以保证在规定的时间内把全部合格单据向有关银行提交,及时交单肯定意味着能及时收汇,及时收汇意味着又一个良性业务环节的开始。

4. 简明

单据的内容应按合同或信用证要求和国际惯例填写,力求简明,切勿加列不必要的内容,以免弄巧成拙。

简化单证不仅可以减少工作量和提高工作效率,而且也有利于提高单证的质量和减少单证的差错。

UCP600 第 4 条 b 款规定:"开证行应劝阻申请人试图将基础合同、形式发票等文件作为信用证组成部分的做法。"因此,为了防止混淆和误解,银行应劝阻在信用证或其任何修改书中加注过多的细节内容,单据中不应出现与单据本身无关的内容。

5. 整洁

整洁是指单证表面清洁、美观、大方,单证内容清楚易认,单证内容记述简洁明了。如果说正确和完整是单证的内在质量,那么整洁则是单证的外观质量。单证的外观质量在一定程度上反映单证员的业务水平。

单证的整洁要求单证格式的设计和缮制力求标准化和规范化,单证内容的排列要行次整齐、主次有序,重点项目突出醒目,字迹清晰,语法通顺,文句流畅,用词简明扼要、恰如其分。各种单证的更改都要有一个限止点(一般不超过三处),不允许在一份单证上有多处涂改。更改处一定要盖校对章并简签。如涂改过多,应重新缮制单证。

 **知识窗**

一、单证的概念

单证(documents)是指在进出口业务过程中所使用的各种单据、证书及信用证。在国际贸易中,由于买卖双方所在的地理位置相对遥远,商品的买卖往往表现为单据的买卖,即买卖双方凭借单证来处理商品的交付、运输、检验、保险、报关、结汇等。进出口单证贯穿于进出口业务的成交、货源、运输、收汇的全过程,它的专业性与时间性强,工作量大、涉及面广,除外经贸企业内部的协调配合外,还要与货物的生产单位、运输部门、银行、保险公司、海关及与有关的行政管理机关等方面协调配合。对外经贸企业来说,在完成了货物的交付后,单证工作能否正确、完整、及时、清晰地完成,是决定能否顺利结汇的关键,直接关系到外经贸企业的经济利益。因此,单证工作是进出口业务中的一项非常重要的工作。

二、单证的种类

1. 根据单证的性质划分

(1) 金融单据。汇票、本票、支票及其他用于取得款项的凭证。

(2) 商业单据。发票、装箱单、运输单证及其他与进出口业务有关的非金融单据。

2. 根据单证的用途划分

(1) 金融单据。如汇票、本票、支票等。

(2) 商业单据。如商业发票、装箱单、重量单、规格单等。

(3) 运输单据。如至少包括两种不同运输方式的运输单据、提单、非转让海运单、租船合约提单、空运单据、公路、铁路或内陆水运单据、快递收据、邮政收据或投邮证明等。

(4) 保险单据。如保险单、保险凭证、预保单等。

(5) 公务单据。如原产地证书、检验证书、配额许可证等。

(6) 其他单据。如寄单证明、寄样证明、航程证明、装运通知等。

3. 根据进出口商品的流向划分

(1) 进口单据。如进口许可证、进口报关单、进口检验证书、保险单等。

(2) 出口单据。如出口许可证、出口报关单、商业发票、包装单据、运输单据、汇票、出口检验证书、原产地证书、保险单等。

4. 根据单证签发的单位划分

(1) 出口商自制的单据。如汇票、商业发票、装箱单、重量单、受益证明函等。

(2) 协作单位签发的单据。如运输单据、保险单据、检验证书及有关证明函等。

(3) 政府机构、民间机构签发的单据。如许可证书、检验证书、原产地证书等。

三、单证的作用

在某种意义上说,国际贸易就是单据买卖,几乎所有贸易环节的具体操作都与单据的交换密切相关,即使在互联网高度发达的今天,单据也在扮演着相当重要的角色,如 EDI(electronic data interchange)无纸贸易和电子单据的运用。不了解和不熟悉单证知识就意味着不懂贸易,无法与业务部门的相关人员进行正确的沟通和交流,就意味着所进行的交易不可能正常,其结果很可能会是旷日持久的官司,永远无法取得的货款或一辈子都收不到的货物。进出口单证工作如此重要,具体表现在以下几个方面。

1. 国际商务单证是履行买卖合同的证明

买卖合同的履行,一般是通过商品和货币的交换来实现的。但在国际贸易中,买卖双方分处于不同国家,在绝大多数情况下,商品和货币不能进行简单的直接交换,而必须以单证作为交换的媒介。在国际贸易合同履行过程中的单证,大致可分为两类:一类具有商品的属性,它们有的代表商品,有的表示商品的交换价值,有的说明商品的包装内容,有的保证商品的质和量,有的为商品输入国提供必要的证明;另一类具有货币的属性,它们有的直接作为货币,有的为货币的支付作出承诺或作出有条件的保证。各种单证都具有特定的功能,它们的缮制、签发、流转、交换等具体的应用反映了合同履行的进程,也反映了买卖双方权责的发生、转移和终止。由此可见,国际商务单证是完成国际贸易程序不可缺少的手段,是履行买卖合同的证明。

2. 国际商务单证是结汇的必要工具

国际贸易结算起初是以黄金、白银或铸币的交换来清偿货款,实行"现金结算",15世纪以后发展为以票据(光票)的授受来进行结算的"非现金结算"方式。随着航海运输业和保险业等行业的发达,海运提单从一般的货物收据演变为可以转让的货物所有权凭证,承担运输风险的保险单也变成可以背书转让的有价证券。这些单据在一定时间内可以作为一种抵押品,于是出现了跟单汇票付款的方式。国际贸易中货物的单据化,使商品买卖通过单据买卖来实现。卖方提交单据,代表销售货物;买方付款赎取单据,代表买到货物。在国际贸易结算中,不论采用哪一种支付方式,买卖双方之间都要发生单据的交接。因为单据代表着货物,掌握了单据就等于掌握了货物,单据转移达到了货物转移的目的,并使货物的转移合法化,国际贸易中货物的单据化大幅便利了货物买卖时货权的让渡或转移,因此,在国际贸易中,全套正确、完整的单据,是卖方安全、迅速结汇的必要工具,同时也是买方取得物权证明的保证。

3. 国际商务单证是避免和解决争端的依据

国际贸易就是单据贸易,所以在合同订立之前、之中和之后都要对相关单据严格把关,否则就可能造成因单据的不规范、不确切、存在授人以柄的漏洞而引发麻烦或在发生有关争议后无法利用合法的手段(出示合格的单据)保护自己,更谈不上对对方的不合理要求据理力争、成竹在胸地说"不"。国际商务单证不但是收汇的依据,当发生纠纷时,又常常是处理争议的依据。因此,它必须严格遵守有关国家的法律、规则和惯例等规定。例如,货物在运输途中受损,卖方向保险公司提出索赔,保险单就是赔偿的凭证;如关系到赔偿额的计算问题,发票又是赔偿的依据;如属于承运人的责任,向承运人索赔,提单或其他运输单据就是处理索赔的依据;如货物品质发生争执,品质检验证书又是处理纠纷的依据。

4. 国际商务单证是外经贸企业经营管理水平的重要标志

单证工作是外经贸企业经营管理的重要组成部分,是为国际贸易全过程服务的。单证工作的质量直接反映了企业管理水平的高低,单证工作在进出口业务中能起到"把关"的作用。如果在履行买卖合同的某个环节不能正确、及时地缮制或流转有关的单证,就会影响整个合同履行的进程。同样,进出口业务管理中的问题也会在单证工作中表现出来。因此,单证工作不能只是简单地把它看作单证的缮制、复核和流转,而是能否围绕单证及时、妥善处理好进出口业务中的各项工作,能否协调和解决进出口业务中的各种矛盾,能否确保顺利结汇及提高企业的信誉,能否不断提高企业经营管理水平的重要标志。

因此,加强单证工作,提高单证的缮制质量,不仅可以有效地防止差错事故的发生,弥补经营管理上的缺陷,加速对外交货,还可以增收节支,加速资金周转,为国家创造大量外汇,并能提高企业信誉,促进进出口贸易的发展。所以业内专家们说"单证就是外汇"。

单证知识同步训练

一、单选题

1. 金融单证不包括(   )。

A. 汇票　　　　　B. 发票　　　　　C. 支票　　　　　D. 本票

2. 单证工作通常包括五个环节,下列排序正确的是(   )。

A. 制单—审证—审单—交单—归档

B. 审证—制单—审单—归档—交单

C. 审单—审证—制单—交单—归档

D. 审证—制单—审单—交单—归档

3. 公务单证不包括(   )。

A. 产地证　　　　B. 保险单　　　　C. 商检证书　　　　D. 许可证

4. 下列单据中可以由民间机构签发的是(   )。

A. 提单　　　　　B. 保险单　　　　C. 一般原产地证　　　D. 许可证

5. 下列单据中不属于出口商签发的是(   )。

A. 发票　　　　　B. 提单　　　　　C. 重量单　　　　D. 装箱单

6. 下列单据中既可由官方机构也可由民间机构签发的是(   )。

A. 许可证　　　　B. 一般原产地证　　C. 提单　　　　D. 普惠制原产地证

7. "单证一致"是指单据与(   )保持一致。

A. 许可证　　　　B. 原产地证　　　C. 商检证　　　　D. 信用证

8. 信用证付款方式下,单据缮制的依据正确的排序是(   )。

A. 合同—信用证—供货厂家的码单—业务上的特殊要求—有关国际惯例

B. 供货厂家的码单—信用证—合同—业务上的特殊要求—有关国际惯例

C. 有关国际惯例—信用证—供货厂家的码单—业务上的特殊要求—合同

D. 信用证—合同—供货厂家的码单—业务上的特殊要求—有关国际惯例

9. 下列单据中属于公务单据的是(   )。

A. 发票　　　　　B. 提单　　　　　C. 许可证　　　　D. 装箱单

10. 下列单据中不属于运输单据的是(   )。

A. 空运单　　　　B. 提单　　　　　C. 铁路运单　　　D. 装运通知

二、多选题

1. 单据可以从不同的角度进行分类,通常可以(   )进行划分。

A. 从单证的性质上　　　　　　　B. 从单证的用途上

C. 从商品的流向上　　　　　　　D. 从单证的签发单位上

2. 单证的作用主要表现为(　　　)。
    A. 履行买卖合同的证明　　　　　　　　B. 结汇的必要工具
    C. 解决争端的依据　　　　　　　　　　D. 企业经营管理水平的重要标志

3. 下列单证中,既可以是出口单证,也可以是进口单证的是(　　　)。
    A. 进境货物报检单　　　　　　　　　　B. 信用证
    C. 包装单据　　　　　　　　　　　　　D. 保险单

4. 其他单据通常包括(　　　)。
    A. 寄单(样)证明　　　　　　　　　　　B. 装运通知
    C. 磅码单　　　　　　　　　　　　　　D. 受益人证明函

5. 出口商自行签发的单证通常有(　　　)。
    A. 发票　　　　　　B. 汇票　　　　　　C. 提单　　　　　　D. 装箱单

三、判断题

1. 金融单据以外所有单证都称为商业单据。　　　　　　　　　　　　　　(　　　)

2. 单证的完整是指单据内容完整和单据种类完整。　　　　　　　　　　　(　　　)

3. 及时出单包括两方面的内容:一方面是指各种单据的出单日期必须合理可行;另一方面还反映在交单议付上。　　　　　　　　　　　　　　　　　　　　　　　(　　　)

4. 银行提倡在信用证或其修改书中加注细节内容,并且要反映到相应的单据中。
　　　　　　　　　　　　　　　　　　　　　　　　　　　　　　　　　(　　　)

5. 在某种意义上说国际贸易就是单据买卖,几乎所有贸易环节的具体操作都与单据的交换密切相关。　　　　　　　　　　　　　　　　　　　　　　　　　　　(　　　)

6. 单证工作总体的要求是“证同一致、单证一致、单单一致、单货一致”。　(　　　)

7. 单证制作应做到正确、完整、及时、简明、整洁。　　　　　　　　　　(　　　)

8. “单单一致”是指各种单据之间保持一致,不同单据中共有的信息可以略有不同。
　　　　　　　　　　　　　　　　　　　　　　　　　　　　　　　　　(　　　)

9. 单据份数完整即要求出口商提供的各种单据的份数按信用证、买卖合同和惯例的规定如数交齐,不能短缺。　　　　　　　　　　　　　　　　　　　　　　　(　　　)

10. 单据的内容应按合同、信用证要求和国际惯例要求填写,越烦琐越好。　(　　　)

📰 单证技能进阶提高

一、动脑思考

1. 我国一进出口公司出口到德国一批涤棉漂白棉床单,信用证规定面料的纱支密度为78×65,该公司实际交付的床单符合该规格,但缮制商业发票时,该公司的单证员误将每平方英寸密度78×65打成78×56,单据到国外后遭到开证行拒付。因为进口商在收到该批船前样时,认为床单面料的手感较硬,白度不好,不易销售,早有毁约意图,正苦于没有借口,恰巧发现发票上的数字有误,所以拒付货款。最后几经周折,该进出口公司不得不以低价转卖其他客户,损失惨重。作为公司的单证员从中应吸取什么教训?

2. 我国一大型生产企业出口一批机床到埃及,机床型号为“BIZ-12”,数量10台,每台单价为 5 500 美元 CIF 亚历山大港,合同总金额为 55 000 美元。货物出口后,我国企业顺利地制单结汇。可一个月后,我国企业突然收到进口商的传真,告知该批货物已经抵达亚历山大港,在报关时被海关查出我方单据上的机床型号与机床上实际的型号不符,海关已扣留该批货物。若要提货,则每台机床要被罚款 500 美元,要求我国企业立即电汇该笔罚款,否则向我方提出更多的索赔。后来经过多次交涉,最后由我国企业电汇 4 000 美元罚款才了结此案。作为公司的单证员从中体会到什么?

3. 我国某公司生产的产品商标为"黄河牌",习惯意译为"Yellow River Brand",而日本客户开来的信用证却音译为"Huang He Brand",单证员在缮制单据时仍按习惯打成"Yellow River Brand",单据缮制完毕后审单时发现了信用证音译为"Huang He Brand",由于临近交单期,匆匆修改单据,但产地证中货物描述部分的"Yellow River Brand"被遗漏,没有更改,最后单据到日本开证行因单单不符遭拒付。鉴于该产品当时市场销路很好,最后进口商要求降价 10% 结束此案。作为公司的单证员从中悟出了什么? 今后工作又该如何改进?

二、动手操练

泰佛贸易公司(TIFERT TRADING CO., LTD., NO.86, ZHUJIANG ROAD, TIANJIN, CHINA)与日本丸红株式会社(MARUBENI CORP, 5-7, HOMMACHI, 2-CHOME, CHUO-KU, OSAKA, JAPAN)经过友好洽商就全棉女童夹克 GJ234 达成出口合同。合同具体条款如下,请依据这些条款,利用空白销售合同(样例 1-10)草拟一份出口合同,合同号为 S/C 21TF0858,合同签订日期为 2021-2-10。

品名及货号:全棉女童夹克 GJ234;面料(SHELL):梭织全棉斜纹(WOVEN TWILL 100% COTTON);里料(LINING):梭织 100% 涤纶(WOVEN 100% POLYESTER)

单价:10.50 美元/件,CIF TOKYO

数量:5 000 件

金额:52 500 美元

数量和金额都允许有 10% 的增减

包装:每件装一塑料袋,20 件装一个出口纸箱装

正唛:MARUBENI

　　　　S/C 21TF0858

　　　　TOKYO

　　　　CTN 1-UP

装运:最迟 2021 年 4 月 30 日前,从中国天津至日本东京、允许转运、允许分批装运

保险:由卖方负责投保,按照 CIF 金额的 110% 投保一切险和战争险,如果发生索赔,在日本用美元赔偿

付款方式:采用即期信用证付款,要求最迟 2021 年 2 月 15 日开抵卖方,装船后 15 天在中国议付有效

检验:货物出运前应该由天津海关进行施检,其签发的检验证书作为向银行议付货款的单据之一

样例 1-10　空白销售合同

SALES CONTRACT

No. :

Date:

The seller:

Add:

The buyer:

Add:

We hereby confirm having sold to you the following goods on the terms and conditions as specified below:

物名称及规格 Name of Commodity and Specifications(1)	数量 Quantity(2)	单价 Unit Price(3)	总值 Total Amount(4)

(5) Packing:

(6) Shipping Mark:

(7) Time of Shipment:

(8) Port of Shipment:　　　　　　　　　　Destination:

(9) Insurance:

(10) Payment Terms:

(11) Inspection:

Remarks:

(1) ＿＿＿% more or less in quantity and amount is allowed

(2) Quality/quantity discrepancy: In case of quality discrepancy, claim should be filed by the buyer within 2 months after the arrival of the goods at the port of destination while for quantity discrepancy claim should by filed by the buyer within 15 days after the arrival of the goods at the port of destination. It is understood that seller shall not be liable for any discrepancy of the goods shipped due to causes for which the insurance company, shipping company and other transportation organization are liable.

（3）The seller shall not be held liable for failure or delay in delivery of the entire lot or portion of the goods under this sales contract in consequence of any force majeure incidents.

Confirmed by

MARUBENI CORP.

<u>小泉太郎</u>

买方（the buyers）

TIFERT TRADING CO., LTD.

<u>王宏</u>

卖方（the sellers）

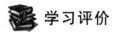 学习评价

学习目标测评表

（在□中打√，A 掌握、B 基本掌握、C 未掌握）

测评目标	评价指标	自测结果			存在问题
知识目标	国际商务单证的基本概念	□A	□B	□C	
	国际商务单证的种类	□A	□B	□C	
	国际商务单证的作用	□A	□B	□C	
	单证的工作环节	□A	□B	□C	
技能目标	看懂并识别不同的国际商务单证	□A	□B	□C	
	熟悉并掌握国际商务制单的依据	□A	□B	□C	
	掌握国际商务单证的制单流程	□A	□B	□C	
素养目标	养成耐心细致的工作作风	□A	□B	□C	
	培养精益求精的大国工匠精神	□A	□B	□C	
	真正理解国际商务单证工作与企业的经济利益密切相关	□A	□B	□C	
学生签字：	教师签字：			日期：	

项目二

接触信用证

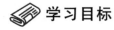 **学习目标**

知识目标

◇ 了解开证申请书概念；

◇ 看懂合同中主要条款内容；

◇ 了解信用证的概念、当事人及种类；

◇ 看懂不同地区、不同开立方式的信用证的内容；

◇ 掌握信用证付款方式的特点和作用。

技能目标

◇ 准确翻译合同中的支付条款；

◇ 了解开立信用证的程序；

◇ 学会独立、正确填写开证申请书；

◇ 准确翻译信用证中的主要条款；

◇ 正确填写信用证分析单；

◇ 掌握信用证审核技巧；

◇ 正确填写信用证审核记录。

素养目标

◇ 对待工作要精益求精；

◇ 养成严谨、扎实、细致的工作作风；

◇ 养成终身学习的好习惯；

◇ 要树立风险防范意识；

◇ 学会处理工作的原则性和灵活性之间的关系。

 思维导图

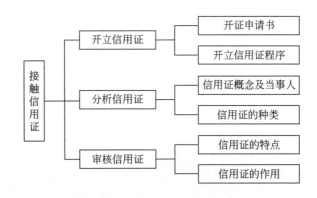

任务二　开立信用证

 案例导入

　　每家开证行都有自己印就格式的开证申请书,但各家银行通常都在汇票的付款人栏目留有空白,即"Draft drawn on _____",由申请人填写。申请人认为,但凡申请书,均是申请人向开证行申请。因此,便将汇票栏目中的付款人填写成自己,使本栏目成为"Draft drawn on us",但是根据 UCP600 的规定,信用证是不得开立以申请人为付款人的汇票。为与 UCP600 统一惯例相符,使开具的信用证得以使用,开证行便将申请人选定的汇票付款人由"us"修改为"issuing bank"。

　　进口货物到港后,国内市场价格暴跌。但单证相符,开证行按时付款。申请人欲以"开证行未经申请人同意擅自将申请书中汇票的付款人更改为开证行"为由,拒绝偿付开证行付款。开证行依据 ISBP745 的相关规定与申请人多次交涉,最终申请人对开证行进行了如数偿付。

 思政分析

　　本案例最关键的问题是进口国市场价格暴跌,致使进口商预期利润大幅减少,或者是无利可图,导致进口商鸡蛋里面挑骨头以达到拒付的目的。开证行在没有征得开证申请人的情况下,把汇票的付款人由"us"修改为"issuing bank",完全符合 UCP600 的规定,只有这样,才能保证开出的信用证得以使用。从中不难看出,在开立信用证的过程中,对开证行的选择至关重要,必须选择财力雄厚、资信良好、服务周到的银行作为开证行。因此,在实际业务中,我们一定要熟悉相关的国际贸易惯例并且要学会灵活加以运用,唯有这样,才能遇到问题时据理力争,确保企业的经济利益不受损失。同时也要关注相关国际贸易惯例不同版本之间的区别,要善于学习,养成终身学习的好习惯。

任务背景

　　张琳同学在单证部工作一段时间后,以工作认真、细致、不辞辛苦赢得了纺织品部部门经理的赏识,由于业务需要,张琳同学被正式调入纺织品部,成为纺织品部的一名员工。纺织品部完全采取一条龙操作流程,除正常的一般贸易外,近来进料加工业务也随之增多,部门经理安排张琳同学具体负责进料加工业务。

　　纺织品与日本丸红株式会社成交一批夹克衫,规定面料从日本进口,里料和所有辅料在国内采购。为履行该合同,纺织品部在天津海关办妥进料加工备案手续后,安排张琳同学到中行天津分行办理面料进口的开证手续。

　　买卖双方签订合同规定采用信用证付款方式,为履行合同,买方应及时到银行办理开证手续,这是双方履行合同的一个前提条件。买方开证需要填写开证申请书,提交开证保证金、交纳开证手续费,银行应买方的请求开出信用证,通知行将该信用证转递给受益人,因此开立信用证是一个非常关键的环节。

动画:开立信用证

开立信用证操作规范及样例

实训目的
◇ 熟悉并看懂不同银行开证申请书标准格式中的各项条款；
◇ 掌握主要银行开证申请书的填写规范和技巧；
◇ 学会独立正确填写开证申请书。

操作前准备
◇ 买卖双方签署的进口合同；
◇ 首次办理开立信用证业务还须提供经营进出口业务的批文、工商营业执照等，办理保证金账户的开立手续；
◇ 进口业务批文（如有可能需要进口配额许可类证明、机电产品进口登记证明等）；
◇ 银行开证申请书标准格式。

操作程序
◇ 详细分析进口合同的各项条款；
◇ 了解银行开证申请书标准格式的内容；
◇ 填写开证申请书；
◇ 交纳保证金；
◇ 支付开证费用。

一、申请开证操作规范

开证申请书应以英文填写，需选择的项目可用"×"标记。开证申请书填写规范见表 2-1。

表 2-1　开证申请书填写规范

项目顺序号	填写内容	要点提示
（1）申请日期 Date	进口商申请开立信用证的日期	按英文习惯填写
（2）开立方式 Credit to be issued by	可选择空邮、简电、特快专递和全电开等形式	尽量选择贸易双方可接受的方式
（3）有效期及到期地点 Date and place of expiry	根据业务情况如实填写	有效期一般较最迟装运期晚10～15 天，到期地点一般在受益人所在国
（4）通知行 Advising bank	通知行名称	可自行指定，如没有指定通知行，此部分可由银行填写
（5）受益人 Beneficiary	填写受益人名称及地址	应与合同中的卖方名称、地址一致
（6）开证申请人 Applicant	填写开证申请人名称及地址	应与合同中的买方名称、地址一致

续表

项目顺序号	填写内容	要点提示
(7) 总值 Currency code and amount	根据合同填写小写金额和大写金额	应保持大小写的一致
(8) 分批装运和转船 Partial shipments & transshipment	是否允许	应与合同约定一致
(9) 装运港、目的港和装运期 From … to … latest date of shipment	填写装运港、目的港名称及装运期	根据合同约定填写,装运期应该是一个时间段,不能是一个时间点
(10) 具体付款方式及付款时间 Credit available with	需选择议付、承兑付款、即期付款或延期付款,是否使用受益人汇票,填写汇票金额、付款期和付款人	此部分应按照信用证付款惯例填写
(11) 贸易术语 Trade term	选择贸易术语	根据合同约定进行选择
(12) 信用证种类 Form of L/C	选择是否可转让	根据合同约定进行选择
(13) 保兑 Confirmation	选择是否加保兑	根据合同约定进行选择
(14) 单据条款 Documents required	选择并填写所需要的单据种类、份数、具体要求等	根据实际进口要求,填写并选择需要由出口商提供的单据
(15) 货描 Description of the goods	填写商品名称、规格、数量、单价、包装及唛头等内容	根据合同约定进行填写
(16) 额外指示 Additional conditions	填写其他需要的条款或指示	可根据贸易惯例和业务情况合理填写
(17) 开证人签字盖章 Signature and seal of the applicant	开证人签字	
(18) 银行使用 For bank user only	银行填写栏	

二、申请开证样例

面料进口合同见样例 2-1,面料开证申请书见样例 2-2。

样例 2-1　面料进口合同

购 货 合 同

PURCHASE CONTRACT

合同编号:　　　　　　签订日期:　　　　　　签订地点:
Contract No.:21MC1568　　Date:NOV 5,2020　　Signed at:TIANJIN
1. 买方:
The Buyers:TIFERT TRADING CO.,LTD.
地址:
Address:NO.86,ZHUJIANG ROAD,TIANJIN,CHINA

2. 卖方：

The Sellers：MARUBENI CORP.

地址：

Address：5-7，HOMMACHI，2-CHOME，CHUO-KU，OSAKA，JAPANA

经买卖双方确认根据下列条款订立本合同：

The undersigned Sellers and Buyers have confirmed this contract in accordance with the terms and conditions stipulated below：

3. 商品名称及规格 Name of Commodity & Specification	4. 数量 Quantity	5. 单价 Unit Price	6. 总金额 Amount
WOVEN TWILL 100% COTTON	10,000METERS	USD2. 80/METER FOB TOKYO	USD28,000. 00

7. 总值(大写)

Total Value (in words)：U. S. DOLLARS TWENTY-EIGHT THOUSAND ONLY.

8. 允许数量和金额溢短____%

____10____% more or less in quantity and value allowed.

9. 成交价格术语：

Price Terms：

☒ FOB   ☐ CFR   ☐ CIF   ☐ DDU

10. 包装

Packing：IN ROLLS OF 50METERS EACH

11. 运输唛头

Shipping Mark：

TIFERT

21MC1568

TIANJIN

NO. 1-UP

12. 运输起讫：由_____(装运港)到_____(目的港)。

Shipment from   TOKYO   (Port of Shipment) to   TIANJIN   (Port of Destination).

13. 转运：☐允许 ☐不允许；   分批：☐允许 ☐不允许

Transshipment：   ☒allowed   ☐not allowed

Partial shipment：   ☒allowed   ☐not allowed

运输时间：

Shipment Time：WITHIN 30DAYS AFTER RECEIPT OF IRREVOCABLE SIGHT L/C.

14. 保险：

☐由卖方按发票金额的_____%投保_____,加保_____从_____到_____。

☐Insurance：to be covered by the _____ for _____ % of the invoice value covering _____ additional _____ from _____ to _____ .

☐由买方投保。

☒Insurance to be covered by the buyer.

15. 付款条件：

Terms of Payment：

☐买方应不迟于_____年_____月_____日前将100%货款用即期汇票/电汇支付给卖方。

The buyers shall pay 100% of the sales proceeds through sight (demand) draft/by T/T remittance to the sellers not later than _____ .

☐买方应于_____年_____月_____日前通过_____银行开立以卖方为受益人的

_____天不可撤销信用证，有效期至装运后_____天在中国议付，并注明合同号。

⊠The buyers shall issue an irrevocable L/C at ____*　*　*____ sight through BANK OF CHINA in favor of the sellers prior to NOV. 20, 2020 indicating L/C shall be valid in JAPAN through negotiation within ____15____ days after the shipment effected, the L/C must mention the Contract Number.

☐付款交单：买方应凭卖方开立给买方的_____期跟单汇票付款，付款时交单。

Documents against payment (D/P)：the buyers shall dully make the payment against documentary draft made out to the buyers at _____ sight by the sellers.

☐承兑交单：买方应凭卖方开立给买方的_____期跟单汇票付款，承兑时交单。

Documents against acceptance (D/A)：the buyers shall dully accept the documentary draft made out to the buyers at _____ days by the sellers.

16. 装运通知：一旦装运完毕，卖方应立即电告买方合同号、品名、已装载数量、发票总金额、毛重、运输工具名称及启运日期等。

Shipping advice：the sellers shall immediately, upon the completion of the loading of the goods advise the buyers of the Contract No. names of commodity, loaded quantity, invoice value, gross weight, name of vessel and shipment date by MAIL.

17. 检验与索赔：

Inspection and Claim：

① 卖方在发货前由_____检验机构对货物的品质、规格和数量进行检验，并出具检验证明。

The buyer shall have the qualities, specifications, quantities of the goods carefully inspected by the _____ Inspection Authority, which shall issues Inspection Certificate before shipment.

② 货物到达目的口岸后，买方可委托当地的商品检验机构对货物进行复验。如果发现货物有损坏、残缺或规格、数量与合同规定不符，买方须于货物到达目的口岸的___30___天内凭检验机构出具的检验证明书向卖方索赔。

The buyers have right to have the goods inspected by the local commodity inspection authority after the arrival of the goods at the port of destination. If the goods are found damaged/short/their specifications and quantities not in compliance with that specified in the contract, the buyers shall lodge claims against the sellers based on the Inspection Certificate issued by the Commodity Inspection Authority within ___30___ days after the goods arrival at the destination.

③ 如买方提出索赔，凡属品质异议须于货物到达目的口岸之日起___30___天内提出；凡属数量异议须于货物到达目的口岸之日起___60___天内提出。对所装货物所提任何异议应由保险公司、运输公司负责的，卖方不负任何责任。

The claims, if any regarding to the quality of the goods, shall be lodged within ___30___ days after arrival of the goods at the destination, if any regarding to the quantities of the goods, shall be lodged within ___60___ days after arrival of the goods at the destination. The sellers shall not take my responsibility if any claims concerning the shipping goods in up to the responsibility of Insurance Company/Transportation Company.

18. 不可抗力：如因人力不可抗拒的原因造成本合同全部或部分不能履约，卖方概不负责，但卖方应将上述发生的情况及时通知买方。

Force Majeure：the sellers shall not hold any responsibility for partial or total non-performance of this contract due to Force Majeure. But the sellers shall advise the buyers on time of such occurrence.

19. 争议的解决方式：任何因本合同而发生或与本合同有关的争议，应提交中国国际经济贸易仲裁委员会，按该会的规则进行仲裁。仲裁裁决是终局的，对双方均有约束力。

Disputes settlement：All disputes arising out of the contract or in connection with the contract, shall be submitted to the China International Economic and Trade Arbitration Commission for arbitration in accordance with its Rules of Arbitration. The arbitral award is final and binding upon both parties.

20. 法律适用：本合同的签订地，或发生争议时货物所在地在中华人民共和国境内或被诉人为中国法人的，适用于中华人民共和国法律，除此规定外，适用《联合国国际货物销售合同公约》。

Law applications: it will be governed by the law of the People's Republic of China under the circumstances that the contract is signed or the goods while the disputes arising are in the People's Republic of China or the defendant is Chinese legal person, otherwise it is governed by United Nations Convention on Contract for the International Sale of Goods.

21. 术语:本合同使用的贸易术语系根据国际商会 INCOTERMS 2020 规定。

Price terms: The terms in the contract are based on INCOTERMS 2020 of the International Chamber of Commerce.

22. 文字:本合同中、英文两种文字具有同等法律效力,在文字解释上,若有异议,以中文解释为准。

Versions: This contract is made out in both Chinese and English of which version is equally effective. Conflicts between these two languages arising therefrom, if any, shall be subject to Chinese version.

23. 附加条款:本合同上述条款与本附加条款有抵触时,以本附加条款为准。

Additional Clauses: Conflicts between contract clause hereabove and this additional clause, if any, it is subject to this additional clause.

24. 本合同共 __二__ 份,自双方代表签字/盖章之日起生效。

This contract is in __TWO__ copies, effective since being signed/sealed by both parties.

买方代表人:	卖方代表人:
Representative of the buyers:	Representative of the sellers:
签字 王宏	签字 小泉太郎
Authorized signature:	Authorized signature:
TIFERT TRADING CO., LTD.	MARUBENI CORP.

样例 2-2 面料开证申请书

IRREVOCABLE DOCUMENTARY CREDIT APPLICATION

(Please mark × in appropriate boxes)

TO: Bank of China Tianjin Branch　　　　　　　　　　　　(1) Date: NOV. 10, 2020

(2) Credit to be issued by ☒Full Teletransmission ☐Airmail ☐With A Preliminary Advice by Teletransmission	Irrevocable Documentary Credit No. _____ (3) Date and Place of Expiry　Date: JAN 15, 2021 　　　　　　　　　　　　　　　Place: IN JAPAN
(4) Advising Bank BANK OF CHINA TIANJIN BRANCH	(5) Beneficiary (Name and Address) MARUBENI CORP 5-7, HOMMACHI, 2-CHOME, CHUO-KU, OSAKA, JAPAN
(6) Applicant (Name and Address) TIFERT TRADING CO., LTD. NO. 86, ZHUJIANG ROAD, TIANJIN, CHINA	(7) Currency Code and Amount In Figures　　USD28,000.00 In Words　　SAY U.S. DOLLARS TWENTY EIGHT THOUSAND ONLY

(8) Partial Shipments ☒allowed ☐not allowed	Transshipment ☒allowed ☐not allowed	(10) Credit available with ☒any bank　☐Issuing Bank　☐by sight payment ☐by acceptance　☒by negotiation　☐by deferred payment
(9) Loading on board/dispatch/taking in charge at/from　　TOKYO For transportation to　　TIANJIN Latest Date of Shipment　　DEC. 30, 2020		against presentation of the documents detailed herein and ☒beneficiary's draft for __100%__ of invoice value at ☒sight　☐days sight　☐days after date of shipment drawn on ☒Issuing Bank

续表

(11) Trade Term: ☒FOB ☐CFR ☐CIF ☐other term（please specify）:	(12) Form of L/C ☐Transferable ☒Not Transferable	(13) Confirmation ☐Confirm ☒Without

(14) Documents Required：（marked with x）

1. ☒Signed Commercial Invoice in __2__ originals and __2__ copies indicating L/C No. and Contract No. 21MC1568

2. ☒Full set ☐2/3 set（including __3__ originals and __3__ non-negotiable copies）of clean on board ocean Bills of Lading made out to order and blank endorsed，marked Freight ☒Collect ☐Prepaid ☐_____ , notifying ☒Applicant with full name and address ☐_____

3. ☐Airway Bill consigned to ☐Applicant ☐Issuing Bank and notify ☐Applicant ☐Issuing Bank，marked Freight ☐Collect ☐Prepaid and indicating actual flight date.

4. ☐Railway Bill showing Freight ☐Collect ☐Prepaid and consigned to _____

5. ☐Full set（including ____ originals and ____ copies）of Insurance Policy/Certificate for at least 110％ of the invoice value showing claims payable in China in currency of the draft，blank endorsed，covering ☐ocean marine transportation ☐air transportation ☐overland transportation all risks，war risks and _____ .

6. ☒Packing List/Weight Memo in 2 originals and 1 copies indicating GROSS/NET WEIGHT

7. ☐Certificate of Quantity in ____ originals and ____ copies issued by ____ indicating _____

8. ☒Certificate of Origin in 1 original and 2 copies issued by CHAMBER OF INTERNATIONAL COMMERCE.

9. ☐Certificate of Quality in ____ originals and ____ copies issued by ____ indicating _____

10. ☒Beneficiary's Certified Copy of ~~Fax~~/E-mail dispatched to the applicant within 24 hours after shipment advising name of vessel /~~flight No. /wagon No.~~, B/L No. , loading port /~~airport of departure~~, date of shipment，contract No. , L/C No. , commodity，quantity，weight and value of shipment.

11. ☐Beneficiary's Certificate certifying that extra copies of all documents required in this Credit have been sent to the Applicant within ____ days after shipment.

12. ☐Other documents：

(15) Description of the goods：

10,000METERS OF WOVEN TWILL 100％ COTTON

@USD2. 80/METER FOB TOKYO

PACKING：IN ROLL OF 50METER EACH

(16) Additional Conditions

1. ☒All Banking charges and interest，if any，outside issuing bank and our reimbursement charge are for account of the beneficiary.

2. ☒Documents to be presented within 15 days after the date of shipment but within the validity of the Credit.

3. ☐Third party as shipper/consignor in transport documents not acceptable.

4. ☒Short form/blank back B/L not acceptable.

5. ☒Both quantity and amount 10％ more or less are allowed.

6. ☒All documents should be forwarded to the Issuing Bank in one lot by courier.

7. ☒All documents must be issued in English.

8. ☐Other terms：

(17) Signature and Seal of the Applicant Contact Person：王宏 Tel. No. 022-31245678　　Fax No. 022-31245688	(18) For bank user only

三、申请开证操作注意事项

微课:开立信用证应注意的问题

（1）申请开立信用证前,对于国家管制商品、限制商品一定要落实进口批准手续及做好购汇准备。

（2）开证时间的掌握应在出口商收到信用证后能在合同约定的装运期内出运为原则。

（3）开证申请书填写完毕,为节省费用避免日后改正,最好把开证申请书先传真给出口商,与受益人事先进行沟通,待双方对开证申请书中的所有条款达成一致以后,再开立信用证。

（4）开证要求"证同一致",必须以对外签订的正本合同为依据。若货物描述过多、过长,可以注明"详情参照××合同"的字样,但不能将有关合同附件附在信用证后,因信用证是一个独立的文件,不依附于任何买卖合同。

（5）汇票的付款期限要与买卖合同的付款期限相吻合,如为远期,要明确汇票期限以及起算日期,价格条款必须与相应的单据要求、费用负担及表示方法相吻合。

（6）由于银行是凭单付款,不管货物质量如何,也不受合同约束,所以为使货物质量符合规定,可在开证时指定检验检疫机构,规定由出口商提供检验检疫证书,明确货物的规格品质。

（7）单据条款要明确。开证时必须列明需要出口商提供的各种单据的种类、份数、规定各单据表述的内容及签发机构。特别是对商业发票、运输单据、保险单据以外的单据,开证申请中更应表明出单人及单据措辞等内容。

（8）合同约定的条款转化在相应的信用证条款中并应单据化,因为在信用证支付方式下,只要单据表面与信用证条款相符合,开证行就必须按规定付款。如信用证申请书中含有某些条件而未列明应提交与之相应的单据,银行将认为未列此条件,而不予理睬。

（9）国外通知行由开证行指定。如果进出口商在订立合同时,坚持指定通知行,可供开证行在选择通知行时参考。

（10）在信用证中规定是否允许分批装运、转运、是否接受第三者装运单据等条款。

（11）如果采用空运,不应在申请书中要求受益人提交一张以上的正本空运单据,更不能要求提供全套的正本空运单据,因为只有第三张正本空运单是给发货人的。

（12）各银行事先印制的固定格式申请书中凡涉及选择的项目,一律在有关项目前打"×"表示选中。

（13）除非有特殊要求和规定,信用证申请书原则上应以英文开立。

（14）我国银行一般不接受开立他行保兑的信用证及带电索汇条款的信用证,对可转让信用证也持谨慎态度。

（15）开证申请书文字应力求规范、完整、明确。进口商要求银行在信用证上载明的事项,必须完整、明确,不能使用含糊不清的文字。应避免使用"约""近似"或类似的词语,这样,一方面可使银行处理信用证或出口商履行信用证的条款时有所遵循,另一方面也可以此保护自己的权益。

 知识窗

一、开证申请书的概念

开证申请书(Documentary Credit Application)是银行开立信用证的依据,是申请人与开证行之间明确彼此权利义务关系的契约。申请书包括两个部分:第一部分是请求银行开出信用证的内容;第二部分是进口企业对开证行的承诺书,以明确双方的责任。

二、开立信用证的基本程序

进口商应该在合同规定的开证时间内向本地的且出口商可接受的银行申请开立信用证。如合同规定开证日期,进口商应在规定期限内开立信用证;如合同只规定了装运期的起止日,则应保证受益人在装运期开始前收到信用证;如合同只规定最迟装运日期,则应在合理时间内开证,以使出口商有足够时间备妥货物并予出运,通常掌握在交货期前一个月至一个半月。开立信用证的流程见图 2-1。

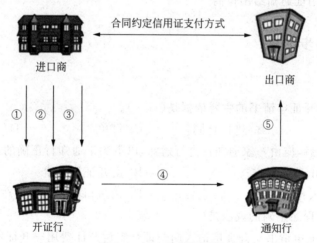

图 2-1 开立信用证流程

1. 填写开证申请书

进口商办理开证手续时,除要递交有关合同的副本及附件外,应填写开证申请书。特别注意开证申请书中所列内容应与买卖合同条款一致;不得将与信用证无关的内容和合同中过细的条款填写到开证申请书中;不能将模糊的、模棱两可的、可作弹性解释的或有争议的内容填写到申请书中。

2. 开证申请人提交保证金或抵押品

开证行首先对开证申请书的内容进行审核,看其各类项目是否齐全、有无矛盾等。在此基础上,对开证申请人的资信(包括开证申请人的经营状况、资金实力、经营作风等)做仔细的调查,根据不同开证申请人的资信情况给予不同的授信额度。如果开证申请人申请开证

的金额小于授信额度,则无须交付保证金或抵押品;若开证金额大于授信额度,则对超过部分向开证申请人收取保证金或抵押品。它们可以是以下几种。

(1) 现金作押,即向开证行交付一定的现金,或者从存款账户中扣存。

(2) 开证申请人也可提供抵押品。

(3) 开证申请人还可以向开证行提交由其他银行或金融机构出具的保函。

3. 开证申请人向开证行支付开证费用

申请人须按开证金额的一定比例向开证行支付开证手续费,在开证当日按当天牌价(中间价)折算成人民币支付;其他费用则按实报实销的原则处理。

4. 开证行开立信用证

(1) 开证要求。开证行应该严格按照开证申请书开立信用证,开证申请书是开证行开证的基础。

(2) 审核并签发信用证。开立信用证后,开证行的有关人员须认真审证。审证无误后,应由相应级别的有权签字人签发信用证。

(3) 根据开证申请书的要求选择开证方法,包括电开和信开两种。

5. 通知行通知信用证

通知行收到开证行开立的信用证后,首先从宏观上审核信用证,在辨别信用证真实无误的前提下及时将信用证通知给出口商。

✍ 单证知识同步训练

一、单选题

1. 进口商填写开证申请书的主要依据是( )。

   A. 发票　　　　　B. 进口合同　　　　　C. 订单　　　　　D. 进口许可证

2. 信用证开立后,应由一家通知行进行通知,以下关于通知行正确的选择是( )。

   A. 由开证申请人指定　　　　　　　B. 由开证行指定

   C. 由受益人指定　　　　　　　　　D. 由进口商和出口商在订立合同时约定

3. 信用证开立程序正确的说法是( )。

   A. 填写开证申请书—开证申请人向开证行支付开证费用—开证申请人提交保证金或抵押品—开证行开立信用证

   B. 开证申请人提交保证金或抵押品—填写开证申请书—开证申请人向开证行支付开证费用—开证行开立信用证

   C. 填写开证申请书—开证申请人提交保证金或抵押品—开证申请人向开证行支付开证费用—开证行开立信用证

   D. 开证申请人向开证行支付开证费用—填写开证申请书—开证申请人提交保证金或抵押品—开证行开立信用证

4. 开证申请书体现的是( )契约关系。

   A. 受益人和开证申请人　　　　　　B. 开证申请人和开证行

   C. 开证行和受益人　　　　　　　　D. 付款行和开证申请人

5. 跟单信用证交易是一种（　　）。

    A. 货物交易　　　　　　　　　　　B. 既是货物交易，也是单据交易

    C. 单据交易　　　　　　　　　　　D. 货物交易，或是单据交易

6. 银行是凭单付款，不管货物质量如何，也不受合同约束，所以为使货物质量符合规定，开证申请人可在开证时规定要求对方提供（　　）。

    A. 许可证　　　　　　　　　　　　B. 普惠制原产地证

    C. 提单　　　　　　　　　　　　　D. 商检证书

7. 如果采用空运，申请书中可以要求受益人提交（　　）正本空运单据。

    A. 一张　　　　　　B. 二张　　　　　　C. 三张　　　　　　D. 四张

8. 除非有特殊要求和规定，信用证申请书原则上应以（　　）开立。

    A. 中文　　　　　　B. 英文　　　　　　C. 法文　　　　　　D. 西班牙文

9. 我国银行一般不接受开立（　　）。

    A. 付款信用证　　　　　　　　　　B. 背对背信用证

    C. 保兑信用证　　　　　　　　　　D. 议付信用证

10. 信用证的到期地点一般为（　　）。

    A. 进口商所在地　　　　　　　　　B. 受益人所在地

    C. 第三国　　　　　　　　　　　　D. 任何一个国家

二、多选题

1. 信用证开立方式包括（　　）。

    A. Full Teletransmission

    B. Airmail

    C. With A Preliminary Advice by Teletransmission

    D. Swift

2. 开证申请人提交保证金可以为（　　）。

    A. 现金　　　　　　　　　　　　　B. 其他银行或金融机构开立的保函

    C. 抵押品　　　　　　　　　　　　D. 股票

3. 开证行在选择通知行时，通常会考虑（　　）办理。

    A. 通过其在出口商所在地的分支机构

    B. 任何一家银行

    C. 通过其在出口商所在地的代理行

    D. 开证申请人指定银行

4. 通知行辨别信用证真伪，主要是核对（　　）。

    A. 信用证条款是否与合同条款相符

    B. 密押是否相符

    C. 信用证是否与开证申请书相符

    D. 印鉴是否相符

5. 单据条款要明确，开证时必须列明需要出口商提供的各项单据的（　　）。

    A. 表述的内容　　　　B. 种类　　　　　　C. 份数　　　　　　D. 签发机构

三、判断题

1. 开证申请书依买卖双方签订的合同开立,因此其内容应与合同内容完全相同。

（　　）

2. 开证申请书中的开证人声明是开证人申请开立信用证应承担义务和责任的书面承诺。

（　　）

3. 买方在申请开立信用证时,须将合同中卖方应履行的各种义务转化为单据,具体体现在信用证中。

（　　）

4. 开证申请书是银行开立信用证的依据,是受益人与开证行之间明确彼此权利义务关系的契约。

（　　）

5. 开证申请书包括两个部分:第一部分是请求银行开出信用证的内容;第二部分是进口企业对开证行的承诺书,以明确双方的责任。

（　　）

6. 信用证金额是开证行履行付款义务的最高限额。

（　　）

7. 如果开证申请人申请开证的金额小于其授信额度,必须交付保证金或抵押品。

（　　）

8. 在进口贸易中,我方对外开证时,一般不主动开出"可转让信用证",以免使我方被动。

（　　）

9. 如果单据与信用证条款相一致而申请人拒绝"赎单",则其作为抵押的存款或账户上已被冻结的资金将归银行所有。

（　　）

10. 开证行一旦接受开证申请,就必须严格按照申请人的指示行事并尽早开出信用证。

（　　）

 单证技能进阶提高

一、动脑思考

1. 英国某大型采购商每月从泰佛贸易公司进口 2×40FT 高柜的玻璃器皿,客户要求礼品包装,货到后直接上架出售,为了免去进口商开证手续和节省开证的费用,作为业务员,你建议进口商采用哪种信用证付款比较合适? 为什么? 这样做对公司有何益处?

2. 天津针织品进出口公司与香港中间商 HM 公司有长期业务关系,双方一直采用背对背信用证结算货款,但最近 HM 公司提议改用可转让信用证结算货款,你作为公司的业务员接受 HM 公司的建议吗? 如果接受该建议,对公司安全收汇是否有隐患?

3. 通过双方友好洽商,泰佛贸易公司最近与非洲一新客户就印花棉布达成一出口合同,金额 USD 56 000 美元,为了保证能安全及时收汇,作为业务员在签订合同时最好采用哪种信用证? 并阐明理由。

二、动手操练

泰佛贸易公司欲从阿联酋进口一批纯手工波斯地毯,经双方友好洽商,最后每条地毯以 USD 25.50 美元 FOB 迪拜成交,数量为 1 800 条,尺寸 150cm×200cm,交货期 7/8 月,付款方式 20%T/T 预付,80%见票后 30 天付款信用证,购货合同见样例 2-3,请按照合同要求填写开证申请书(样例 2-4)。

样例 2-3　购货合同

泰 佛 贸 易 公 司
TIFERT TRADING CO. ,LTD.

正本
（ORIGINAL）

天津市珠江道 86 号
NO. 86，ZHUJIANG ROAD, TIANJIN, CHINA

购 货 合 同
PURCHASE CONTRACT

编号　NO. TF-SC0611

日期　DATE:2021/5/20

卖方
Sellers:DUBAI CARPET CO. , LTD.

地址
Address:5-18 ISUKI-BUILDING, DUBAI, SAUDI ARABIA

电话　　　　　　　　　　　传真
Tel:971-04-282828　　　　　Fax:971-04-282829

兹经买卖双方同意成交下列商品订立条款如下：

The undersigned sellers and Buyers have agreed to close the following transaction according to the terms and conditions stipulated below:

货物名称及规格 NAME OF COMMODITY AND SPECIFICATTION	数　量 QUANTITY	单　价 UNIT PRICE	金　额 AMOUNT
PERSIAN CARPET QUALITY：100% SILK SIZE：150×200CM	1,800PCS	FOB DUBAI USD25.50/PC	USD45,900.00
	总　值 TOTAL AMOUNT：US Dollars forty-five Thousand Nine Hundred Only		

PACKING：　　　1pc in a plastic roll and 1pc to a carton.

SHIPMENT：　　To be effected during July/Aug 2021 from Dubai to Tianjin with partial shipments allowed transshipment not allowed.

INSURANCHE：　To be covered by the buyer.

PAYMENT：　　The buyer shall open an L/C for 80% of contract value at 30days sight to reach the seller before June 15, 2021 and valid for negotiation in Dubai until the 15th day after the date of shipment and balance to be paid by T/T in advance.

REMARKS：　　With 5% more or less both in amount and quantity at the Seller's Option.

卖方 SELLERS
DUBAI CARPET CO. , LTD.

买方 BUYERS
TIFERT TRADING CO. ,LTD.

样例 2-4 空白开证申请书

IRREVOCABLE DOCUMENTARY CREDIT APPLICATION

To：BANK OF CHINA TIANJIN BRANCH	Date：
☐Issue by airmail ☐With brief advice by teletransmission ☐Issue by express delivery ☐（which shall be the operative instrument）	Credit No. Date and place of expiry
Applicant	Beneficiary（Full name and address）
Advising bank	Amount
Partial shipments ☐allowed ☐not allowed	Transshipment ☐allowed ☐not allowed	Credit available with _____
Loading on board/dispatch/taking in charge at/from not later than For transportation to： ☐FOB ☐CFR ☐CIF ☐or other terms	By ☐payment ☐acceptance ☐negotiation against the documents detailed herein ☐and beneficiary's draft（s）for _____ % of invoice value at _____ sight drawn on _____

Documents required：（marked with ×）
1.（ ）Signed commercial invoice in ____ copies.
2.（ ）Full set of clean on board Bills of Lading made out to order and blank endorsed，marked "freight ［ ］to collect /［ ］prepaid［ ］showing freight amount" notifying _____.
（ ）Airway bills/cargo receipt/copy of railway bills issued by _____ showing "freight［ ］to collect /［ ］prepaid［ ］indicating freight amount" and consigned to _____.
3.（ ）Insurance Policy/Certificate in ____ copies for ____ % of the invoice value showing claims payable at _____ in currency of the draft，blank endorsed，covering All Risks，War Risks and _____.
4.（ ）Packing List/Weight Memo in ____ copies.
5.（ ）Certificate of Quantity/Weight in _____ copies issued by _____.
6.（ ）Certificate of Quality in _____ copies issued by［ ］manufacturer/［ ］public recognized surveyor _____.
7.（ ）Certificate of Origin in _____ copies .
8.（ ）Beneficiary's certified copy of mail dispatched to the applicant within _____ days after shipment advising L/C No.，name of vessel，date of shipment，name，quantity，weight and value of goods.
Other documents，if any

Description of goods：

QUANTITY：
PRICE TERM：

Additional instructions：
1.（ ）All banking charges outside the opening bank are for beneficiary's account.
2.（ ）Documents must be presented within ____ days after date of issuance of the transport documents but within the validity of this credit.
3.（ ）Third party as shipper is not acceptable，Short Form/Blank back B/L is not acceptable.
4.（ ）Both quantity and credit amount ____ % more or less are allowed.
5.（ ）All documents must be sent to issuing bank by courier/speed post in one lot.
6.（ ）Other terms，if any.

任务三　分析信用证

 案例导入

我国某外贸公司以 CIF 鹿特丹与外商成交出口一批货物,按发票金额 110% 投保一切险及战争险。售货合同中的支付条款只简单填写"Payment by L/C"(信用证方式支付)。国外来证条款中有如下文句:"Payment under this credit will be made by us only after arrival of goods at Rotterdam."(该证项下的款项在货到鹿特丹后由我行支付)。受益人在审核信用证时对此条款未予理会,更没有请对方修改删除。我国某外贸公司在交单结汇时,银行也未提出异议。不幸的是 60% 货物在运输途中被大火烧毁,船到目的港后开证行拒付全部货款。

 思政分析

信用证是一项自足文件,一经开出,即独立于合同之外,买卖双方的权利和义务皆以信用证规定为准。本案例中,"Payment under this credit will be made by us only after arrival of goods at Rotterdam."显然不符合 CIF 贸易条件买卖双方的义务规定,这是一个典型的软条款信用证。该条款把按照 CIF 贸易术语成交本属于装运港交货的合同变成了目的港交货的到达合同,彻底改变了合同的性质,但卖方在分析信用证时居然没发现信用证与合同的不符点,默认了该条款,所以途中货物的损失应由卖方承担。幸亏卖方已按发票金额的 110% 办理了一切险和战争险,卖方可以凭保险单向保险公司要求损害赔偿。从中我们不难看出,掌握扎实的专业知识是何等的重要、看懂信用证并真正理解信用证中的各项条款又是何等重要,分析信用证是审核信用证的前提。因此,在实际业务中,培养自己耐心细致的工作作风,工作上精益求精,一定要树立风险意识,具有辨别信用证软条款的洞察力,并坚决要求买方将其删除,排除一切安全收汇的隐患,这样才能保证企业的经济利益不受损失,做到安全及时收汇。

 任务背景

> 张琳同学在办理夹克衫面料进口手续的同时,就女童夹克衫成衣出口与日本丸红株式会社签订出口合同后,催促日本丸红株式会社开立成衣出口信用证,不久收到中国银行东京分行开立的第 A-13-0058 号信用证,接下来,张琳同学进入分析信用证的工作环节。

信用证是国际贸易中买卖双方采用得比较多的一种付款方式,也是相对比较安全的付款方式。实际业务中,特别是对新客户的业务大多采用信用证付款方式。因此,看懂并能正确分析信用证是审核信用证的前提。

 分析信用证操作规范及样例

实训目的
◇ 熟悉不同地区、不同开立方式信用证的框架结构;

◇ 熟悉并看懂信用证内容,能准确翻译信用证的主要条款;

◇ 学会正确填写信用证分析单。

操作前准备

◇ 预习信用证有关基础知识;

◇ 铅笔、橡皮、计算器等工具;

◇ 空白的纸质信用证分析单或信用证分析单模板。

操作程序

◇ 总体浏览信用证;

◇ 逐条仔细阅读信用证的条款,对认为有问题或看不懂的地方用铅笔做出标注;

◇ 填写信用证分析单;

◇ 对照信用证分析单检查填写是否正确。

一、分析信用证操作规范

SWIFT 跟单信用证开立格式及(MT700)电文见表 2-2。

微课:SWIFT
电文表示方式

表 2-2　SWIFT 跟单信用证开立格式及(MT700)电文

M/O (必/可选)	Tag 项目	Field 项目性质	Contents/Remarks 表示方式/注意事项
M	27	SEQUENCE OF TOTAL (电文页次)	1n/1n 1 个数字/1 个数字,如 1/2
M	40A	FORM OF DOCUMENTARY CREDIT (跟单信用证形式)	24x 24 个字符
M	40E	APPLICABLE RULES(适用规则) ① UCP LATEST VERSION(统一惯例最新版本) ② eUCP LATEST VERSION(电子化交单统一惯例最新版本) ③ UCP URR LATEST VERSION(统一惯例及偿付统一规则最新版本) ④ eUCP URR LATEST VERSION(电子化交单统一惯例及偿付统一规则最新版本) ⑤ ISP LATEST VERSION(《国际备用证惯例》最新版本) ⑥ OTHER(其他)	据实做出选择,若适用其他规则,同时要在 47A 注明该信用证适用的具体规则的名称
M	20	DOCUMENTARY CREDIT NUMBER (信用证号码)	16x 16 个字符
O	23	REFERENCE TO PRE-ADVICE (预先通知号码)	16x 16 个字符
O	31C	DATE OF ISSUE (开证日期)	6n 6 个数字
M	31D	DATE AND PLACE OF EXPIRY (信用证有效期和到期地点)	6n 29x 6 个数字,29 个字符

M/O （必/可选）	Tag 项目	Field 项目性质	Contents/Remarks 表示方式/注意事项
O	51a	APPLICANT BANK （信用证开证行）	A or D A 或 D 表示
M	50	APPLICANT （信用证开证申请人）	4 * 35x 4 行×35 个字符
M	59	BENEFICIARY （信用证受益人）	4 * 35x 4 行×35 个字符
M	32B	CURRENCY CODE, AMOUNT （结算的货币和金额）	3a 15n 3 个字母，15 个数字
O	39A	PERCENTAGE CREDIT AMOUNT TOLERANCE （信用证金额允许支取的浮动范围）	2n/2n 2 个数字/2 个数字 如 05/05 （39A 与 39B 不能同时出现）
O	39B	MAXIMUM CREDIT AMOUNT （信用证支取金额上限）	13x 13 个字符 （39B 与 39A 不能同时出现）
O	39C	ADDITIONAL AMOUNTS COVERED （包含的额外金额）	4 * 35x 4 行×35 个字符 （表示信用证所涉及的保险费、利息、运费等额外金额）
M	41a	AVAILABLE WITH...BY... （指定的有关银行及信用证兑付的方式）	A or D A 或 D
O	42C	DRAFTS AT... （汇票付款日期）	3 * 35x 3 行×35 个字符 （必须与 42a 同时出现）
O	42A	DRAWEE （汇票付款人）	A or D A 或 D （必须与 42c 同时出现）
O	42M	MIXED PAYMENT DETAILS （混合付款条款）	4 * 35x 4 行×35 个字符
O	42P	DEFERRED PAYMENT DETAILS （迟期付款条款）	4 * 35x 4 行×35 个字符
O	43P	PARTIAL SHIPMENTS （分装条款）	1 * 35x 1 行×35 个字符
O	43T	TRANSSHIPMENT （转运条款）	1 * 35x 1 行×35 个字符
O	44A	PLACE OF TAKING IN CHARGE/DISPATCH FROM.../PLACE OF RECEIPT （接受监管地/发运地/收货地）	1 * 65x 1 行×65 个字符

M/O (必/可选)	Tag 项目	Field 项目性质	Contents/Remarks 表示方式/注意事项
O	44E	PORT OF LOADING/AIRPORT OF DEPARTURE (装运港/出发机场)	1 * 65x 1 行×65 个字符
O	44F	PORT OF DISCHARGE/AIRPORT OF DESTINATION (卸货港/目的地机场)	1 * 65x 1 行×65 个字符
O	44B	PLACE OF FINAL DESTINATION/FOR TRANSPORTATION TO.../PLACE OF DELIVERY (最终目的地/运往……/交货地)	1 * 65x 1 行×65 个字符
O	44C	LATEST DATE OF SHIPMENT (最后装船期)	6n 六个数字 (44C 与 44D 不能同时出现)
O	44D	SHIPMENT PERIOD (船期)	6 * 65x 6 行×65 个字符 (44D 与 44C 不能同时出现)
O	45A	DESCRIPTION OF GOODS AND / OR SERVICES (货物/服务描述)	100 * 65x 100 行×65 个字符
O	46A	DOCUMENTS REQUIRED (单据要求)	100 * 65x 100 行×65 个字符
O	47A	ADDITIONAL CONDITIONS (附加条款)	100 * 65x 100 行×65 个字符
O	48	PERIOD FOR PRESENTATION (交单期限)	4 * 35x 4 行×35 个字符
M	49	CONFIRMATION INSTRUCTIONS (保兑指示)	7x 7 个字符
O	53A	REIMBURSEMENT BANK (偿付行)	A or D A 或 D
O	71B	CHARGES (费用情况)	6 * 35x 6 行×35 个字符
O	57a	ADVISE THROUGH BANK (通知行)	A, B or D A,B 或 D 表示
O	72	SENDER TO RECEIVER INFORMATION (附言)	6 * 35x 6 行×35 个字符
O	78	INSTRUCTION TO THE PAYING / ACCEPTING / NEGOTIATING BANK (给付款行、承兑行、议付行的指示)	12 * 65x 12 行×65 个字符

二、分析信用证样例

SWIFT 信用证见样例 2-5,SWIFT 信用证分析单见样例 2-6。

样例 2-5 SWIFT 信用证

21FEB15 12:09:47
LOGICAL TERMINALPA11
MSGACK DWS7651 AUTHENTICATION SUCCESSFUL WITH PRIMARY KEY
APPLICATION HEADER

* BKCHJPJT
* BANK OF CHINA, TOKYO BRANCH
* TOKYO

USER HEADER	BANK. PRIORITY	113:
	MSG USER REF	108:
SEQUENCE OF TOTAL	27:	1/1
FORM OF DOC. CREDIT	40A:	IRREVOCABLE TRANSFERABLE
APPLICABLE RULES	40E:	UCP LATEST VERSION
DOC. CREDIT NUMBER	20:	A-13-0058
DATE OF ISSUE	31C:	210215
DATE AND PLACE OF EXPIRY	31D:	DATE210515 PLACE JAPAN
APPLICANT	50:	MARUBENI CORP

5-7, HOMMACHI, 2-CHOME, CHUO-KU, OSAKA, JA-PAN

BENEFICIARY	59:	TIFERT TRADING CO. , LTD.

NO. 86, ZHUJIANG STREET, TIANJIN, CHINA

CURRENCY CODE, AMOUNT	32B:	CURRENCY USD AMOUNT 52 500,00
AVAILABLE WITH/BY	41D:	BANK OF CHINA TIANJIN BRANCH BY NEGOTIATION
DRAFT	42C:	AT 30 DAYS SIGHT
DRAWEE	42A:	APPLICANT
PARTIAL SHIPMENTS	43P:	ALLOWED
TRANSSHIPMENT	43T:	NOT ALLOWED
PORT OF LOADING/ AIRPORT OF DEPARTURE	44E:	TIANJIN
PORT OF DISCHARGE/ AIRPORT OF DESTINATION	44F:	TOKYO
LATEST DATE OF SHIPMENT	44C:	210430
DESCRIPTION OF GOODS AND/ OR SERVICES	45A:	5000PCS OF GIRL JACKET

SYTLE NO. GJ234
SHELL:WOVEN TWILL 100% COTTON
LINING: WOVEN 100% POLYESTER
PACKING: 1PC TO A PLASTIC BAG,
20BAGS TO A CARTON
UNIT PRICE: USD10. 50/PC CIF TOKYO
DETAILS AS PER S/C 21TF0858
SHIPPING MARKS: MARUBENI
S/C21TF0858
TOKYO

CTN 1-UP

DOCUMENTS REQUIRED	46A: + SIGNED COMMERCIAL INVOICE IN TRIPLICATE COUNTERSIGNED BY APPLICANT

+ PACKING LIST IN DUPLICATE SHOWING THE GOODS HAVE BEEN PACKED IN CARTONS OF 20PCS EACH

+ 2/3 SET OF CLEAN ON BOARD OCEAN BILL OF LADING MADE OUT TO ORDER AND BLANK ENDORSED NOTIFY APPLICANT WITH FULL NAME, ADDRESS AND TEL NO. 87459986 AND INDICATING THE NAME OF CARRYING VESSEL'S NAME AND TEL NO. AT THE PORT OF DESTINATION MARKED FREIGHT TO COLLECT

+ INSURANCE POLICY OR CERTIFICATE IN THE NAME OF APPLICANT FOR 120% OF INVOICE VALUE AGAINST ALL RISKS AND WAR RISK AS PER ICC DATED 1/1/2009 CLAIM IF ANY PAYABLE AT PORT OF DESTINATION

+ CERTIFICATE OF ORIGIN ISSUED BY CCPIT SHOWING THE NAME OF MANUFACTURER

+ INSPECITON CERTIFICATE IN DUPLICATE ISSUED AND SIGNED BY AUTHORIZED PERSON OF APPLICANT WHOSE SIGNATURE MUST COMPLY WITH THAT HELD IN OUR BANK'S RECORD

+ BENEFICIARY'S CERTIFICATE CERTIFYING THAT 1/3 ORIGINAL B/L AND ONE SET OF NON-NEGOTIABLE SHIPPING DOCUEMENTS TO BE SENT TO APPLICANT WITHIN 48 HOURS AFTER SHIPMENT

ADDITIONAL CONDITIONS	47A: + SHIPMENT MUST BE EFFECTED BY

CONTAINER ONLY AND B/L SHOWING THE SAME

+ 10% MORE OR LESS BOTH IN QUANTITY AND AMOUNT ALLOWED

+ THE CREDIT WILL BECOME EFFECTIVE AFTER RECEIPT OF APPROVAL OF PRE-SHIPMENT SAMPLE FROM THE APPLICANT

PERIOD FOR PRESENTATION	48: DOCUMENTS MUST BE PRESENTED TO THE NEGOTIATING BANK WITHIN 7DAYS AFTER SHIPMENT BUT WITHIN THE VALIDITY OF THE CREDIT
CONFIRMATION INSTRUCTIONS	49: WITHOUT
CHARGES	71B: ALL BANKING CHARGES ARE FOR BENEFICIARY'S ACCOUNT
ADVISING THROUGH BANK	57a: BANK OF CHINA TIANJIN BRANCH
INSTRUCTIONS TO PAYING/ ACCEPTING/NEGO TIATING BK	78: NEGOTATING BANK IS KINDLY FORWARD ALL DOCUMENTS TO US IN ONE LOT BY REGISTERED AIRMAIL IMMEDIATELY AFTER NEGOTIATION. UPON RECEIPT OF DOCUMENTS IN ORDER, WE WILL REMIT THE PROCEEDS TO YOUR ACCOUNT

样例 2-6　SWIFT 信用证分析单

信用证	项目	项 目 性 质	具 体 内 容
信用证 本身 说明	27	SEQUENCE OF TOTAL	一页
	40A	FORM OF DOCUMENTARY CREDIT	不可撤销、转让的
	40E	APPLICABLE RULES	UCP 最新版本
	20	DOCUMENTARY CREDIT NUMBER	A-13-0058
	31C	DATE OF ISSUE	2021 年 2 月 15 日
	31D	DATE AND PLACE OF EXPIRY	2021 年 5 月 15 日在日本到期
当事人	51a	APPLICANT BANK	中国银行东京分行
	57a	ADVISE THROUGH BANK	中国银行天津分行
	50	APPLICANT	日本丸红株式会社
	59	BENEFICIARY	泰佛贸易公司
金额	32B	CURRENCY CODE, AMOUNT	USD52 500,00
兑用	41A	AVAILABLE WITH...BY...	与中国银行天津分行议付
汇票	42C	DRAFTS AT...	见票后 30 天
	42A	DRAWEE	开证申请人
装运 条款	43P	PARTIAL SHIPMENTS	允许
	43T	TRANSSHIPMENT	不允许
	44E	PORT OF LOADING/AIRPORT OF DE-PARTURE	天津
	44F	PORT OF DISCHARGE/AIRPORT OF DESTINATION	东京
	44C	LATEST DATE OF SHIPMENT	2021 年 4 月 30 日
货物 描述	45A	DESCRIPTION OF GOODS AND/OR SERVICES	5 000 件女童夹克衫 款式号:GJ234 面料:100％棉斜纹布 里料:100％涤纶 包装:每件装一塑料袋, 　　　20 袋装一纸箱 单价:USD10.50/件　CIF 东京 详情参见第 21TF0858 号合同 指定唛头为:MARUBENI 　　　　　S/C 21TF0858 　　　　　TOKYO 　　　　　CTN 1-UP
单据 条款	46A	DOCUMENTS REQUIRED	＋签署的商业发票一式三份,由开证申请人会签 ＋装箱单一式二份,表明货物已经装入纸箱,每箱 20 件 ＋2/3 套清洁已装船提单,做成空白抬头、空白背书,通知开证申请人注明公司名称及详细地址和电话号码 87459986 并注明载货船舶在目的港的代理,注明运费到付 ＋保险单或保险凭证以开证申请人为抬头,投保金额为发票金额的 120％,按照 2009 年 1 月 1 日中国保险条款项下的一切险和战争险投保,如果有索赔的话,在目的港索赔

续表

信用证	项目	项目性质	具体内容
单据条款	46A	DOCUMENTS REQUIRED	＋原产地证由贸促会签发,显示生产厂商的名称 ＋检验证一式二份,由开证申请人授权的代理出具并签署,其签字要与银行的记录一致 ＋受益人证明函证明 1/3 正本提单和一套不可议付的装运单据在装船后 48 小时邮寄给开证申请人
附加条款	47A	ADDITIONAL CONDITIONS	＋仅限于集装箱装运,同时提单要显示集装箱装运 ＋金额和数量允许有 10％幅度 ＋收到开证申请人对装船前样品的认可函后该信用证将变为有效
交单	48	PERIOD FOR PRESENTATION	单据一定在装船后 7 天且在信用证有效期内提交给议付行
保兑	49	CONFIRMATION INSTRUCTIONS	不加具保兑
费用	71B	CHARGES	所有的银行费用由受益人负担
银行间指示	78	INSTRUCTIONS TO PAYING/ACCEPTING/NEGOTIATING BANK	议付货款后,议付行用航空挂号信一次性将所有单据马上邮寄给我们 一俟收到相符交单,我们即将货款电汇至你方账户

三、操作注意事项

（1）注意查看信用证的页次是否齐全,检查信用证是否完整。

（2）查看信用证是否有重复的现象,如果怀疑有重复问题,一定及时通过通知行与国外开证行核实。

（3）阅读信用证一定要从头至尾都要看到,一定要仔细,对于不清楚的条款,一定要做一个标记,及时与国外进口商核实。

（4）对于信开证,特别要注意信用证空白处、边缘处及后来又用打字机或橡皮戳记加注的文字,这些往往是对信用证内容的重要补充或新的修改,因此不能疏忽大意。

 知识窗

一、信用证的概念

国际商会在 UCP600 中对信用证所下的定义:信用证指一项不可撤销的安排,无论其名称或描述如何,该项安排构成开证行对相符交单予以承付的确定承诺(Credit means any arrangement, however named or described, that is irrevocable and thereby constitutes a definite undertaking of the issuing bank to honor a complying presentation)。

二、信用证的当事人

依据信用证种类不同,所涉及的当事人也会略有不同,UCP600 对信用证基本的当事人定义如下。

(1)开证人(applicant)。开证人又称开证申请人,是指向银行申请开立 L/C 的人,一般是进口商。要在规定的时间内开证,交开证押金并及时付款赎单。

(2)受益人(beneficiary)。L/C 上所指定的有权使用该证的人,即出口商或实际供货人。它有按时交货、提交符合 L/C 要求的单据、索取货款的权利和义务,又有对其后的持票人保证汇票被承兑和付款的责任。

(3)开证行(opening bank or issuing bank)。接受开证申请人的委托开立 L/C 的银行,一般是进口地银行。有权收取开证手续费,正确及时开证,承担第一性付款责任,一般无追索权。

(4)通知行(advising bank or notifying bank)。接受开证行的委托,将 L/C 转交或将 L/C 内容通知受益人的银行。一般是出口人所在地的银行。它无须承担责任,但应合理审慎地核对 L/C 上的印鉴或电开 L/C 的密押,以证明所通知的 L/C 的表面真实性。它通常是开证行的代理行(correspondent bank)。

(5)议付行(negotiating bank)。愿意买入或贴现受益人跟单汇票的银行。它可以是指定的,也可以是非指定的,议付行不论开证行因何种原因不付款,都可以向受益人追索垫款。

(6)付款行(paying bank or drawee bank)。L/C 上指定的付款银行。付款行一般是开证行,也可以是开证行所指定的另一家银行。它代开证行验收单据,一旦验单付款,付款行无权向受益人追索。

(7)偿付行(reimbursing bank)。L/C 中所指定的代开证行偿付议付票款的银行。它通常是开证行的存款银行或开证行的分行、支行。它与付款行的区别:付款行是 L/C 上所指定的受票银行,因此在它付汇之前必须审单;而偿付行是代开证行对议付行或付款行进行账务清算的银行,因此它在进行偿付前不进行审单。另外,在一笔跟单 L/C 业务中并非都有偿付行,但任何一笔 L/C 业务都必须有付款行。

(8)保兑行(confirming bank)。对另一家银行开出的 L/C 加以保证兑付的银行。业务中保兑行通常是通知行。L/C 保兑后,就有两家银行对受益人负责。

(9)指定银行(nominated bank)。信用证可在其处兑用的银行,如果信用证可在任一银行兑用,则任何银行均为指定银行。

三、信用证的种类

1. 跟单信用证与光票信用证

(1)跟单信用证(documentary L/C)。开证行凭跟单汇票或仅凭装运单据付款的信用证。实际业务中使用的信用证绝大部分是跟单信用证。

(2)光票信用证(clean L/C)。开证行仅凭不附单据的汇票(光票)付款的信用证。

2. 即期信用证与远期信用证

（1）即期信用证（sight L/C）。开证行或付款行收到符合信用证条款的跟单汇票或装运单据后，立即付款的信用证。

（2）远期信用证（usance L/C）。开证行或付款行收到符合信用证规定的单据后，不立即付款，而是待信用证规定的到期日再付款的信用证。

3. 保兑信用证与非保兑信用证

（1）保兑信用证（confirmed L/C）。开证行开出的信用证，由另一家银行保证对符合信用证条款规定的单据履行付款义务。保兑是指开证行以外的银行对信用证承担付款责任。保兑信用证不仅有开证行的付款保证，而且又有保兑行的兑付保证，保兑行与开证行一样负第一性付款责任，这种有双重保证的信用证对出口商最有利。

（2）非保兑信用证（unconfirmed L/C）。开证行开出的信用证没有经另一家银行保兑。

4. 可转让信用证与不可转让信用证

（1）可转让信用证（transferable L/C）。信用证规定受益人（第一受益人）可将使用信用证的权利转让给其他人（第二受益人）的信用证。

信用证只有注有"可转让"的字样时才允许转让并且只能转让一次，但第二受益人重新将信用证再转让给第一受益人不在此限制内。卖方在合同项下的交货义务不随信用证的转让而转移。

（2）不可转让信用证（non-transferable L/C）。受益人不能将信用证的权利转让给他人，未注明"可转让"者，即为不可转让信用证。

5. 议付信用证、承兑信用证与付款信用证

（1）议付信用证（negotiation L/C）。允许受益人向某一指定银行或任何银行交单议付的信用证。议付信用证又分为限制议付信用证（规定了议付行）和公开议付信用证（可在任何银行进行议付）两种。

（2）承兑信用证（acceptance L/C）。银行将受益人提交的汇票和/或单据审核无误后，承兑汇票并发承兑电文，到期后再付款，经银行承兑的汇票可以到金融市场进行贴现提前收回资金。

（3）付款信用证（payment L/C）。信用证指定的付款行凭受益人提交的符合信用证条款的单据付款的信用证。它又分即期付款和迟期付款信用证，无论是即期付款信用证还是迟期付款信用证，受益人无须开立汇票，开证行或指定的付款行凭相符单据付款，故无法在金融市场进行融资。

6. 对背信用证（back to back L/C）

受益人要求原证的通知行或其他银行以原证为基础，另开一张内容相似的新证。对背信用证的内容除开证申请人、受益人、金额、单价、装运期限、有效期限等可有变动外，其他条款一般与原证相同。由于对背信用证的条款修改，新证的开证人需得到原证开证人的同意，所以修改比较困难，且需较长时间。

7. 对开信用证（reciprocal L/C）

两张信用证的开证申请人互以对方为受益人而开立的信用证。第一张信用证的受益人和开证人是第二张回头信用证的开证人和受益人，第一张信用证的开证行和通知行分别是第二张信用证的通知行和开证行。两张信用证的金额可以相等，也可以不等。两张证可以同时互开、同时生效,也可以先后开立,先后生效。

8. 循环信用证(revolving L/C)

在一定时间内信用证被全部或部分使用后,能够重新恢复信用证原金额并再度使用,周而复始,直至达到该证规定的次数或累计总金额用完为止。循环信用证又可分为按时间循环信用证和按金额循环信用证,按金额循环信用证又可进一步分为自动循环、非自动循环和半自动循环等。

9. 预支信用证(anticipatory L/C)

开证行授权通知行,允许受益人在装运交单前预支全部或部分货款的信用证,由开证行保证偿付并负担利息的信用证,是进口商通过银行开立给出口商的一种以出口贸易融资为目的的信用证。

10. 备用信用证(Standby L/C)

开证行根据开证申请人的请求向受益人开立的承担某项义务的凭证。即当开证申请人未能按时偿还借款、预收款或支付货款,或未能履约时,开证行保证付款。因此,如果开证申请人按期履行合同义务,受益人就无须要求开证行在备用信用证项下支付任何货款或赔偿,这是称为"备用"的由来。

11. SWIFT 信用证(SWIFT L/C)

SWIFT 是环球银行金融电信协会(Society for Worldwide Interbank Financial Telecommunication)的简称。该协会于 1973 年在布鲁塞尔成立,专门从事传递各国之间的非公开性的国际的金融电信业务。包括外汇买卖、证券交易、开立 L/C、办理 L/C 项下的汇票业务和托收等,同时还兼理国际的账务清算和银行之间资金调拨。凡通过 SWIFT 系统传递的 L/C 信息,即通过 SWIFT 开立或通知的 L/C 称为 SWIFT L/C,有时称为"环银电协 L/C"。

单证知识同步训练

一、单选题

1. 如信用证规定"SHIPMENT ON OR ABOUT OCT 15TH 2021",那么装运期应为( )天。

    A. 9   B. 11   C. 10   D. 12

2. 假远期信用证实际上是套用( )。

    A. 卖方资金   B. 买方资金

    C. 付款银行资金   D. 收款银行资金

3. A 公司向 B 公司出口一批货物,B 公司通过 C 银行开给 A 公司一张不可撤销的即期信用证,当 A 公司于货物装船后持全套货运单据向银行办理议付时,B 公司倒闭,则 C 银行( )。

    A. 可以 B 公司倒闭为由拒绝付款   B. 仍应承担付款责任

    C. 有权推迟付款   D. 应承担一定补偿

4. UCP600 新增加的术语 HONOUR(兑付/承付)概括了开证行、保兑行、指定行在信用证下除( )以外的一切与支付有关的行为。

    A. 付款   B. 议付   C. 承兑   D. 偿付

5.《跟单信用证统一惯例》(UCP600)于(　　)正式生效。

    A. 2006 年 12 月 31 日　　　　　　　　B. 2007 年 1 月 1 日

    C. 2007 年 6 月 1 日　　　　　　　　　 D. 2007 年 7 月 1 日

6. 正确表达 SWIFT 格式信用证开证日期 2021 年 3 月 15 日的表达方式的是(　　)。

    A. 210315　　　　　B. 211513　　　　　C. 150321　　　　　D. 15032021

7. 按照 UCP600 的规定,信用证未明确是否保兑,就是(　　)。

    A. 已保兑的信用证　　　　　　　　　　 B. 未保兑的信用证

    C. 由通知银行来决定是否保兑　　　　　 D. 由进口人来决定是否保兑

8. 根据 UCP600 规定,若发现单证不符拒受单据,开证行/保兑行通知寄单行的时间应为收到单据次日起的(　　)。

    A. 7 个银行工作日　　　　　　　　　　 B. 5 个银行工作日

    C. 7 天　　　　　　　　　　　　　　　 D. 10 天

9. 使用循环信用证的目的在于简化手续和减少开证押金,这种信用证一般适用于(　　)。

    A. 易货贸易、来料加工和补偿贸易

    B. 中间商用于转运他人货物的合同

    C. 母公司与子公司之间的贸易合同

    D. 定期分批、均衡供货、分批结汇的长期合同

10. 信用证保兑后,保兑行(　　)。

    A. 只有在开证行没有能力付款时,才承担保证付款的责任

    B. 和开证行一样,承担第一性付款责任

    C. 需和开证行商议决定双方各自的责任

    D. 只有在买方没有能力付款时,才承担保证付款的责任

二、多选题

1. 下列关于信用证与合同关系的表述正确的是(　　)。

    A. 信用证业务受买卖合同的约束　　　 B. 信用证的开立以买卖合同为依据

    C. 合同是审核信用证的依据　　　　　 D. 银行按信用证规定处理信用证业务

2. 假远期信用证又称买方远期信用证,其主要特点是(　　)。

    A. 由进口商负担贴现息和费用　　　　 B. 由受益人开出远期汇票

    C. 由指定的付款行负责贴现汇票　　　 D. 由开证行开出延期付款信用证

3. 根据 UCP600,必须规定一个交单地点的信用证是(　　)。

    A. 付款信用证　　　　　　　　　　　 B. 限制议付信用证

    C. 承兑信用证　　　　　　　　　　　 D. 自由议付信用证

4. 备用信用证与一般跟单信用证的区别主要是(　　)。

    A. 备用信用证属于商业信用,而跟单信用证属于银行信用

    B. 银行付款的条件不同

    C. 适用的范围不同

    D. 受款人要求银行付款时所需提供的单据不同

5. 下列信用证条款中属于软条款的是(　　)。

    A. 一份开证申请人手签的质量检验证书,该签字须和开证行预留签字样本相符

B. 待进口商取得进口许可证后,开证行以信用证修改形式通知信用证生效

C. 所装船名和船期由进口商通知开证行,开证行以信用证修改形式通知受益人

D. 货物运抵目的港后,待进口地商检机构检验合格并出具书面证书后开证行才付款

三、判断题

1. 信用证如有修改,须由原来的通知行通知,通知行如是保兑行,其对信用证的修改内容也自然保兑。 (　　)

2. 信用证是开证银行应进口商的申请向出口商开立的,当出口商按信用证规定向开证行要求付款时,开证银行应该先征得进口商同意。 (　　)

3. 按 UCP600 规定,信用证的修改通知书有多项内容时,受益人要么全部接受,要么全部拒绝。 (　　)

4. 根据 UCP600 规定,信用证未清楚地表明可否撤销、可否保兑、可否转让,则均视为可撤销、可保兑、可转让。 (　　)

5. 我国某公司以信用证付款方式出口一批货物,提单期为 7 月 15 日,信用证有效期为 8 月 15 日。按 UCP600 规定,受益人向银行交单的最迟日期是 8 月 5 日。 (　　)

6. 根据 UCP600 的规定,信用证经修改后,开证行即不可撤销地受该修改的约束,受益人收到修改通知后,原信用证的条款失效。 (　　)

7. 除非信用证另有规定,银行将接受出单日期早于信用证开立日期的单据。 (　　)

8. 通知行收到开证行的信用证后,应严格按照"证同一致"的原则对照买卖合同条款认真审核。 (　　)

9. 如果受益人在规定的交单期和有效期内已经将与信用证规定相符合的单据交到指定银行,但是单据在指定银行向开证行寄送途中丢失,那么根据 UCP600 规定,开证行不可以免除责任。 (　　)

10. 信用证业务中,偿付行应审核单证一致后,才能向议付行进行偿付。 (　　)

单证技能进阶提高

一、动脑思考

1. 天津胜利化工进出口公司与德国拜耳公司就出口医药化工达成一笔业务,合同规定采用信用证付款(即期信用证付款),而随后收到的信用证规定付款期限是见票后 60 天,在附加条款 47A 中规定"Usance draft can be negotiated on sight basis and interest for applicant's account",作为公司的业务员有必要让开证申请人修改信用证吗? 为什么?

2. 荷兰某大型采购商从 TIFERT 贸易公司进口一个 20 尺货柜的行李箱,合同规定采用信用证付款,该客户及时将 SWIFT 信用证开抵卖方,业务员浏览整个信用证,没有发现最迟交单期,作为公司的业务员该如何处理呢? 是否必须让采购商到开证行申请修改信用证?

3. 如信用证列有以下几种远期付款期限,请选择哪种对出口商最有利? 同样哪种对进口商最有利?

(1) credit available by your draft at 30 days after sight

(2) credit available by your draft at 30 days after date

(3) credit available by your draft at 30 days after B/L date

(4) credit available by your draft at 30 days after invoice date

二、动手操练

2021 年 6 月,主要从事纺织品、食品业务的 TIFERT 贸易公司与加拿大 WENSCO 食品公司签订了销售 950 箱蘑菇罐头的出口合同,金额 10 830 美元,付款方式为装运后 45 天远期信用证。随后加拿大 WENSCO 食品公司及时通过多伦多 NOVA SCOTIA 银行开出第 101800/146791 号信用证(样例 2-7),作为单证员,首先分析一下信用证,并填写 SWIFT 信用证分析单(样例 2-8),为下一步审证做好基础性工作。

样例 2-7 SWIFT 信用证

BASIC HEADER F 01 BKCHCNBJA5XX 9828 707783

APPL. HEADER 0 700 1917000731 NOSCCATTAXXX 3775 931472 0008010718 N

+ BANK OF NOVA SCOTIA. TORONTO, CANADA

(BANK NO. ;8015000)   + TORONTO, ONTARIO, CANADA

MT;700 — — — — — — — — ISSUE OF A DOCUMENTARY CREDIT — — — — — — — — — — —

SEQUENCE OF TOTAL	27：1/1
FORM OF DOCUMENTARY CREDIT	40A；IRREVOCABLE TRANSFERABLE
DOCUMENTARY CREDIT NUMBER	20：101800/146791
DATE OF ISSUE	31C：210731
APPLICABLE RULES	40E：UCP LATEST VERSION
DATE AND PLACE OF EXPIRY	31D：210915 CHINA
APPLICANT	50：WENSCO FOODS LTD
	1191 GREEN LAND STREET,
	WELLD. COQUITLAM, B. C. ,
	CANADA, V3K 5Z1
BENEFICIARY	59：TIFERT TRADING CO. , LTD.
	NO. 86, ZHUJIANG ROAD, TIANJIN, CHINA
CURRENCY CODE, AMOUNT	32B：USD10 830,00
MAXIUM CREDIT AMOUNT	39B：NOT EXCEEDING
AVAILABLE WITH...BY...	41D：ANY BANK
	BY NEGOTIATION
DRAFTS AT	42C：DRAFTS AT 45 DAYS AFTER BILL
	OF LADING DATE FOR 100 PERCENT OF
	INVOICE VALUE
DRAWEE	42D：THE BANK OF NOVA SCOTIA
	650 WEST GEORGIA ST. , PO BOX 11502,
	VANCOUVER, B. C. , CANADA V6B 4P6
PARTIAL SHIPMENT	43P：ALLOWED
TRANSSHIPMENT	43T：ALLOWED
PORT OF LOADING	44E：CHINESE MAIN PORT
PORT OF DISCHARGE	44F：VANCOUVER, B. C. , CANADA
LATEST DATE OF SHIPMENT	44C：210831
DESCRPT OF GOODS/SERVICES	45A：
EVIDENCING SHIPMENT OF	

950 CARTONS CANNED MUSHROOM PIECES & STEMS EVERGREEN BRAND 24 TINS X 425 GRAMS NET WEIGHT AT USD11. 40 PER CARTON FREE ON BOARD TIANJIN, CHINA

DOCUMENTS REQUIRED 46A:

+ SIGNED COMMERCIAL INVOICE IN TRIPLICATE
+ CANADA CUSTOMS INVOICE IN QUADRUPLICATE FULLY COMPLETED
+ CERTIFICATE OF ORIGIN FORM A IN TRIPLICATE
+ BENEFICIARY'S LETTER OF GUARANTEE STATING THEY WILL REIMBURSE ALL EXPENSES IN CASE OF REJECTION BY CANADIAN FOOD INSPECTION AGENCY IN TRIPLICATE
+ BENEFICIARY CERTIFICATE IN TRIPLICATE STATING
1. THE SHIPMENT DOES NOT INCLUDE NON - MANUFACTURED WOOD DUNNAGE, PALLETS, CRATING OR OTHER PACKAGING MATERIALS
2. THE SHIPMENT IS COMPLETELY FREE OF WOOD BARK, VISIBLE PESTS AND SIGNS OF LIVING PESTS
+ FULL SET OF CLEAN ON BOARD OCEAN BILL OF LADING MADE OUT TO THE ORDER OF THE BANK OF NOVA SCOTIA MARKED FREIGHT COLLECT AND NOTIFY WENSCO FOODS LTD. , 1191 GREEN LAND STREET, WELL D. COQUITLAM, B. C. , CANADA, V3K 5Z1

ADDITIONAL CONDITIONS 47A:

+INSURANCE COVERED BY APPLICANT
+ THIS LETTER OF CREDIT IS TRANSFERABLE. IF TRANSFERRED, THE DRAFT MUST BE ACCOMPANIED BY A LETTER BY THE BANK EFFECTING THE TRANSFER STATING THE NAME OF THE TRANSFEREE AND THAT THIS CREDIT HAS BEEN TRANSFERRED
+ THE ADVISING BANK IS THE DESIGNATED TRANSFERRING BANK
+ THIRD PARTY DOCUMENTS ARE ACCEPTABLE ONLY IF L/C IS TRANSFERRED
+ AMENDMENT CHARGES (IF ANY) WILL BE FOR THE BENEFICIARY'S ACCOUNT IF THE CAUSE OF AMENDMENT OCCURRED FROM THE BENEFICIARY'S SIDE
+ IT IS A CONDITION OF THIS LETTER OF CREDIT THAT PAYMENT WILL BE EFFECTED AT MATURITY BUT ONLY UPON RECEIPT OF WRITTEN NOTIFICATION FROM THE BUYER STATING THAT GOODS HAVE PASSED CANADIAN AUTHORITIES INSPECTION. THE REMITTING BANK/ NEGOTIATING BANK MUST INDICATE ON THEIR COVERING LETTER TO SCOTIA BANK THAT ALL DOCUMENTS MUST BE DELIVERED TO THE APPLICANT AGAINST A TRUST RECEIPT IN ORDER TO OBTAIN CLEARANCE OF MERCHANDISE TO SECURE INSPECTION BY CANADIAN AUTHORITIES
+ PAYMENT/ACCEPTANCE OF DRAFTS WILL ONLY BE MADE AFTER RECEIPT OF WRITTEN ADVICE FROM THE APPLICANT STATING THAT THE MERCHANDISE HAS PASSED INSPECTION AND HAS BEEN RELEASED FOR SALE IN CANADA BY THE CANADIAN AUTHORITIES
+ IF THE GOODS DO NOT PASS INSPECTION, THEN NOTICE TO THIS EFFECT MUST BE GIVEN IN WRITING BY THE CANADIAN AUTHORITIES WHO MUST PRESENT SAME TO SCOTIA BANK. UPON RECEIPT OF THE REJECTION NOTICE, THE NEGOTIATING BANK/ REMITTING BANK WILL BE ADVISED ACCORDINGLY AND SCOTIA BANK'S LIABILITY WILL BECOME NULL AND VOID
+ PLEASE DIRECT ALL ENQUIRIES AND FORWARD DOCUMENTS IN ONE LOT (VIA COURIER) TO THE BANK OF NOVA SCOTIA, VANCOUVER INTERNATIONAL TRADE SERVICES, MALL LEVEL, 650 WEST GEORGIA STREET, VANCOUVER, B. C. , CANADA V6B 4P6
+ A DISCREPANCY HANDLING FEE OF USD 45. 00 WILL BE ASSESSED BY THE BANK OF NOVA SCOTIA ON EACH PRESENTATION OF DOCUMENTS NOT IN STRICT COMPLIANCE WITH THE TERMS AND CONDITIONS OF THE CREDIT
THIS FEE IS FOR THE ACCOUNT OF THE BENEFICIARY AND WILL BE DEDUCTED FROM THE PROCEEDS WHEN PAYMENT IS EFFECTED, IN ADDITION TO ANY OUT OF POCKET EXPENSES INCURRED BY THE BANK OF NOVA SCOTIA IN THIS CONNECTION

+ THIS IS THE OPERATIVE INSTRUMENT

+ DRAFT(S) MUST INDICATE THE NUMBER AND DATE OF THIS CREDIT

PERIOD FOR PRESENTATIONS   48:

DOCUMENTS MUST BE PRESENTED AT PLACE OF EXPIRATION WITHIN 15 DAYS OF ON BOARD DATE OF OCEAN BILL OF LADING AND WITHIN THE L/C VALIDITY

CONFIRMATION INSTRUCTION   49: WITHOUT

CHARGES   71B:

ISSUING BANK CHARGES ARE FOR THE ACCOUNT OF THE APPLICANT. ALL OTHER BANK CHARGES INCLUDING REIMBURSEMENT BANK CHARGES ARE FOR THE BENEFICIARY'S AC-COUNT.

样例 2-8   信用证分析单

信用证	项目	项目性质(英文)	项目性质(中文)	具体内容
信用证本身说明	27	SEQUENCE OF TOTAL	电文页次	
	40A	FORM OF DOCUMENTARY CREDIT	跟单信用证形式	
	40E	APPLICABLE RULES	适用规则	
	20	DOCUMENTARY CREDIT NUMBER	信用证号码	
	31C	DATE OF ISSUE	开证日期	
	31D	DATE AND PLACE OF EXPIRY	信用证有效期和到期地点	
当事人	51a	APPLICANT BANK	信用证开证银行	
	57a	ADVISE THROUGH BANK	通知行	
	50	APPLICANT	信用证开证申请人	
	59	BENEFICIARY	信用证受益人	
金额	32B	CURRENCY CODE, AMOUNT	结算的货币和金额	
兑用	41a	AVAILABLE WITH...BY...	信用证兑付的方式	
汇票	42C	DRAFTS AT...	汇票付款期限	
	42A	DRAWEE	汇票付款人	
装运条款	43P	PARTIAL SHIPMENTS	分装条款	
	43T	TRANSSHIPMENT	转运条款	
	44E	PORT OF LOADING/AIRPORT OF DEPARTURE	装运港/出发机场	
	44F	PORT OF DISCHARGE/AIRPORT OF DESTINATION	卸货港/目的地机场	
	44C	LATEST DATE OF SHIPMENT	最迟装船期	
货物描述	45A	DESCRIPTION OF GOODS AND/OR SERVICES	货物和/或服务描述	
单据条款	46A	DOCUMENTS REQUIRED	单据要求	
特殊条款	47A	ADDITIONAL CONDITIONS	附加条款	

续表

信用证	项目	项目性质（英文）	项目性质（中文）	具体内容
交单	48	PERIOD FOR PRESENTATION	交单期限	
保兑	49	CONFIRMATION INSTRUCTIONS	保兑指示	
费用	71B	CHARGES	费用情况	

任务四　审核信用证

 案例导入

　　国内甲公司与国外乙公司成交一笔芸豆出口贸易，合同规定采用信用证支付。随后收到国外客户开抵的信用证，其中部分条款规定："600 M/Tons of Kidney Beans. Partial shipments are allowed in two lots，400 M/Tons to Antwerp not later than May31，2021 and 200M/Tons to Brussels not later than June 30，2021."（600 公吨芸豆，允许分批装运，分两批，400 公吨于 2021 年 5 月 31 日前运至安特卫普，200 公吨于 2021 年 6 月 30 日前运至布鲁塞尔。）

　　国内甲公司有关人员经审查信用证条款，未发现什么问题，随即与有关货代联系订舱事宜，但是 5 月末船期和舱位紧张，400 公吨必须用两条船分装。货代随即联系国内甲公司，询问安特卫普的 400 公吨必须用两条船分装是否可以？信用证是否允许分批装运？国内甲公司业务员查对信用证后认为没有问题，因为信用证允许分批装运。所以甲公司于 5 月 18 日在 A 轮装 200 公吨至安特卫普港，19 日在 B 轮装 200 公吨至安特卫普港。装运完毕，于 5 月 22 日即备齐信用证项下的所有单据向议付行办理议付。经议付行审核单据提出异议，但是国内甲公司不承认单据存在不符点，坚持要求议付行寄单至国外开证行。最后决定由甲公司向议付行提供担保函，如开证行有异议，由甲公司自行承担责任，议付行对开证行仍照常寄单而不表明单据有无不符点情况（即对内提不符点，对外不提）。

　　但单到国外，开证行于 5 月 29 日提出："第×××号信用证项下的单据收到，经审核发现不符点。我信用证规定只分两批装运，400 公吨 5 月 31 日前运至安特卫普，200 公吨 6 月 30 日前运至布鲁塞尔。你于 5 月 18 日只装 200 公吨至安特卫普，5 月 19 日又装 200 公吨至安特卫普。如此说来，你方起码要装三批以上，所以违背了我信用证规定。我行经研究，无法接受单据。同时我行经与申请人联系亦不同意接受单据，速复对单据处理的意见"。

　　至此，国内甲公司对开证行和议付行对上述的单据异议做了进一步的分析探讨，才不得不承认以前是误解信用证条款。只好向国外乙公司商洽，最后以降价为条件而结案。

 思政分析

　　本案例的国内甲公司对信用证中的装运条款没有正确地理解，误认为每批之中还可以再分批。议付行在议付时就提出异议，国内甲公司没有引起注意，却仍然坚持自己的理解。当时议付行又不接受，双方各执己见，所以才商定采取只是由国内甲公司向议付行提担保议付，而要求议付行仍照常向开证行寄单不说明有不符点的情况，开证行如有异议，由受益人负责。但单寄到国外,于 5 月 29 日开证行也提出该不符点,国内甲公司这时才组织有关人员对信用证该条款进行了探讨,发现自己以前的理解是错误的。

从本案例中可以看出,审证工作是国际贸易中一项非常重要而又细致的工作,需要对信用证条款有一定理解能力的人员担任这项工作,才能对企业起到把关的作用。出口业务程序从成交签订合同到备货、审证、改证、租船订舱、报关、报验、保险直至装运,任一个环节出现问题,最后均在单证工作上暴露出来,造成单证不符,被对方拒付货款或拒收货物。本案例的分批装运问题,虽然当时有船舱不足的原因,但审证人员当时认为可以再分批,误解信用证条款,违背信用证条款规定,这才是酿成此次事故的真正原因。因此,我们在实际业务中,一定要熟悉有关国际贸易惯例,要真正理解信用证各个条款的内涵,并严格按照信用证要求进行具体的业务操作,只有做到相符交单,才能保证货款安全及时收回,更要不断关注国际贸易惯例的最新变化,关注前沿动态,做到干到老、学到老,养成终身学习的习惯。

任务背景

> 张琳同学在纺织品部工作一段时间后,接触到许多不同地区、不同开立方式的信用证。师傅们的耐心指导再加上本人的不懈努力,张琳同学很快就熟悉了信用证的主要内容,并能够准确翻译信用证的主要条款,为审核信用证奠定了扎实的基础。
>
> 在对日本丸红株式会社开立的女童成衣夹克衫进行分析的基础上,张琳同学发现其中有许多条款与买卖双方签订的合同条款不符,随后进入审核信用证和信用证修改的工作环节。

信用证是银行有条件的付款保证,银行只有在"相符交单"的情况下才履行付款义务。这就要求我们一定要把好审证关,否则货物出运后向银行交单议付货款时才发现信用证中的某些条款无法满足,不能提供符合信用证、UCP600、ISBP745 要求的单据,到那时为时已晚,给安全收汇带来巨大的隐患。

 ## 审核信用证操作规范及样例

实训目的
◇ 掌握信用证审核技巧;
◇ 正确填写信用证审核记录;
◇ 学会草拟信用证改证函。

操作前准备
◇ 预习信用证有关基础知识;
◇ 铅笔、橡皮、计算器等工具;
◇ 有关合同及相关资料;
◇ 空白的纸质信用证审核记录或信用证审核记录模板。

操作程序
◇ 总体浏览信用证;

◇ 逐一仔细审核信用证的条款,对不能接受的条款用铅笔做出标注;

◇ 填写信用证审核记录,提出具体修改意见;

◇ 对照信用证检查审核记录填写是否正确,检查是否有漏审核条款。

一、信用证审核操作规范

信用证的主要内容及审核重点见表 2-3。

表 2-3　信用证的主要内容及审核重点

信用证	信用证具体内容	信用证条款及与之对应的合同条款	审核的重点
信用证本身说明	(1) 信用证页次 SEQUENCE OF TOTAL		① 页码是否齐全 ② 信用证所涉及的修改是否锁好
	(2) 信用证种类 FORM OF DOCUMENTARY CREDIT	对应合同中的支付条款	UCP600 已取消可撤销信用证
	(3) 信用证适用惯例 APPLICABLE RULES	The credit is subject to UCP 600	① 信开/电开证必须适用于 UCP600,否则,信用证无效 ② 升级后的 SWIFT 报文格式也增加了所适用的惯例
	(4) 信用证证号 CREDIT NO.		每份证应该有唯一证号
	(5) 开证日期 DATE OF ISSUE	对应合同的支付条款,是否规定了买方开证的最迟期限	① 如果没有开证日期,以系统生成的日期为准 ② 是否按照合同约定的期限开出信用证
	(6) 有效期和到期地点 PLACE AND DATE OF EXPIRY	对应合同中的装运期	① 一般比装运期晚 10～15 天为宜 ② 原则上不接受在国外到期
	(7) 交单期 PERIOD OF PRESENTATION	对应合同中的支付条款	一般装船后 10～15 天为宜
	(8) 金额 AMOUNT	对应合同中的总金额	① 金额与合同是否相符 ② 币种与合同是否相同 ③ 如有大小写,是否一致 ④ 佣金、折扣是否包含在总金额中 ⑤ 溢短装是否适用金额中
	(9) 兑用方式 AVAILABLE WITH	对应合同中的支付条款	① 最好是议付信用证 ② 最好不是付款信用证
	(10) 有效性 EFFECTIVENESS		① 是否有有效期 ② 是否是有条件生效 ③ 是否有软条款 ④ 信开/电开证是否印鉴/密押相符

续表

信用证	信用证具体内容	信用证条款及与之对应的合同条款	审核的重点
信用证当事人	(11) 开证申请人 APPLICANT	对应合同中的买方	公司名称和地址都要核对
	(12) 受益人 BENEFICIARY	对应合同中的卖方	公司名称和地址都要核对
	(13) 通知行 ADVISING BANK		通知行最好与受益人在同一地点
	(14) 议付行 NEGOTIATING BANK		如议付行与受益人不在同一城市又限制议付,需考虑时间上的可行性
汇票条款	(15) 出票人 DRAWER	对应合同中的卖方	
	(16) 受款人 PAYEE	对应合同中的卖方或议付行	
	(17) 付款人 DRAWEE	对应信用证中的开证行或指定的付款行	付款人不能是开证申请人
	(18) 付款期限 TENOR	对应合同中的支付条款	汇票的付款期限是否与合同中的付款期限相符
	(19) 出票依据 DRAWN UNDER		通常包括开证行、证号和开证日期
货物描述	(20) 商品名称 COMMODITY NAME	对应合同中的品名条款	品名是否有拼写错误
	(21) 规格/货号 SPECIFICATION/ART NO.	对应合同中的品质条款	须仔细审核,特别是规格中最高、最多、最低、最少等描述是否与合同相符,货号是否完全正确
	(22) 数量 QUANTITY	对应合同中的数量条款	① 数量是否与合同相符 ② 是否有溢短装
	(23) 单价 UNIT PRICE	对应合同中的价格条款	① 单价是否正确 ② 币别是否相同 ③ 计量单位是否相符 ④ 贸易术语是否一致
	(24) 唛头 SHIPPING MARKS	对应合同中的唛头	① 若不一致,视具体情况考虑接受否 ② 若已经备妥货物,原则上应要求改证 ③ 若没有备妥货物,按证中唛头刷唛
	(25) 详细资料参照 DETAILS AS PER...	对应合同号和合同日期	① 引用的合同号是否与买卖双方签订的合同相符 ② 引用的合同日期是否与实际合同相同
装运条款	(26) 装运港 PORT OF LOADING	对应合同中的装运条款	① 装运港是否与合同相同 ② 如不同,不增加费用且能做到无须改证 ③ 来证笼统规定 CHINA MAIN PORTS 无须改证

续表

信用证	信用证具体内容	信用证条款及与之对应的合同条款	审核的重点
装运条款	(27) 目的港 PORT OF DESTINATION	对应合同中的装运条款	① 目的港是否与合同相同 ② 如不同,不增加费用且能做到无须改证 ③ 注意世界上重名港问题,其后应加国别
	(28) 分批 PARTIAL SHIPMENTS	对应合同中的装运条款	若合同中规定禁分而来证允许,无须改证
	(29) 转运 TRANSSHIPMENT	对应合同中的装运条款	若合同中规定禁转而来证允许,无须改证
	(30) 装运期 LATEST SHIPMENT DATE	对应合同中的装运期	① 装运期是否与合同规定相符 ② 如提前,视具体情况考虑接受否 ③ 如推迟(最晚……),无须改证
单据条款	(31) 发票 COMMERCIAL INVOICE		若要求开证人会签,需删除
	(32) 装箱单 PACKING LIST		若要求开证人会签,需删除
	(33) 提单 BILL OF LADING		① 1/3 正本提单自寄需修改 ② 运费支付情况与贸易术语矛盾需修改
	(34) 保险单/凭证 INSURANCE POLICY/CERTIFICATE	对应合同中的保险条款	① 投保加成是否与合同规定相符 ② 投保险别是否与合同相符 ③ 依据的保险条款及版本年份是否一致 ④ ICC 中的险别是否与 CIC 中的险别同时出现在保险条款中
	(35) 原产地证 CERTIFICATE OF ORIGIN		① 签发单位是否可接受 ② 是否需要使领馆认证
	(36) 检验证书 INSPECTION CERTIFICATE	对应合同中的检验条款	① 检验机构是不是对我友好的独立的第三方 ② 是不是客检证,若是,则需修改
	(37) 其他单据 OTHER CERTIFICATE		所要求证明是否能够自行出具,如需第三方,能否保证及时签发
	(38) 特殊条款 SPECIAL TERMS	对应合同中的备注	① 特殊条款是否已单据化,若是,则是否能够保证及时签发 ② 重点审核是否含有软条款
费用	(39) 费用条款 CHARGES		一般情况各负担各的费用
保兑	(40) 保兑条款	对应信用证的种类	① 需要加具保兑:ADDING YOUR CONFIRMATION ② 不需要加具保兑:WITHOUT

续表

信用证	信用证具体内容	信用证条款及与之对应的合同条款	审核的重点
付款承诺	(41) 开证行保证付款责任文句 UNDERTAKING CLAUSE OF OPENING BANK		信开/电开证必须有银行保证付款的责任文句,否则,信用证无效

二、审核信用证样例

动画:审核信用证

女童夹克衫销售合同见样例 2-9,信用证通知书见样例 2-10,女童夹克衫信用证见样例 2-11,女童夹克衫信用证审核记录见样例 2-12。

样例 2-9 女童夹克衫销售合同

销 售 合 同

SALES CONTRACT

编号 No.:21TF0858
日期 Date:FEB. 10, 2021

The sellers： TIFERT TRADING CO. , LTD.
Add： NO. 86, ZHUJIANG ROAD, TIANJIN,CHINA　　　　POST CODE:300221
The buyers： MARUBENI CORP.
Add： 5-7, HOMMACHI, 2-CHOME, CHUO-KU, OSAKA, JAPAN
TEL： 81-1-2124046　　　　　　　　　　　　　FAX:81-1-2124055

兹确认售予你方下列货品,其成交条款如下:
We hereby confirm having sold to you the following goods on the terms and conditions as specified below:

(1) 货物名称及规格 Name of Commodity and Specifications	(2) 数量 Quantity	(3) 单价 Unit price	(4) 总值 Total Amount
GIRL JACKET SYTLE NO. GJ234 SHELL: 　WOVEN TWILL 100% COTTON LINING: 　WOVEN 100% POLYESTER	5,000PCS 10% MORE OR LESS ALLOWED	USD10. 50/PC CIF TOKYO	USD52,500. 00

(5) 包装:
Packing： 20PCS/CARTON, EACH CARTON SHOULD BE INDCIATED COMMODITY NAME, COLOR NO AND STYLE NO AND CARTON SIZE

(6) 装运唛头:
Shipping Mark： MARUBENI
S/C 21TF0858
TOKYO
CTN 1-UP

(7) 装运期限:
Time of Shipment： NOT LATER THAN APR. 30, 2021

（8）装运口岸：　　　　　　　　　　　目的地：

Port of Shipment：TIANJIN　　　　　　Destination：TOKYO

WITH PARTIAL SHIPMENTS AND TRANSSHIPMENT ALLOWED

（9）保险：卖方负责投保，按照 CIF 金额的 110%投保一切险和战争险，如果发生索赔，在日本用美元赔偿。

Insurance：THE SELLER SHALL ARRANGE MARINE INSURANCE COVERING ALL RISKS AND WAR RISK FOR 110% OF CIF VALUE. CLAIM, IF ANY, PAYABLE IN JAPAN IN CURRENCY OF USD.

（10）付款条件：

Payment Terms：BY SIGHT L/C TO REACH THE SELLER NOT LATER THAN FEB15，2021 AND REMAIN VALID FOR NEGOTIATION IN CHINA UNTIL 15DAYS AFTER SHIPMENT.

（11）检验：货物出运前应该由天津海关进行施检，其签发的检验证书作为向银行议付货款的单据之一。

Inspection：THE GOODS SHOULD BE INSPECTED BY TIANJIN CUSTOMS BEFORE SHIPMENT AND THE INSPECTION CERTIFICATE ISSUED BY TIANJIN CUSTOMS WILL BE ONE KIND OF DOCUMENTS TO BE PRESENTED FOR NEGOTIATION.

（12）买方须于 2021 年 2 月 15 日前开出本批交易的信用证。否则，售方有权：不经通知取消本合同，或接受买方对本销售合同未执行的全部或部分，或对遭受的损失提出索赔。

THE BUYER SHALL ESTABLISH THE COVERING LETTER OF CREDIT BEFORE FEB15，2021. FAILING WHICH THE SELLER RESERVES THE RIGHT TO RESCIND WITHOUT FURTHER NOTICE, OR TO ACCEPT WHOLE OR ANY PART OF THIS SALES CONTRACT UNFULFILLED BY THE BUYER, OR TO LODGE A CLAIM FOR DIRECT LOSSES SUSTAINED IF ANY.

（13）凡以 CIF 条件成交的业务，保额为发票价的 110%，投保险别以本销售合同中所开列的为限，买方如要求增加保额或保险范围应以装船前经卖方同意，因此而增加的保险费由买方负责。

FOR TRANSACTIONS CONCLUDED ON CIF BASIS IT IS UNDERSTOOD THAT THE INSURANCE A-MOUNT WILL BE FOR 110% OF THE INVOICE VALUE AGAINST THE RISKS SPECIFIED IN THE SALES CONTRACT, IF ADDITIONAL INSURANCE AMOUNT OR COVERAGE IS REQUIRED, THE BUYER MUST HAVE THE CONSENT OF THE SELLER BEFORE SHIPMENT, AND THE ADDITIONAL PREMIUM IS TO BE BORNE BY THE BUYER.

（14）品质/数量异议：如买方提出索赔，凡属品质异议须于货到目的口岸之日起 2 个月内提出。凡属数量异议须于货到目的口岸之日起 15 天内提出，对所装货物所提任何异议属于保险公司，轮船公司及其他运输机构所负责者，售方不负任何责任。

QUALITY/QUANTITY DISCREPANCY：IN CASE OF QUALITY DISCREPANCY, CLAIM SHOULD BE FILED BY THE BUYER WITHIN 2 MONTHS AFTER THE ARRIVAL OF THE GOODS AT THE PORT OF DESTINATION WHILE FOR QUANTITY DISCREPANCY CLAIM SHOULD BY FILED BY THE BUYER WITHIN 15 DAYS AFTER THE ARRIVAL OF THE GOODS AT THE PORT OF DES-TINATION. IT IS UNDERSTOOD THAT SELLER SHALL NOT BE LIABLE FOR ANY DISCREPAN-CY OF THE GOODS SHIPPED DUE TO CAUSES FOR WHICH THE INSURANCE COMPANY, SHIPPING COMPANY OTHER TRANSPORTATION ORGANIZATION ARE LIABLE.

（15）本合同内所述全部或部分商品，如因人力不可抗拒的原因，以致不能履约或延迟交货，售方概不负责。

THE SELLER SHALL NOT BE HELD LIABLE FOR FAILURE OR DELAY IN DELIVERY OF THE EN-TIRE LOT OR PORTION OF THE GOODS UNDER THIS SALES CONTRACT IN CONSEQUENCE OF ANY FORCE MAJEURE INCIDENTS.

确认签署 Confirmed by

　MARUBENI CORP.　　　　　　　　　　TIFERT TRADING CO. , LTD.

　　　　小泉太郎　　　　　　　　　　　　　　王宏
　　————————————　　　　　　　————————————
　　买方（the buyers）　　　　　　　　　　卖方（the sellers）

样例 2-10　信用证通知书

 天津分行

信用证通知书

Notification of Documentary Credit

ADDRESS：80，JIEFANG BEI LU, TIANJIN, CHINA
TELEX：23233 TJBOC CN
FAX：0086 22 23128900　　　　　　　　　　　　DATE：FEB. 19, 2021

To：致 TIFERT TRADING CO. , LTD. NO. 86, ZHUJIANG ROAD, TIANJIN, CHINA	When corresponding please quote our Ref No.
Issuing bank 开证行 BANK OF CHINA, TOKYO BRANCH	Transmitted to us through 转递行
L/C No. 证号　　　　Dated 开证日期 A-13-0058　　　　　FEB. 15, 2021	Amount 金额 USD52,500.00
Expiry 效期　　　　Tenor 远期 MAY 15, 2021	Charge 费用

Dear Sirs,
迳启者：
We have pleasure in advising you that we have received from the a/m bank a(n)
兹通知贵司,我行收自上述银行

(　)telex issuing　电传开立　　　　　(　)ineffective　未生效
(　)pre-advising of　预先通知　　　　(　)mail confirmation of　证实书
(×)original　正本　　　　　　　　　　(　)duplicate　副本

letter of credit, contents of which are as per attached sheet(s).
This advice and the attached sheet(s) must accompany the relative documents when presented for negotiation.
信用证一份,现随附通知,贵司交单时,请将本通知书及信用证一并提示。

(×)Please note that this advice does not constitute our confirmation of the above L/C nor does it convey any engagement or obligation on our part.
本通知书不构成我行对此信用证之保兑及其他任何责任。

(　)Please note that we have added our confirmation to the above L/C, negotiation is restricted to ourselves only.
上述信用证已由我行加具保兑,并限向我行交单。

Remark

This L/C consists of 2 sheet(s)，including the covering letter and attachment(s).
本信用证连同面函及附件共 2 纸。
If you find any terms and conditions in the L/C which you are unable to comply with and or any error(s), it is suggested that you contact applicant directly for necessary amendment(s) of as to avoid any difficulties which may arise when documents are presented.
如本信用证中有无法办到的条款及/或错误,请迳与开证申请人联系进行必要的修改,以排除交单时可能发生的问题。

Yours faithfully　　　　　　　　　　　　　　　　　　for BANK OF CHINA

样例 2-11 女童夹克衫信用证

```
21FEB 15 12:09:47
LOGICAL TERMINALPA11
MSGACK DWS7651 AUTHENTICATION SUCCESSFUL WITH PRIMARY KEY
APPLICATION HEADER
                              * BKCHJPJT
                              * BANK OF CHINA, TOKYO BRANCH
                              * TOKYO
```

USER HEADER	BANK. PRIORITY	113:	
	MSG USER REF	108:	
SEQUENCE OF TOTAL	27:	1/1	(1)
FORM OF DOC. CREDIT	40A:	IRREVOCABLE TRANSFERABLE	(2)
APPLICABLE RULES	40E:	UCP LATEST VERSION	(3)
DOC. CREDIT NUMBER	20:	A-13-0058	(4)
DATE OF ISSUE	31C:	210215	(5)
DATE AND PLACE OF EXPIRY	31D:	DATE 210515 PLACE JAPAN	(6)
APPLICANT BANK	51a	BANK OF CHINA TOKYO BRANCH	
ADVISING THROUGH BANK	57a	BANK OF CHINA TIANJIN BRANCH	(13)
APPLICANT	50:	MARUBENI CORP	(11)
		5-7, HOMMACHI, 2-CHOME, CHUO-KU, OSAKA, JAPAN	
BENEFICIARY	59:	TIFERT TRADING CO., LTD.	(12)
		NO. 86, ZHUJIANG STREET, TIANJIN, CHINA	
CURRENCY CODE, AMOUNT	32B:	CURRENCY USD AMONT 52 500,00	(8)
AVAILABLE WITH/BY	41D:	BANK OF CHINA TIANJIN BRANCH BY NEGOTIATION	(9)+(14)
DRAFT	42C:	AT 30 DAYS SIGHT	(18)
DRAWEE	42A:	APPLICANT	(17)
PARTIAL SHIPMENTS	43P:	ALLOWED	(28)
TRANSSHIPMENT	43T:	NOT ALLOWED	(29)
PORT OF LOADING/AIRPORT OF DEPARTURE	44E:	TIANJIN	(26)
PORT OF DISCHARGE/AIRPORT OF DESTINATION	44F:	TOKYO	(27)
LATEST DATE OF SHIP.	44C:	210430	(30)
DESCRIPTION OF GOODS AND/ OR SERVICES	45A:	5000PCS OF GIRL JACKET	(20)+(22)
		SYTLE NO. GJ234	(21)
		SHELL: WOVEN TWILL 100% COTTON	
		LINING: WOVEN 100% POLYESTER	
		PACKING: 1PC TO A PLASTIC BAG	
		20BAGS TO A CARTON	
		UNIT PRICE: USD10.50/PC CIF TOKYO	(23)
		DETAILS AS PER S/C 21TF0858	(25)
		SHIPPING MARKS: MARUBENI	(24)
		S/C 21TF0858	
		TOKYO	
		CTN 1-UP	
DOCUMENTS REQUIRED	46A:	+ SIGNED COMMERCIAL INVOICE IN TRIPLICATE COUNTER-SIGNED BY APPLICANT	(31)
		+ PACKING LIST IN DUPLICATE SHOWING THE GOODS HAVE BEEN PACKED IN CARTONS OF 20PCS EACH	(32)

| | + 2/3 SET OF CLEAN ON BOARD OCEAN BILL OF LADING MADE OUT TO ORDER AND BLANK ENDORSED NOTIFY APPLICANT WITH FULL NAME, ADDRESS AND TEL NO. 87459986 AND INDICATING THE NAME OF CARRYING VESSEL'S NAME AND TEL NO. AT THE PORT OF DESTINATION MARKED FREIGHT TO COLLECT (33) |

+ 2/3 SET OF CLEAN ON BOARD OCEAN BILL OF LADING MADE OUT TO ORDER AND BLANK ENDORSED NOTIFY APPLICANT WITH FULL NAME, ADDRESS AND TEL NO. 87459986 AND INDICATING THE NAME OF CARRYING VESSEL'S NAME AND TEL NO. AT THE PORT OF DESTINATION MARKED FREIGHT TO COLLECT (33)

+ INSURANCE POLICY OR CERTIFICATE IN THE NAME OF APPLICANT FOR 120% OF INVOICE VALUE AGAINST ALL RISKS AND WAR RISK AS PER ICC DATED 1/1/2009 CLAIM IF ANY PAYABLE AT PORT OF DESTINATION (34)

+ CERTIFICATE OF ORIGIN ISSUED BY CCPIT SHOWING THE NAME OF MANUFACTURER (35)

+ INSPECITON CERTIFICATE IN DUPLICATE ISSUED AND SIGNED BY AUTHORIZED PERSON OF APPLICANT WHOSE SIGNATURE MUST COMPLY WITH THAT HELD IN OUR BANK'S RECORD (36)

+ BENEFICIARY'S CERTIFICATE CERTIFYING THAT 1/3 ORIGINAL B/L AND ONE SET OF NON-NEGOTIABLE SHIPPING DOCUEMENTS TO BE SENT TO APPLICANT WITHIN 48 HOURS AFTER SHIPMENT (37)

ADDITIONAL CONDITIONS	47A:	+ SHIPMENT MUST BE EFFECTED BY CONTAINER ONLY AND B/L SHOWING THE SAME (38)
		+ 10% MORE OR LESS BOTH IN QUANTITY AND AMOUNT ALLOWED
		+ THE CREDIT WILL BECOME EFFECTIVE AFTER RECEIPT OF APPROVAL OF PRE-SHIPMENT SAMPLE FROM THE APPLICANT (10)
PERIOD FOR PRESENTATION	48:	DOCUMENTS MUST BE PRESENTED TO THE NEGOTIATING BANK WITHIN 7DAYS AFTER SHIPMENT BUT WITHIN THE VALIDITY OF THE CREDIT (7)
CONFIRMATION INSTRUCTIONS	49:	WITHOUT (40)
CHARGES	71B:	ALL BANKING CHARGES ARE FOR BENEFICIARY'S ACCOUNT (39)
INSTRUCTIONS TO PAYING/ ACCEPTING/NEGO TIATING BK	78:	NEGOTATING BANK IS KINDLY FORWARD ALL DOCUMENTS TO US IN ONE LOT BY REGISTERED AIRMAIL IMMEDIATELY AFTER NEGOTIATION. UPON RECEIPT OF DOCUMENTS IN ORDER, WE WILL REMIT THE PROCEEDS TO YOUR ACCOUNT (41)

样例 2-12　女童夹克衫信用证审核记录

信用证审核记录

收证日期 2021-2-20

信用证证号	A-13-0058	合同号	21TF0858	订单号	
开证行	BANK OF CHINA TOKYO BRANCH			开证日期	2021/2/15
开证人	MARUBENI CORP.				
受益人	TIFERT TRADING CO., LTD.				
货物名称	GIRL JACKET	数量	5,000PCS	金额	USD52,500.00

续表

装运期	2021/4/30	有效期	2021/5/15	交单期	7DAYS
装运港	TIANJIN	目的港	TOKYO	可否分批	NOT ALLOWED
贸易术语	CIF TOKYO	汇票期限	AT 30 DAYS SIGHT	可否转运	NOT ALLOWED

特殊条款	1. Shipment must be effected by container only and B/L showing the same. 2. 10% more or less both in quantity and amount allowed. 3. The credit will become effective after receipt of approval of pre-shipment sample from the applicant.

单据种类及份数	汇票	发票	装箱单	重量单	尺码单	保险单	海运提单正本	海运提单副本	原产地证	GSP原产地证	品质证	重量证	植检证	船行证明	寄单证明	寄样证明	受益人证明	邮包收据	其他
	2	3	2			2	3		2		2						1		

需要修改内容	来证条款内容	应修改后条款内容
	1. 信用证到期地点 JAPAN	应修改为 CHINA,原则上不接受国外到期
	2. 受益人地址 ZHUJIANG STREET	应修改为 ZHUJIANG ROAD,地址不符
	3. 转运 NOT ALLOWED	应修改为 ALLOWED,与合同不符
	4. 汇票付款期限 AT 30 DAYS SIGHT	应修改为 AT SIGHT,与合同不符
	5. 汇票的付款人 DRAWN ON APPLICANT	应修改为 DRAWN ON US,信用证为银行信用,不能以开证申请人为付款人
	6. 发票中的 COUNTERSIGNED BY APPLICANT	应该删除,否则无法保证在交单期内交单
	7. 提单中的 2/3 SET	应修改为 3/3 SET,否则受益人无法控制物权
	8. 提单中的 FREIGHT TO COLLECT	应修改为 FREIGHT PREPAID,与贸易术语不符
	9. 保险单中的投保加成 120%	应修改为 110%,与合同不符
	10. 保险单中依据的保险条款和版本年份 AS PER ICC DATED 1/1/2009	应修改为 AS PER CIC DATED 1/1/2009,保险险别与依据的保险条款混淆
	11. 受益人证明函中的 1/3 ORIGINAL B/L	应修改为 COPY OF B/L
	12. 检验证书的签发人 ISSUED AND SIGNED BY AUTHORIZED PERSON OF APPLICANT WHOSE SIGNATURE MUST COMPLY WITH THAT HELD IN OUR BANK'S RECORD	应修改为 ISSUED BY TIANJIN CUSTOMS,此系软条款
	13. 银行费用 ALL BANKINGCHARGES ARE FOR BENEFICIARY'S ACCOUNT	应修改为 ALL BANKING CHARGES OUTSIDE JAPAN ARE FOR BENEFICIARY'S ACCOUNT,否则不合理
	14. 交单期 WITHIN 7DAYS	应修改为 WITHIN 15DAYS,与合同不符
	15. 特殊条款中的第 8 条 THE CREDIT WILL BECOME EFFECTIVE AFTER RECEIPT OF APPROVAL OF PRE-SHIPMENT SAMPLE FROM THE APPLICANT	应该删除,属于暂不生效条款

单证员签字	张琳	部门经理签字	赵天明

　　张琳同学经过仔细审核信用证发现许多问题条款(样例 2-12),随后与国外客户联系信用证修改事宜,不久后收到信用证修改通知书(样例 2-13)及信用证修改(样例 2-14),这样日后才能做到相符交单,并保证及早收回货款。

动画:修改信用证

样例 2-13　女童夹克衫信用证修改通知书

中国银行 BANK OF CHINA　　　天津分行

修改通知书

Notification of Amendment

ADDRESS: 80, JIEFANG BEI LU, TIANJIN, CHINA
CABLE: CHUNGKOU
TELEX: 23233 TJBOC CN
FAX: 0086 22 23128900　　　　　　　　　　DATE: FEB. 27, 2021

To: 致 TIFERT TRADING CO., LTD. NO. 86, ZHUJIANG ROAD, TIANJIN, CHINA	When corresponding please quote our Ref No.
Issuing Bank 开证行 BANK OF CHINA, TOKYO BRANCH	Transmitted to us through 转递行
L/C No. 信用证号 A-13-0058	Amendment No. 修改次数 1
L/C advised 信用证通知日期 FEB. 19, 2021	Amendment dated 修改日期 FEB. 25, 2021

Dear Sirs,
逐启者:
We have pleasure in advising you that we have received from the a/m bank a(n)
兹通知贵司,我行收自上述银行
(×)telex of　电传开立　　　　　( )ineffective　未生效
( )original　正本　　　　　　　( )duplicate　副本
amendment to the captioned L/C, contents of which are as per attached sheet(s).
内容见附件。
This amendment should be attached to the captioned L/C advised by us, otherwise, the beneficiary will be responsible for any consequences arising there from.
本修改须附于有关信用证,否则,贵公司须对因此产生的后果承担责任。

Remark　备注

　　This L/C consists of　2　sheet(s), including the covering letter and attachment(s).
　　本信用证连同面函及附件共 2 纸。

Yours faithfully
for BANK OF CHINA

样例 2-14　女童夹克衫信用证修改

FROM：BANK OF CHINA TOKYO BRANCH

TO：BANK OF CHINA TIANJIN BRANCH
　　80 JIEFANG BEI LU, TIANJIN, PEOPLE'S REP OF CHINA

TEST：FOR USD52,500.00 ON DATE 25/02/2021
PLEASE ADVICE BENEFICIARY OF THE FOLLOWING AMENDMENT TO L/C NO. A-13-0058 IS-SUED BY US DATED 15/02/2021

DATE & NUMBER OF AMENDMENT：FIRST AMENDMENT ON FEB 25, 2021 IN JAPAN

THE LETTER OF CREDITHAS BEEN AMENDED AS FOLLOWS：
1. THIE PLACE OF EXPIRY SHOULD BE IN CHINA INSTEAD OF IN JAPAN.
2. THE CORRECT ADDRESS OF BENEFICIARY IS NO. 86, ZHUJIANG ROAD, TIANJIN, CHINA.
3. TRANSHIPMENT SHOULD BE ALLOWED INSTEAD OF NOT ALLOWED.
4. BENEFICIARY'S DRAFT SHOULD BE AT SIGHT INSTEAD OF AT 30DAYS SIGHT.
5. DRAFT SHOULD BE DRAWN ON OPENING BANK INSTEAD OF ON APPLICANT.
6. DELETE COMMERCIAL INVOICE COUNTERSIGNED BY APPLICANT.
7. B/L SHOULD BE FULL SET OF CLEAN ON BOARD INSTEAD OF 2/3 SET AND MARKED FREIGHT PREPAID NOT FREIGHT TO COLLECT.
8. INSURANCE VALUE SHOULD BE INVOICE VALUE OF GOODS PLUS 10% NOT 20% AND AS PER CIC DATED 1/1/2009 INSTEAD OF AS PER ICC DATED 1/1/2009.
9. BENEFICIARY'S CERTIFICATE SHOULD CERTIY THAT ONE COPY OF B/L INSTEAD OF 1/3 ORIGINAL B/L.
10. DELETE INSPECITON CERTIFICATE IN DUPLICATE ISSUED AND SIGNED BY AUTHORIZED PERSON OF APPLICANT WHOSE SIGNATURE MUST COMPLY WITH THAT HELD IN OUR BANK'S RECORD AND INSERT INSPECTION CERTIFICATE IN DUPLICATE ISSUED BY TIANJIN CUSTOMS.
11. ALL BANKING CHARGES ARE FOR BENEFICIARY'S ACCOUNT SHOULD CHANGE TO ALL BANKING CHARGES OUTSIDE JAPAN ARE FOR BENEFICIARY'S ACCOUNT.
12. DOCUMENTS SHOULD BE PRESENTED FOR NEGOTIATION WITHIN 15DAYS AFTER SHIP-MENT INSTEAD OF 7DAYS.
13. THE CREDIT WILL BECOME EFFECTIVE AFTER RECEIPT OF APPROVAL OF PRE-SHIPMENT SAMPLE FROM THE APPLICANT WHICH SHOULD BE DELETED.

OTHER TERMS AND CONDITIONS REMAIN UNCHANGED.

三、操作注意事项

（1）注意审核信用证的"四性"，即有效性、真实性、完整性和风险性。特别是要注意审核信用证的有效性，无效的或者暂不生效的信用证对受益人来说就算废纸一张。

（2）对照合同条款做到逐个条款审核，检查信用证中的所有条款是否能够满足，如果不能满足，必须要求开证申请人到开证行修改信用证，待收到正式信用证修改后审核无误再办理货物出运手续。

（3）注意区分单据化条款和非单据化条款，对于单据化条款不能做到的，一定坚持让进口商修改，否则，当货物出运后，再发现为时已晚。

（4）对于信开证中的软条款，要睁大眼睛仔细识别，及早剔除安全收汇的隐患。信用证中的"软条款"（soft clause），也称"陷阱条款"（pitfall clause），是指在不可撤销的信用证里加列一项条款，使出口商不能如期发货，据此条款开证申请人（买方）或开证行具有单方面随时解除付款责任的主动权，即买方完全控制整笔交易，受益人处于受制于人的地位，是否付款完全取决于买方的意愿。这种信用证实际变成了随时可以撤销或永远无法生效的信用证，银行中立担保付款的职能完全丧失。

 知识窗

一、信用证的特点

1. 信用证是一种银行信用

信用证是银行以自己的信用做出的付款保证，所以在信用证付款方式下，银行承担第一性的付款责任。信用证以银行信用取代了商业信用，减少了由于进出口商之间交易的不确定性而造成的付款不确定性，为进出口商双方提供了很大的保障作用。

2. 信用证是一份独立的文件

信用证虽以贸易合同为基础，但它一经开立，就成为独立于合同以外的一项契约。UCP600 第 4 条 a 款规定："就性质而言，信用证与可能作为其依据的销售合同或其他合同，是相互独立的交易。即使信用证中提及该合同，银行亦与该合同完全无关，且不受其约束。"由此可见，信用证的所有当事人仅凭信用证条款办事，以信用证作为唯一的依据。如果出口商认真履行了合同，却未能提供与信用证相符的单据时，就会遭到银行拒付。

3. 信用证业务是纯粹的单据交易

信用证业务是纯粹的单据买卖，银行只凭符合信用规定的单据予以议付或付款。依据UCP600 规定，银行一不管合同、二不管商品、三不管单据真伪、四不管出口商是否履约交货，银行只看单据，不看货物。银行仅对相符交单（complying presentation）承诺付款。UCP600 第五条规定："银行处理的是单据（documents），而不是单据所涉及的货物、服务或其他行为。"

二、信用证的作用

信用证支付方式是随着国际贸易的发展、银行参与国际贸易结算的过程中逐步形成的。由于货款的支付以取得符合信用证规定的装运单据为条件，避免了预付货款的风险，因此信用证支付方式在很大程度上解决了进、出口商双方在付款和交货问题上的矛盾，尽管近年来信用证支付方式在老客户之间的交易中有下降的趋势，但仍不失为国际贸易中的一种主要付款方式。

对出口商而言，L/C 的最大好处是提供了一个可靠的账房——付款人，这就是银行，而且是指定的某大银行。如果出口商收到的 L/C 不符合买卖合约，要求进口商修改而进口商拒绝修改，他就可以终止合约而不付运货物；如果符合买卖合约，且没有特别难以达到的要求的,出口商按照合同约定将货物在约定的时间内运出,在信用证规定的有效期和交单期内将代表货物的全套单据送交银行,在单内相符、单单相符和单证相符的情况下,肯定能从银行收回货款。

对进口商而言,是货装运出来后才付钱。只要双方诚实地做生意,进口商不会面临大的风险。因为至少是出口商已经真把货运出了,进口商拿到了已装船提单(B/L),等于拿到了货物。

📝 单证知识同步训练

一、单选题

1. 信用证付款方式属于( )。
    A. 银行信用、顺汇   B. 商业信用、逆汇
    C. 银行信用、逆汇   D. 商业信用、顺汇

2. 可转让信用证必须注明"TRANSFERABLE"字样,根据 UCP600 的规定,一般可以转让( )。
    A. 一次   B. 两次   C. 三次   D. 四次

3. 根据 UCP600 的规定,信用证的第一付款人是( )。
    A. 进口商   B. 开证行   C. 议付行   D. 通知行

4. 承兑是( )对远期汇票表示承担到期付款责任的行为。
    A. 收款人   B. 出口商   C. 付款人   D. 议付银行

5. 信用证保兑后,首先对受益人负责的银行是( )。
    A. 保兑行   B. 开证行   C. 付款行   D. 通知行

6. 一张有效的信用证必须规定一个( )。
    A. 有效期   B. 装运期   C. 交单期   D. 议付期

7. 受益人开立远期汇票但可通过贴现即期足额收款的信用证是( )。
    A. 即期信用证   B. 远期信用证
    C. 假远期信用证   D. 预支信用证

8. 信用证规定有效期为 2021 年 11 月 30 日,而未规定装运期,则可理解最迟装运期为( )。
    A. 2021 年 11 月 1 日   B. 2021 年 12 月 15 日
    C. 2021 年 12 月 21 日   D. 2021 年 11 月 30 日

9. 某公司与外商签订出口合同,数量为 12 000 公吨,来证规定 7/8/9/10 月分批等量装运。7 月装出 3 000 公吨,8 月因货未备妥,没有装运,则( )。
    A. 9 月可装两批,共 6 000 公吨
    B. 8 月落空不补,9、10 月照装
    C. 8 月及以后各月均不得凭以装运及支取货款
    D. 8 月的货物延至 11 月

10. 收到国外来证两份:①棉布 10 万码,每码 0.40 美元,信用证总金额 42 000 美元;②服装 1 000 套,每套 20 美元,信用证总金额 21 000 美元。据此,两证出运的最高数量和金

额可分别掌握为（　　）。

  A. 棉布 100 000 码,40 000 美元;服装 1 000 套,20 000 美元

  B. 棉布 105 000 码,42 000 美元;服装 1 000 套,20 000 美元

  C. 棉布 105 000 码,42 000 美元;服装 1 050 套,21 000 美元

  D. 棉布 100 000 码,40 000 美元;服装 1 050 套,21 000 美元

二、多选题

1. 在国际贸易中,常用于中间商转售货物交易的信用证是(　　)。

  A. 对背信用证   B. 对开信用证

  C. 可撤销信用证   D. 可转让信用证

2. 下列关于可转让信用证表述正确的是(　　)。

  A. 只有信用证上明确注明可转让字样,受益人才有权要求银行将信用证的全部和一部分一次转让给一个或者数个本国或者外国的第三者,由第二受益人在其所在地交单议付

  B. 信用证转让时,只能按原条款转让,但其中的金额、单价可以降低,有效期和装货期可以缩短,保险加保比例可以增加

  C. 信用证转让后,第一受益人仍应对交货承担合同义务

  D. 信用证的修改必须得到第一受益人与第二受益人的同意

3. 对背信用证主要用于(　　)。

  A. 中间商转售他人货物   B. 转口贸易

  C. 一般贸易   D. 进料加工

4. 某公司分别以 D/P at 90 days after sight 和 D/A at 90 days after sight 两种支付条件对外出口了两批货物,这两笔业务具有(　　)特点。

  A. 前者是进口商在到期日付清货款才可以取得装运单据,后者是进口商在见票时承兑后即可取得装运单据

  B. 前者没有遭进口商拒付的风险,而后者存在这种风险

  C. 前者的风险比后者大

  D. 后者的风险比前者大

5. 下列说法正确的是(　　)。

  A. 根据 UCP600 的规定,信用证如未规定有效期,则该证可视为无效

  B. 国外开来信用证规定货物数量为 3 000 箱,6/7/8 月,每月平均装运。我出口公司于 6 月装运 1 000 箱,并收妥款项。7 月由于货未备妥,未能装运。8 月装运 2 000 箱。根据 UCP600 的规定,银行不得拒付

  C. 在信用证支付方式下,受益人只要在信用证规定的有效期内向银行提交符合信用证规定的全部单据,银行就必须履行付款义务

  D. 如果受益人要求开证申请人将信用证的有效期延长一个月,在信用证未规定装运期的情况下,同一信用证上的装运期也可顺延一个月

三、判断题

1. 在信用证业务中,信用证的开立是以买卖合同为基础,因此信用证条款与买卖合同条款严格相符是开证行向受益人承担付款责任的前提条件。 (　　)

2. 根据 UCP600 的规定,信用证金额前有"大约"字样,表明金额有 10% 的增减幅度。

（　　）

3. 可转让信用证办理转让后,买卖合同也随之由第一受益人转让第二受益人。（　　）

4. 在信用证业务中,有关各方处理的不仅是单据,而且涉及出运的货物。（　　）

5. 可转让信用证只能转让一次,因此,可转让的第二受益人只有一个。（　　）

6. 在信用证业务中,出口散装货物,若在信用证数量前没有规定机动幅度的,根据 UCP600 的规定,卖方交货的数量不能多也不能少。（　　）

7. 对于保兑信用证,保兑行与开证行所处的地位不同,保兑行负第二性付款责任。

（　　）

8. 跟单信用证与备用信用证的区别之一在于,前者在受益人履约时使用,后者在申请人违约时才能使用。（　　）

9. 采用 SWIFT 信用证,必须遵守 SWIFT 使用手册的规定,受 UCP600 的约束,反映在信用证中的 40E 域为"UCP LATEST VERSION"。（　　）

10. 循环信用证是指两张信用证的开证申请人互以对方为受益人而开立的信用证。

（　　）

单证技能进阶提高

一、动脑思考

1. 天津胜利制衣有限公司与法国家乐福采购商通过友好洽商达成一套睡衣出口合同,合同规定 2021 年 3 月 15 日前从中国天津新港运往法国马赛港,而家乐福采购商通过法国巴黎银行开立的信用证规定:"SHIPMENT FROM CHINESE MAIN PORTS",作为公司单证员认为有必要修改信用证吗? 为什么?

2. 天津棉纺进出口公司拟出口全棉印花布约 10 000m 到南非的好望角港,待货物备妥出运前,业务员发现信用证货物描述的数量前没有"About"字样,因为国内染整厂设备临时出现故障,最后仅备齐 9 600m 面料,再推迟就要过装运期,要求客户修改信用证也为时已晚,此时业务员万分焦急,请帮助他找出最好的解决方案。

3. 最近 TIFERT 贸易公司收到一份美国花旗银行开来的信用证,单证员对该信用证进行了认真审核,没有发现与合同条款不符的内容,但整个信用证只有有效期,信用证开立日期、最迟装运日期、交单期等都没有,单证员不知道该证是否有效,打电话向中行天津分行国际结算部进行了咨询。如果你就是中行结算部的工作人员,应该如何回答单证员的问题?

二、动手操练

泰佛贸易公司通过香港中间商 ORCHID 贸易公司达成女士服装转口生意,货物最终目的港是德国汉堡,双方签订的销售合同见样例 2-15,并于 3 月 22 日收到通过香港 BANCA INTESA S. P. A 银行开立的第 540370 号信用证(样例 2-16),作为公司的单证员,请认真审核信用证并填写信用证审核记录(样例 2-17)。

样例 2-15　销售合同

SALES CONFIRMATION

NO. HM21-1256
DATE:2021-3-5
PLACE:TIANJIN

THE SELLER:TIFERT TRADING CO. , LTD.
　　　　　NO. 86, ZHUJIANG ROAD, TIANJIN, CHINA
THE BUYER:ORCHID TRADING LTD.
　　　　　UNIT 513, CHINACHEM BLDG. , 78 MODY ROAD, TST, KOWLOON, HONG KONG
　　AFTER FRIENDLY NEGOTATION, THE SELLER AGREES TO SELL AND THE BUYER AGREES TO BUY THE FOLLOWING GOODS ON THE CONDITIONS STIPULATED BELOW:

STYLY NO	P/O NO	COMMODITY	QUANTITY	UNIT PRICE	AMOUNT
1484020	100020	LADIES WEARS ROUND NECK	1,568PCS	CIF HAMBURG USD5. 40/PC	USD8,467. 20
1484521	100021	JACKET	1,568PCS	USD6. 20/PC	USD9,721. 60
			3,136PCS		USD18,188. 80

PACKING: IN CARTONS
SHIPMENT: TO BE EFFECTED DURING APRIL, 2021 FROM TIANJIN TO HAMBURG WITH PARTIAL SHIPMENT AND TRANSHIMENT ALLOWED.
INSURANCE:TO BE COVERED BY THE SELLER FOR 110% OF INVOICE VALUE AGAINGST ALL RISKS AND WAR RISK AS PER CIC DATED 1/1/2009.
PAYMENT:BY SIGHT L/C TO REACH THE SELLER 15DAYS BEFROE SHIPMENT AND REMAIN VALID IN CHINA 15DAYS AFTER SHIPMENT.

THE SELLER　　　　　　　　　　　　　　　THE BUYER
王宏　　　　　　　　　　　　　　　　　蔡林强

样例 2-16　信用证

DOCUMENTARY LETTER OF CREDIT

ISSUING BANK: BANCA INTESA S. P. A. , HONG KONG
ADVISING BANK: BANK OF CHINA,TIANJIN BRANCH.
SEQUENCE OF TOTAL　　　　　27: 1/1
FORM OF DOC. CREDIT　　　　　40A: IRREVOCABLE TRANSFERABLE
APPLICABLE RULES　　　　　　40E:UCP LATEST VERSION
DOC. CREDIT NUMBER　　　　　20: 540370
DATE OF ISSUE　　　　　　　31C: 210318
EXPIRY　　　　　　　　　　31D: DATE 210505 PLACE HONG KONG
APPLICANT　　　　　　　　　50: ORCHID TRADING LTD.
　　　　　　　　　　　　　　UNIT 513, CHINACHEM BLDG. ,
　　　　　　　　　　　　　　78 MODY ROAD, TST, KOWLOON,
　　　　　　　　　　　　　　HONG KONG
BENEFICIARY　　　　　　　　59: TIFERT TRADING CO. , LTD.
　　　　　　　　　　　　　　NO. 86, ZHUJIANG ROAD, TIANJIN, CHINA

AMOUNT	32B：CURRENCY USD AMOUNT 18188，80
PCT CREDIT AMOUNT TOL	39A：05/05
AVAILABLE WITH/BY	41D：ANY BANK
	BY NEGOTIATION
DRAFT AT...	42C：AT 30DAYS SIGHT
DRAWEE	42D：BANCA INTESA S. P. A. ，HONG KONG
PARTIAL SHIPMENT	43P：PERMITTED
TRANSSHIPMENT	43T：PROHIBITED
LOADING IN CHARGE	44E：SHANGHAI CHINA
FOR TRANSPORT TO... .	44F：ROTTERDAM
LATEST DATE OF SHIPMENT	44C：210430
DESCRIPT. OF GOODS	45A：

LADIES WEARS

STYLE NO.	P/O NO.	DESCRIPTION	QTY.	UNIT PRICE
1484020	100020	ROUND NECK	1,568PCS	USD5. 40/PC
1484521	100021	JACKET	1,586PCS	USD6. 20/PC

CFR ROTTERDAM INCOTERMS 2020

DOCUMENTS REQUIRED 46A：

+ SIGNED COMMERCIAL INVOICE IN QUADRUPLICATE FOR CIF VALUE OF GOODS, SHOWING SEPARATELY THE L/C NO. , P/O NO. , STYLE NO. , FREIGHT CHARGE AND INSURANCE PREMIUM

+ FULL SET OF CLEAN ON BOARD OCEAN BILL OF LADING MADE OUT TO OUR ORDER, MARKED FREIGHT PREPAID AND NOTIFY LERROS MODEN GMBH, IM TAUBENTAL 35, D-41468 NEUSS, GERMANY, FAX：49-2131-3600999

+ PACKING LIST IN TRIPLICATE COUNTERSIGNED BY APPLICANT

+ G. S. P. CERTIFICATE OF FORM A IN ORIGINAL

+ BENEFICIARY'S LETTER EVIDENCING THAT ONE SET OF N/N DOCUMENTS HAS BEEN DISPATCHED TO LERROS MODEN GMBH, IM TAUBENTAL 35, D-41468 NEUSS, GERMANY IMMEDIATELY AFTER SHIPMENT

ADDITIONAL COND. 47A：

+ DOCUMENTS PRESENTED WITH DISCREPANCY WHETHER INDICATED OR FOUND IS SUBJECT TO A HANDLING FEE FOR USD45. 00 WHICH IS PAYABLE BY THE BENEFICIARY AND WILL BE DEDUCTED FROM PROCEEDS UPON NEGOTIATION

+ THIRD PARTY DOCUMENTS ARE ALLOWED

+ THIS L/C IS TRANSFERABLE AND L/C ADVISING BANK IS NOMINATED AS THE TRANSFERRING BANK

+ 5 PCT MORE OR LESS BOTH IN CREDIT AMOUNT AND QUANTITY ARE ACCEPTABLE

DETAILS OF CHARGES	71B：ALL BANK CHARGES OUTSIDE HONGKONG ARE FOR
	THE ACCOUNT OF THE BENEFICIARY
PRESENTATION PERIOD	48：WITHIN 5 DAYS AFTER THE DATE OF SHIPMENT BUT
	WITHIN THE VALIDITY OF THE CREDIT
CONFIRMATION	49：WITHOUT
INSTRUCTION	78：ON RECEIPT OF DOCUMENTS IN ORDER AT OUR
	COUNTER, WE SHALL REMIT IN ACCORDANCE WITH
	THE NEGOTIATING BANK'S INSTRUCTION IN THE SAME
	CURRENCY OF THE CREDIT

样例 2-17　信用证审核记录

信用证号码		合同号码		
信用证通知号码		开证日期/地点		
信用证到期时间/地点		信用证种类		
开证行		通知行		
开证申请人		受益人		
汇票付款人		汇票期限		
议付行限制		收证日期		
装运港		目的港		
运输方式		运费的支付方法		
可否分批		可否转运		
装运日期		交单天数		

提单	抬头		保险	保险险别	
	托运人			保险加成	
	通知方			赔付地点/币种	
信用证金额			溢短装		

货物	品名		规格货号		唛头		单价	
	数量		包装/件数				总值	

信用证要求的单据种类及份数

种类	海运提单	发票	装箱单	保险单	原产地证	汇票	其他所需单据及份数
份数							

审证结果	

审证员		复核员单	

学习评价

学习目标测评表

（在□中打√，A 掌握、B 基本掌握、C 未掌握）

测评目标	评价指标	自测结果			存在问题
知识目标	开证申请书概念	□A	□B	□C	
	合同中主要条款内容	□A	□B	□C	
	信用证的概念、当事人及种类	□A	□B	□C	
	不同地区、不同开立方式的信用证的内容	□A	□B	□C	
	信用证付款方式的特点和作用	□A	□B	□C	
技能目标	翻译合同中的支付条款	□A	□B	□C	
	开立信用证的程序	□A	□B	□C	
	独立、正确填写开证申请书	□A	□B	□C	
	翻译信用证中的主要条款	□A	□B	□C	
	填写信用证分析单	□A	□B	□C	
	信用证审核技巧	□A	□B	□C	
	填写信用证审核记录	□A	□B	□C	
素养目标	对待工作要精益求精	□A	□B	□C	
	养成严谨、扎实、细致的工作作风	□A	□B	□C	
	养成终身学习的好习惯	□A	□B	□C	
	树立风险防范意识	□A	□B	□C	
	学会处理工作的原则性和灵活性之间的关系	□A	□B	□C	

学生签字：　　　　　　　　教师签字：　　　　　　　　日期：

项目三

结汇单据缮制

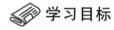 **学习目标**

知识目标

◇ 了解发票、装箱单、提单、汇票等结汇单据的概念、种类及作用；

◇ 看懂信用证中发票、装箱单、提单、汇票等结汇单据条款；

◇ 能正确理解信用证中发票、装箱单、提单、汇票等结汇单据的特殊要求。

技能目标

◇ 准确翻译信用证中的发票、装箱单、提单、汇票等结汇单据条款；

◇ 能够独立、正确缮制发票、装箱单、提单、汇票等结汇单据；

◇ 依据信用证单据条款，能够灵活处理各种特殊要求，做到相符交单。

素养目标

◇ 要重合同、守信用，维护契约精神；

◇ 树立风险防范意识，能够洞察信用证中的软条款；

◇ 干到老、学到老，养成终身学习的好习惯；

◇ 养成耐心、细致的工作作风，弘扬大国工匠精神；

◇ 工作上要高标准、力求准、不出差错。

 思维导图

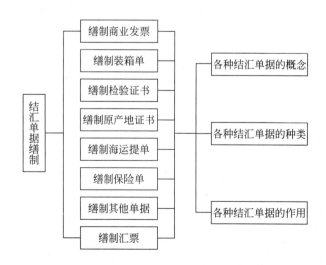

任务五　缮制商业发票

案例导入

国内某制造商与比利时 ABC 公司就出口重型机械设备达成合同,贸易术语为 CIF Antwerp(安特卫普),采用的付款方式是远期跟单信用证,凭见票后 30 天汇票并且随附经 ABC 公司会签的商业发票(commercial invoice countersigned by ABC Corp)、装箱单、提单等单据付款。该贸易公司及时备妥货物装运出口,同时将缮制好商业发票后通过 DHL 快递给 ABC 公司,并发邮件告知商业发票已经寄出望收到后速会签。但迟迟不见 ABC 公司会签的发票,由于受益人议付单据中的发票缺少 ABC 公司的签章,银行以单证不符为由拒付。最后经过长达两年的交涉,该制造商虽然得到赔偿但仍损失惨重。

思政分析

本案的最大失误在于国内的制造商接受了经 ABC 公司会签的商业发票(commercial invoice countersigned by ABC Corp.)作为议付货款的单据之一,使本来由受益人自己出具的发票大幅受牵于 ABC 公司,使受益人无法保证在信用证规定的有效期和交单期内备妥全部结汇单据,致使单证不符,信用证的银行保证付款的承诺丧失殆尽。因此,我们在实际业务中,一定要重合同、守信用,要维护契约精神,凡是信用证条款与合同条款不一致且对我们安全收汇带来隐患的,我们必须坚决要求进口商修改,唯有这样,才能保证做到相符交单,才能安全及时收回货款,才能避免今后再发生这样惨重的损失。

任务背景

> 张琳同学收到中国银行天津分行通知的正式信用证修改书后,马上安排天津服装一厂加工该批女童夹克衫,经常与服装加工厂沟通了解生产进度,并与负责成衣检验人员(QC)一起下厂检查女童夹克衫的缝制工艺,保证该批服装的产品质量符合合同约定的品质要求。
>
> 现在张琳同学收到服装加工厂的邮件告知该批夹克衫已基本备妥,这样张琳同学进入单据缮制的工作环节。为此,张琳同学依据信用证、信用证修改、合同(详见项目二),首先开始着手缮制商业发票。

商业发票(commercial invoice),有时简称发票(invoice),它是在货物装出时卖方开立的载有货物名称、数量、价格等内容的价目清单,是整笔业务中最基本的单据,其他单据的缮制都要依据商业发票来进行,同时商业发票也是全套单据中的核心单据,故非常重要。

动画:缮制单据

缮制商业发票操作规范及样例

实训目的
◇ 熟悉并看懂信用证(合同)中有关发票的条款;

◇ 掌握商业发票缮制的规范和技巧；

◇ 学会独立缮制商业发票。

操作前准备

◇ 生产厂家告知货已备妥的通知(花色码单)；

◇ 信用证付款方式下有关信用证；

◇ 销售合同或销售确认书；

◇ 空白的纸质商业发票或商业发票模板；

◇ 铅笔、橡皮、计算器等工具。

操作程序

◇ 仔细阅读信用证或合同中的发票条款及与发票有关的特殊条款或附加指示，注意信用证特别要求加注的有关内容，如信用证证号要显示在所有单据上等；

◇ 根据信用证或合同要求认真缮制商业发票的各个栏目内容，做到准确、完整；

◇ 对照信用证或合同中的发票条款审核商业发票，检查是否做到单证(单同)相符。

一、商业发票缮制规范

商业发票缮制规范见表 3-1。

表 3-1　商业发票缮制规范

项目顺序号	填写内容	要点提示
(1) 单据名称 Name of doc	Commercial invoice 或 invoice	与信用证上的规定完全一致
(2) 出单人 Issuer	签发发票的人	① 信用证项下为受益人 ② 电汇和托收项下为卖方 ③ 有些公司可能已印就，无须填写
(3) 受单人 To	抬头人	① 信用证项下为开证申请人 ② 电汇和托收项下为合同买方
(4) 运输详情 Transport details	启运港(地)、目的港(地)和运输方式	启运港(地)应明确具体，目的港(地)如有重名港，后面要加注国别
(5) 发票号码 Invoice No.	此笔业务的发票号码	由出口商自行编制
(6) 日期 Date	发票的出票日期	一般在信用证开证日期后提单签发日前，且不能迟于信用证的交单期和有效期
(7) 合同号 S/C No.	此笔业务的合同号码	应与信用证上引用的合同号保持一致
(8) 信用证号 L/C No.	此笔业务的信用证号码	应与信用证上列明的证号保持一致，采用其他付款方式可留空
(9) 付款方式 Terms of payment	此笔业务的付款方式	信用证方式填 By L/C，电汇填 By T/T，托收填 By D/P

续表

项目顺序号	填写内容	要点提示
(10) 唛头 Marks and numbers	合同或信用证规定的唛头	信用证或合同有指定唛头的,必须严格按照规定缮制唛头;信用证或合同没有规定唛头的,卖方可自行设计;没有唛头的填 N/M
(11) 货物描述 Number and kind of package, Description of goods	包括货物的件数、货物名称、规格、包装情况等	必须与信用证上的货物描述完全一致,但无须照镜子式反射
(12) 数量 Quantity	一般填写货物的实际出运数量	不要遗漏计量单位
(13) 单价 Unit price	包括计价货币、计量单位、单位金额和贸易术语	填写要完整、正确,不能遗漏贸易术语及国际贸易术语解释通则的版本年份
(14) 总金额 Amount	单价与实际出运数量的乘积即发票总值	① 一般不能超过信用证金额 ② 有折扣或明佣的应在此扣除,计算出净值
(15) 声明文句 Statement	来证要求在发票上加注各种费用、原产地、特定号码等声明文句	这些内容加注在发票商品栏以下的自由处理区,且符合信用证要求
(16) 签字 Signature	一般加盖签发人公司的单据章(公司英文名称＋法人代表签字)	① 商业发票只能由 L/C 规定的受益人出具 ② 无特殊规定,发票可以无须签署 ③ 若信用证要求手签,出单人要亲笔签署,不能以盖章代替

二、商业发票缮制样例

商业发票见样例 3-1。

图片:手签发票

样例 3-1　商业发票

Issuer (2) TIFERT TRADING CO. , LTD. NO. 86, ZHUJIANG ROAD, TIANJIN, CHINA	商 业 发 票 (1) **COMMERCIAL INVOICE**	
To (3) MARUBENI CORP 5-7, HOMMACHI, 2-CHOME, CHUO-KU, OSAKA, JAPAN	Invoice No. : (5) TIFERT123456	Date: (6) APR 15, 2021
Transport details (4) SHIPMENT FROM TIANJIN TO TOKYO BY SEA	S/C No. (7) 21TF0858	L/C No. (8) A-13-0058
	Terms of payment (9) L/C AT SIGHT	

Marks and numbers (10)	Number and kind of packages，Description of goods (11)	Quantity (12)	Unit price (13)	Amount (14)
		CIF TOKYO		
MARUBENI	250 CARTONS OF GIRL JACKET　　5,000PCS	USD10.50/PC	USD52,500.00	
S/C 21TF0858	SYTLE NO. GJ234			
TOKYO	SHELL：WOVEN TWILL 100％ COTTON			
CTN 1-250	LINING：WOVEN 100％ POLYESTER			
	PACKED IN CARTONS OF 20PCS EACH			
WE HEREBY CERTIFY THAT THE GOODS ARE OF CHINESE ORIGIN		(15)		
	(16)			

TIFERT TRADING CO., LTD.
泰佛贸易有限公司
*

三、商业发票操作注意事项

1. 发票的种类

信用证要求"发票"但未做进一步的要求，则提交任何形式的发票都可以接受，如商业发票、海关发票、税务发票、最终发票、领事发票等。但是"临时发票"（Provisional Invoice）、"形式发票"（Proforma Invoice）或类似的发票是不可接受的，除非信用证另有授权。当信用证要求提交"商业发票"时，提交名称为"发票"的单据也满足要求，即便该单据含有供税务使用的声明。

2. 发票的签发人

除可转让信用证外，发票必须表面看来由信用证中具名的受益人出具，地址中的电传或传真号码等内容无须提供；如果提供，也可不必与信用证中的相同，但必须在同一国家内。可转让信用证，由已转让信用证项下的第二受益人出具。

当受益人或第二受益人变更了名称，且信用证提及的是以前的名称时，只要发票注明了该实体"以前的名称为（第一受益人或第二受益人的名称）"或类似措辞，发票就可以新实体的名称出具。

3. 发票抬头人

除信用证另有规定或可转让信用证外，发票必须以申请人为抬头。地址中的电传或传真号码等内容无须提供；如果提供，也可不必与信用证中的相同。如果信用证有指定其他抬头人的，按来证规定制单。如果该信用证已被转让，则银行也可接受由第二受益人提交的以第一受益人为抬头的发票。

4. 发票的货物描述

发票显示的货物、服务或履约行为的描述应当与信用证中的描述一致，但不要求如镜像一致。例如，货物细节可以在发票的多处显示，当一并解读时，其显示的货物描述与信用证中的描述一致即可。

发票上的货物描述部分是发票的中心内容，必须反映实际装运的货物，必须与信用证规定相符。如信用证规定了多种货物,应根据实际发货情况注明其中一种或几种,不可盲目照抄,发票也不能显示信用证未要求的货物(包括样品、广告材料等),即使注明免费。信用证规定的货名并非英文文字,如中文或法文,这时发票也应照原文显示出来。

如出运的货物较多,信用证上标有统称时,发票上可在具体品名上按来证显示统称。信用证只规定了货物的总称,发票应照样显示外,还可加列详细的货名,但不得与总称矛盾。如信用证未规定货物的总称,但列举的货物名称很详细,则发票除显示详细的货物名称外,还可加注统称。

5. 发票的数量

发票必须如实反映实际装运的货物的数量,特别允许分批装运和允许溢短装的情况下更应该注意。即使信用证没有溢短装条款,信用证要求的货物数量可以有5%的溢短装幅度,但如果信用证规定货物数量不得超额或减少,或信用证规定的货物数量是以包装单位或个数计算时,不适用此条。货物数量在5%幅度内的溢装并不意味着允许支取的金额超过信用证金额。

6. 发票的总金额不能超过信用证的最高限额

发票中显示的单价和币种必须与信用证中的一致,发票必须显示信用证要求的折扣或扣减,发票还可显示信用证未规定的与预付款或佣金、折扣等有关的扣减额。

7. 发票的总金额允许比信用证少支取5%

如果信用证禁止分批装运,只要货物全部装运,且单价(如信用证有规定的话)没有减少,则发票金额有5%的减幅是可接受的,如果信用证未规定货物数量,发票的货物数量即可视为全部货物数量。

8. 发票的格式要求

如在一张发票中有多种货号的货物内容,要求在填制发票时,格式整齐,每一货号的货物内容和总数排列有序,应做到:横排是每一货号的货物内容,如货号、规格、数量、单价、该货号的金额;竖排应是各货号该列内容的总和,如数量、总金额。

9. 佣金和折扣

发票中对佣金、折扣等用词要正确。如果信用证或合同规定的单价含有"佣金",发票绝不可以"折扣"代替。如果信用证规定为"现金折扣",则也不能只写"折扣"或"贸易折扣"。总之,此类项目一个字不能错,也不能省。如果信用证既有佣金也有折扣,一般是先扣除折扣,再计扣佣金,因为折扣部分是不应支付佣金的。

10. 发票的签署

除非信用证要求,发票无须签字或标注日期。但是如信用证要求的证明文句加注在未要求签字的发票上,则该发票必须签署。

如果发票内容过多且由一页以上组成,其签署通常是在第一页或最后一页。除非信用证或单据自身规定签字应在何处,签字可以在单据的任何地方。

 **知识窗**

一、商业发票的概念

商业发票(Commercial Invoice)简称发票(invoice),是进出口贸易结算单据中最主要的单据之一。它是出口商向进口商开立的发货价目清单,是装运货物的总说明。在单证缮制工作程序中,一般应首先缮制发票,然后缮制其他单据。因此,发票可以说是整套单据的核心。

二、发票的种类

国际贸易结算中大多使用的是商业发票,除此之外,还有以下几种发票。

(1) 形式发票(Proforma Invoice)。在实际业务中,进口商有时会要求出口商提供一份有关出售货物的名称、规格、单价等内容的非正式的参考性发票,凭此向本国外管局或贸易管理局等申请进口许可证或批准给予支付外汇等,这种发票叫作形式发票。形式发票虽然也叫发票,但不是一种正式的发票,不能用于托收或议付,其所列的单价等内容是出口商对某种商品的基本情况的一种估计,对双方无最终约束力。所以说形式发票只是一张估价单。正式成交后,还需另外重新缮制正式的商业发票作为结算凭证。

形式发票与商业发票在内容和格式上非常相似,且两者关系紧密。信用证在列示货物内容后,常出现"按某年某月某日之形式发票"的条款,此时,出口商应按照形式发票来制单,在商业发票上加注"As per Proforma Invoice No. ××× dated ×××"即可;但若形式发票作为信用证的附件,缮制单据时,出口商则要完全按形式发票的内容制单,银行也会按形式发票的要求审单。

(2) 领事发票(Consular Invoice)。有些国家,如拉丁美洲国家、菲律宾等规定,凡进口货物,必须领取进口国驻出口国的领事签证的发票,它是货物进口征收关税的前提条件。领事发票是一份官方签署的单据,有些国家制定了固定格式的领事发票,这种格式可以从出口国当地的进口国领事馆获得。在实际业务中,常常是某些国家来证规定由其领事在出口商的商业发票上认证,从而证实商品的实际产地。同时,领事发票的签发或认证,需缴纳一定的签证或认证费用,作为领事馆的部分费用来源。因此,出口商在对外报价时,不能遗漏这笔费用。在信用证支付方式下,应对领事发票签证或认证条款认真审核。

(3) 厂商发票 (Manufacturer's Invoice)。厂商发票是由制造厂商提供给出口商的销售货物的证明。它以本国货币计算价格,用来证明出口货物的出厂价格。来证要求提供厂商发票,主要是为了供进口国海关估价、核税,并检查出口商出口的商品是否低价倾销,是否应征收反倾销税。厂商发票的签发人不是信用证的受益人,而是产品的实际生产制造者,其标明的货物价值应低于 FOB 价。

(4) 证实发票(Certified Invoice)。加注有证实发票内容真实无误等文句的商业发票。有的国外进口商在来证中要求受益人在商业发票上加注证明文句,以说明发票所列内容的真实性、正确性。例如,在发票上注明"We hereby certify that the contents of invoice herein are true and correct"(兹证明此发票内容真实无误)。

(5) 联合发票(Combined Invoice)。即将其他单据的内容混合出具在商业发票上,这些单据可以是装箱单、产地证和保险单等。联合发票的使用仅限于我国港、澳地区,现在已经很少使用。

(6) 收讫发票(Receipted Invoice)。加注有收讫文句的商业发票。有的国外进口商在来证中要求受益人在商业发票上加注收讫文句,用来说明受益人已从出口地银行取得货款。收讫发票的缮制与商业发票基本相同,只需在商业发票的结尾部分加注下列类似文句"Pay-

ment received against credit No...dated...issued by...bank"。

（7）样品发票（Sample Invoice）。出口商为了更好地让进口商了解商品的品质、价值等，使进口商对商品有更直观的印象，以便向市场推销，往往在交易前先发送实样，供进口商选择，而缮制的发票叫样品发票。它不同于商业发票，其目的主要是帮助进口商更好地向市场推销商品和方便报关取样，所提供的样品，若价值不大，多数是免费赠送的，但有时也可以收取部分款项，或是全额收取样品款，这应视不同商品、不同贸易的具体情况而定。无论是以上何种情况，均应在发票上注明。

（8）海关发票（Customs Invoice）。海关发票是进口国（地区）海关制定的，由出口商填制，供进口商凭以报关用的一种特定格式的发票。它是一种特殊用途的发票，供进口国海关审查货物的原产地、成本价值以及统计定税之用。

图片：形式发票

图片：巴西
领事发票

图片：证实发票

图片：样品发票

图片：加拿大
海关发票

三、商业发票的作用

商业发票的作用主要有以下几个方面。

（1）发票是整套出口单据的核心，也是缮制其他单据的依据。发票是出口商自行制作的单据，是装运货物的总说明，它可以帮助我们了解整笔交易的概况。缮制完商业发票后，其他单据应参照信用证和商业发票进行缮制。

（2）便于进口商按照合同条款核对装运货物是否符合规定。发票记载了一笔交易的主要项目，包括装运货物的名称、规格、数量、重量、单价、总值等内容，它能帮助进口商了解出口商的履约情况，核查出口商是否按照合同规定的要求装运所需货物。因此，发票是出口商向进口商发送货物的凭证，体现了合同的履约精神。

（3）作为出口商和进口商收付货款和记账的依据。发票是销售货物的凭证，进出口商双方均需按照发票记载的内容，逐笔登记入账。对出口商而言，通过发票可了解销售收入，核算盈亏，按不同的支付方式记好外汇账，及时对外催收外汇。对进口商而言，也应根据发票逐笔记账，及时履行付款义务。

（4）作为出口商和进口商在当地办理报关以及纳税的计算依据。货物出运前，出口商需向海关递交包括商业发票在内的一系列单据，凭此报关。而发票中有关货物的说明和记载的金额是海关确定税金、验关放行的凭据。在货物到达目的港后，进口商也需向当地海关提供发货人的发票通关，海关以此核定税金，使进口商能够清关提货。因此，发票必须制作准确、清楚。

（5）在不用汇票的情况下，发票替代汇票作为付款的依据。在国际贸易的 L/C 业务结算中，有时不要求使用跟单汇票，仅用发票就可代替汇票进行结算。

除以上几点外，商业发票还可在保险索赔时作为货物价值的证明，或作为统计的凭证等。

✍ 单证知识同步训练

一、单选题

1. 商业发票上的货物数量应与信用证一致,如信用证在数量前使用"约、大约"字样时,根据 UCP600 的规定,应理解为(   )。

    A. 货物数量有不超过 5% 的增减幅度

    B. 货物数量有不超过 10% 的增减幅度

    C. 货物数量有不超过 3% 的增减幅度

    D. 货物数量不得增减

2. 根据 UCP600 的规定,以下关于正副本份数正确的选项是(   )。

    A. 如信用证要求提交的发票份数为"3COPIES",则应提交 3 份副本发票

    B. 如信用证要求提交的发票份数为"3COPIES",则应提交至少 1 份正本发票

    C. 如信用证要求提交的发票份数为"2FOLDS",则应提交 2 份副本发票

    D. 如信用证要求提交的发票份数为"DUPLICATE",则应提交 2 份副本发票

3. 如信用证未规定货物的数量不得增减且数量不是以包装单位或个数记数,在支取款项不超过信用证金额的情况下,发票上显示的货物数量允许增减的幅度为(   )。

    A. 3%   B. 5%   C. 8%   D. 10%

4. 根据作用不同,发票可分为商业发票、海关发票、形式发票、领事发票、厂商发票、联合发票和证实发票等,其中(   )是出口业务结汇中最重要的单据之一,是单证工作的核心。

    A. 商业发票   B. 形式发票   C. 领事发票   D. 证实发票

5. 在托收和汇付方式下,商业发票的抬头人一般是(   )。

    A. 进口地银行   B. 买方   C. 出口地银行   D. 卖方

6. 根据 UCP600 的规定,除非信用证另有规定,商业发票的签发人必须是(   )。

    A. 开证申请人   B. 受益人   C. 开证行   D. 合同的买方

7. 根据 UCP600 的规定,除非信用证另有规定,商业发票的出票日期可以(   )。

    A. 早于开证日期   B. 晚于开证日期

    C. 可以不注明日期   D. 以上都对

8. 信用证要求受益人提交发票作为议付的单据之一,银行将拒绝接受(   )代替发票。

    A. 海关发票   B. 最终发票   C. 商业发票   D. 临时发票

9. 如果信用证禁止分批装运,只要货物全部装运,且单价没有减少,则发票金额允许有(   )的减幅。

    A. 10%   B. 5%   C. 3%   D. 2%

10. 如果信用证给出的贸易术语包含了术语的来源,如 CIFC2 LONDON INCOTERMS 2020,填写发票货物描述部分正确的是(   )。

    A. CIFC2 LONDON INCOTERMS 2020

    B. CIFC2 LONDON

C. CIF LONDON INCOTERMS 2020

D. CIF LONDON

二、多选题

1. 商业发票是卖方向买方签发的载明货物的品质、数量、包装和价格等内容,并凭以索取货款的凭证,其作用主要有(　　)。

    A. 是买卖双方收付货款及记账依据

    B. 是货物运输的收据

    C. 是买卖双方办理报关、纳税的依据

    D. 是缮制其他出口单据的依据

2. 除最常见的商业发票外,发票还包括(　　)。

    A. 海关发票　　　B. 形式发票　　　　C. 领事发票　　　　D. 证实发票

3. 以下单据中作为发票的附属单据,对发票起着补充说明作用的是(　　)。

    A. 运输单据　　　B. 保险单据　　　　C. 装箱单　　　　　D. 重量单

4. 根据 UCP600 的规定,除非信用证另有规定,商业发票(　　)。

    A. 必须由信用证中指定的受益人签发　　B. 必须做成开证申请人抬头

    C. 必须签署　　　　　　　　　　　　D. 金额不得超过信用证金额

5. 发票的主要内容包括(　　)。

    A. 首文部分　　　B. 自由处理区　　　C. 正文部分　　　　D. 结尾部分

三、判断题

1. 信用证规定货物数量可有 5% 伸缩,虽对金额未作此规定,商业发票金额也允许有 5% 伸缩。　　　　　　　　　　　　　　　　　　　　　　　　　　　(　　)

2. 在信用证支付方式下,商业发票中的货物描述必须与信用证的描述一致,省略或增加任何内容都会造成单证不符。　　　　　　　　　　　　　　　　　　(　　)

3. 如果信用证中没有特殊规定,其他单据中的货物描述只要不与信用证中的货物描述相矛盾即可。　　　　　　　　　　　　　　　　　　　　　　　　　　(　　)

4. 商业发票总额不可以超过信用证总金额,对于佣金和折扣应按信用证规定处理。

                                                                        (　　)

5. 商业发票的抬头人一般指信用证中的受益人。　　　　　　　　　　　(　　)

6. 信用证要求商业发票由商会证实的,则商业发票必须签署。　　　　　(　　)

7. 在不用汇票的情况下,商业发票替代汇票作为付款的依据。　　　　　(　　)

8. 信用证要求商业发票作为议付的单据之一,银行可接受临时发票代替商业发票。

                                                                        (　　)

9. 商业发票中允许包括免费的样品、广告材料。　　　　　　　　　　　(　　)

10. 商业发票是出口业务结汇中最重要的单据之一,是单证工作的核心单据。(　　)

 ### 单证技能进阶提高

一、动脑思考

1. 天津家纺进出口公司收到国外来信用证,货物描述为"2,000pcs of Ladies skirts at

USD2.10/pc CIF London，including less 5% commission and 5% allowance（discount）total amount USD4,200"。作为单证员,在缮制商业发票时如何处理,才能满足信用证的要求? 是首先扣减折扣,还是首先扣减佣金? 为什么?

2. 天津粮油进出口公司向非洲纳米比亚出口中国小麦 20 公吨,客户开来的信用证最大金额为 4 750 美元,信用证的货物描述为"20M/T of Chinese Wheat at USD250.00/MT CIFC5% Walvis port",受益人实际发货 20 公吨。为保证安全收汇,作为单证员,在发票金额上如何处理,才能不突破信用证的最大金额?

3. 天津隆盛米业有限公司与德国客户成交 20 公吨中国大米,客户通过银行开来的信用证金额为 5 000 美元,信用证的货物描述为"20M/T of Chinese Rice in bulk at USD250.00/MT CIF Hamburg"。受益人实际出运 20.5 公吨大米,显然溢装 0.5 公吨,而信用证的金额只有 5 000 美元,为了能安全收汇,作为单证员,对超出信用证部分的款项应该如何在商业发票巧妙处理?

二、动手操练

天津金星贸易公司与埃塞俄比亚 AMENLI 公司经过友好洽商就出口五金工具箱达成一出口合同,数量 10 000 套,CIF ASEB,付款方式为电汇加托收（T/T＋D/P AT SIGHT）。作为单证员,根据销售合同（样例 3-2）有关条款及其他补充信息缮制商业发票（样例 3-3）。

样例 3-2　销售合同

销 售 合 同

SALES CONTRACT

编号 No.：　　SC210216　　　　　　　　　　日期 Date：2021-2-16

The sellers：　TIANJIN GOLDEN STAR TRADING CO.，LTD.

Add：　　　　NO.18 ZHUJIANG ROAD, TIANJIN,CHINA　　　POST CODE：300221

The buyers：　AMENLI COMPANY

Add：　　　　♯5054-7 KING STREET, ETHIOPIA

TEL：　　　　（＋03）3434 7856

兹确认售予你方下列货品,其成交条款如下:

We hereby confirm having sold to you the following goods on the terms and conditions as specified below:

(1) 货物名称及规格 Name of Commodity and Specifications	(2) 数量 Quantity	(3) 单价 Unit price	(4) 总值 Total Amount
HARDWARE TOOLS CASE		CIF　ASEB	
TC110	6,000SETS	USD5.00/SET	USD30,000.00
TC120	4,000SETS	USD4.00/SET	USD16,000.00
TOTAL:	10,000SETS		USD46,000.00

（5）包装：

Packing：PACKED IN ONE CARTON OF 100 SETS EACH

（6）装运唛头：

Shipping Mark：AMENLI/SC210216/ASEB/NO. 1-UP

（7）装运期限：

Time of Shipment：NOT LATER THAN APRIL 10，2021

（8）装运口岸：　　　　　　　　　　目的地：

Port of Shipment：TIANJIN　　　　　　Destination：ASEB

（9）付款条件：

Payment Terms：20％ T/T IN ADVANCE，BALANCE 80％ BY D/P AT SIGHT.

（10）保险：卖方负责投保海运险，按照 CIF 金额的 110％投保一切险和战争险，如果发生索赔，在埃塞俄比亚用美元赔偿。

Insurance：

THE SELLER SHALL ARRANGE MARINE INSURANCE COVERING ALL RISKS AND WAR RISK FOR 110％ OF CIF VALUE. CLAIM, IF ANY, PAYABLE IN ETHIOPIA IN CURRENCY OF USD.

（11）凡以 CIF 条件成效的业务，保额为发票价的 110％，投保险别以本销售合同中所开列的为限，买方如要求增加保额或保险范围，应在装船前经售方同意，因此而增长的保险费由买方负责。

FOR TRANSACTIONS CONCLUDED ON CIF BASIS IT IS UNDERSTOOD THAT THE INSURANCE AMOUNT WILL BE FOR 110％ OF THE INVOICE VALUE AGAINST THE RISKS SPECIFIED IN THE SALES CONTRACT, IF ADDITIONAL INSURANCE AMOUNT OR COVERAGE IS REQUIRED, THE BUYER MUST HAVE THE CONSENT OF THE SELLER BEFORE SHIPMENT，AND THE ADDITIONAL PREMIUM IS TO BE BORNE BY THE BUYER.

（12）品质/数量异议：如买方提出索赔，凡属品质异议须于货到目的口岸之日起 2 个月内提出。凡属数量异议须于货到目的口岸之日起 15 天内提出，对所装货物所提任何异议属于保险公司、轮船公司及期货有关运输机构所负责者，售方不负任何责任。

QUALITY/QUANTITY DISCREPANCY：IN CASE OF QUALITY DISCREPANCY, CLAIM SHOULD BE FILED BY THE BUYER WITHIN 2 MONTHS AFTER THE ARRIVAL OF THE GOODS AT THE PORT OF DESTINATION WHILE FOR QUANTITY DISCREPANCY CLAIM SHOULD BY FILED BY THE BUYER WITHIN 15 DAYS AFTER THE ARRIVAL OF THE GOODS AT THE PORT OF DESTINATION IT IS UNDERSTOOD THAT SELLER SHALL NOT BE LIABLE FOR ANY DISCREPANCY OF THE GOODS SHIPPED DUE TO CAUSES FOR WHICH THE INSURANCE COMPANY, SHIPPING COMPANY OR OTHER TRANSPORTATION ORGANIZA-TION OR POST OFFICE ARE LIABLE.

AMENLI COMPANY，ETHIOPIA.　　　　　　TIANJIN GOLDEN STAR TRADING
　　　　　　　　　　　　　　　　　　　　　　　CO. , LTD.

Jonnie　　　　　　　　　　　　　　　　　　王义
买方（the buyers）　　　　　　　　　　　　卖方（the sellers）

其他补充信息如下：

发票号码：INV. TGS210320

发票日期：2021-3-20

样例 3-3　空白商业发票

天津金星贸易公司
TIANJIN GOLDEN STAR TRADING CO.，LTD.

商业发票
COMMERCIAL INVOICE

TO：

INVOICE NO.：＿＿＿＿＿＿＿
DATE：＿＿＿＿＿＿＿＿＿＿＿
L/C NO.：＿＿＿＿＿＿＿＿＿＿
S/C NO.：＿＿＿＿＿＿＿＿＿＿

FROM：＿＿＿＿＿＿＿＿＿＿＿＿＿＿

TO：＿＿＿＿＿＿＿＿＿＿＿＿＿＿

MARKS & NOS	DESCRIPTIONS OF GOODS	QUANTITIES	UNIT PRICE	AMOUNT

任务六　缮制装箱单

案例导入

荷兰某银行开来的信用证要求受益人（XYZ COMPANY）提交一式三份的装箱单（PACKING LIST IN TRIPICATE）作为议付货款的单据之一，受益人将货物如期出运后，提供包括装箱单在内的全套装运单据交中国银行天津分行议付货款。但单据到达开证行后遭拒付，其理由是装箱单出具人不同于信用证受益人。

思政分析

本案的最大焦点在于装箱单必须是由受益人出具吗？受益人为此请求中国银行天津分行帮助与开证行接洽，议付行引用 ISBP745 中 Para M3 款与开证行据理力争，当信用证没有规定出具人名称时，装箱单可以由任何实体出具。最后，开证行如数付清全款。从中我们不难看出，熟悉和掌握 ISBP745 的规定对保证安全收汇是何等重要。因此，在实际业务中，我们必须熟知国际贸易中常用的国际惯例，如 UCP600、ISBP745、URC522 等，这样在遇到国外开证行无理拒付时，才能据理力争，保护好企业自身的经济利益不受损失，并且要关注版本的变化，干到老、学到老，养成终身学习的好习惯。

任务背景

张琳同学依据信用证对发票的具体要求、信用证的货物描述及服装加工厂备货的一些具体情况顺利地完成了商业发票的缮制工作，随后又收到了服装加工厂传真过来详细的装箱码单，这样张琳同学又着手开始缮制装箱单。

国际贸易中买卖双方交易的商品大多是带包装,商品的特性不同,买卖双方所关注的信息点也不同,因此包装单据可以冠以不同的单据名称。包装单按其内容繁简不同,有简式包装单和繁式包装单之分。在缮制过程中没有统一的格式要求,非常灵活,需要在实际业务中不断总结经验。装箱单既是对商业发票的必要补充,也是国际贸易中常用的单证之一。

图片:简式和
繁式装箱单

 缮制装箱单操作规范及样例

实训目的

◇ 熟悉并看懂信用证(合同)中有关包装条款;

◇ 掌握装箱单缮制的规范和技巧;

◇ 学会独立缮制装箱单。

操作前准备

◇ 生产厂家提供的详细码单;

◇ 信用证付款方式下有关信用证;

◇ 销售合同或销售确认书;

◇ 已经缮制妥的商业发票;

◇ 空白的纸质装箱单或装箱单模板;

◇ 铅笔、橡皮和计算器等工具。

操作程序

◇ 根据生产厂家提供的详细码单,准确计算出拟出运货物的毛重、净重和尺码,注意单位的换算和统一;

◇ 仔细阅读信用证或合同中的包装条款及与包装有关的特殊条款,注意信用证特别要求加注的有关内容,如信用证证号要显示在所有单据上等;

◇ 根据信用证或合同要求认真缮制装箱单的各个栏目内容,做到准确、完整;

◇ 对照信用证或合同中的包装条款审核装箱单,检查是否做到单证(单同)相符,对照已缮制妥的商业发票,检查是否做到单单相符。

一、装箱单缮制规范

装箱单缮制规范见表 3-2。

表 3-2　装箱单缮制规范

项目顺序号	填写内容	要点提示
(1) 单据名称 Name of doc	按照信用证规定的单据名称填写	与信用证规定的单据名称相一致
(2) 出单人 Issuer	签发装箱单的人	① 信用证项下为受益人 ② 电汇和托收项下为卖方 ③ 有些公司可能已印就,无须填写

续表

项目顺序号	填写内容	要点提示
(3) 受单人 To	抬头人	① 信用证项下为开证申请人 ② 电汇和托收项下为买方 ③ 信用证要求不显示抬头人时,可不填或填写"To whom it may concern"
(4) 发票号 Invoice No.	此笔业务的发票号码	由卖方自行编制
(5) 日期 Date	一般为发票日期	可略晚于发票日期,不能迟于信用证的有效期及提单日期
(6) 运输标志 Marks and Numbers	货物的唛头	① 注意与信用证及合同规定的内容和形式完全一致 ② 如合同和信用证无指定唛头,卖方可自行设计 ③ 如果没有唛头,填写"N/M"
(7) 包装种类和件数、货物描述 Number and kind of packages, Description of Goods	包括货物的件数和货物描述	① 可以用商品的统称 ② 如果仅一种商品,可以无须填写商品的规格
(8) 毛重 Gross Weight 净重 Net Weight 尺码 Measurement	填写货物的毛重、净重和尺码	若信用证要求列出单件毛重、净重和尺码,应按照货物的实际情况填写,并且要符合信用证的规定
(9) 声明文句 Statement	来证要求在装箱单上加注特定号码或其他声明文句	这些内容加注在装箱单商品栏以下的自由处理区,且符合信用证要求
(10) 签署 Signature	一般加盖签发人公司的单据章(公司英文名称＋法人代表签字)	① 包装单据只能由 L/C 规定的受益人出具 ② 无特殊规定,装箱单可以无须签署 ③ 若信用证要求手签,出单人要亲笔签署,不能以盖章代替

二、装箱单缮制样例

装箱单见样例 3-4。

样例 3-4 装箱单

Issuer (2) TIFERT TRADING CO. , LTD. NO. 86, ZHUJIANG ROAD, TIANJIN, CHINA	装 箱 单 (1) **PACKING LIST**	
To (3) MARUBENI CORP 5-7, HOMMACHI, 2-CHOME, CHUO-KU, OSAKA, JAPAN	**Invoice No.** (4) TIFERT123456	**Date** (5) APR. 15, 2021

Marks and Numbers (6)	Number and kind of package Description of goods (7)	G. W. (8)	N. W. (8)	Meas. (8)
MARUBENI S/C21TF0858 TOKYO CTN 1-250	250 CARTONS OF GIRL JACKET SYTLE NO. GJ234 PACKED IN CARTONS OF 20PCS EACH	25,992.00KGS	24,909.00KGS	24.548CBM
(9)WE HEREBY CERTIFY THAT EACH ITEM HAS BEEN MARKED THE LABEL"MADE IN CHINA".				
(10) 				

三、装箱单操作注意事项

（1）当信用证要求提交装箱单时，提交的单据包含货物包装的任何信息以满足其功能，并表明信用证规定的名称，或标明相似名称，或没有名称，即符合要求。

（2）装箱单应当由信用证规定的实体出具。当信用证没有规定出具人名称时，装箱单可以由任何实体出具。装箱单如由受益人出具，如果如信用证没有要求，可以不签字、不盖章也不必注明出单日期。只要装箱单的出具人不是受益人，其就可以显示不同于其他一种或多种规定单据上注明的发票号码、发票日期和运输路线。

（3）如果信用证同时要求装箱单和重量单，受益人应分别出具两种单据，最好不要合二为一联合出具。如果受益人将两种单据名称印就在一起，来证仅要求其中一种时，最好将另一种单据的名称删除。

（4）如果没有特别要求，装箱单可以不显示收货人。

（5）当信用证规定了明确的包装要求时，且没有规定与其相符的单据，装箱单如有提交，其提及的有关货物包装的任何数据不应与该要求矛盾。

（6）装箱单上的唛头应与发票上的规定一致，唛头中如果有"C/NO 1-UP"，是指包装件号，应根据实际按序编写，这里的 UP 应理解为总箱数，缮制包装单据时要具体化，标明总件数。

（7）装箱单中的货物描述，可以与发票相同，也可在与信用证中货物描述不抵触的情况下只显示商品统称。

（8）装箱单中毛重应注明每个包装件的毛重和此包装件内不同规格、品种、花色货物各自的总毛重，最后在合计栏处标注所有货物的总毛重；净重应注明每个包装件的净重和此包装件内不同规格、品种、花色货物各自的总净重，最后在合计栏处标注所有货物总净重；尺码则要求注明每个包装件的尺寸和总尺码。

（9）银行只审核总量，包括但不限于总数量、总重量、总尺寸或总包装件数，以确保相关的总量与信用证中和任何其他规定单据上显示的总量没有矛盾。

（10）装箱单一般不显示货物的单价和总金额。进口商转售时通常自制发票，使用出口商提供的原始装箱单，这样就可以避免泄露其购买成本。

（11）货物如装托盘，尺码单上应同时标明托盘本身尺码和连同托盘的总尺码。

（12）装箱单应如实反映货物的实际包装情况，并且要符合信用证关于装箱的规定。如信用证规定货物装在 25kg 或 50kg 的编织袋内，货物实际装在 25kg 的编织袋内，包装单据应该打制成"Packed in pp woven bags of 25kgs net each."不应该照抄信用证原句。不管信用证是笼统规定（Sea worthy packing 或 standard export packing）还是具体要求（Packed in woven bags）等均应准确显示在单据之上。

（13）散装货物一般不需要提供装箱单。

（14）如来证规定装箱单以"Plain Paper""in plain"或"in white paper"等形式出具，单据上不应显示双方的名称，也不可签章，这就是中性包装单。

微课：中性
装箱单的缮制

 **知识窗**

一、包装单据的概念

包装单据（packing document）是指一切记载或描述商品包装情况的单据，列明了信用证（或合同）中买卖双方约定的有关包装事宜的细节，便于国外进口商在货物到达目的港时供海关检查和核对货物，通常可以将其有关内容加列在商业发票上，但是在信用证有明确要求时，就必须严格按信用证要求单独缮制包装单据。包装单据是商业发票的重要补充和主要结汇单据之一，包装单据主要用来说明出口商品的包装和内装货物的细节状况，便于有关方面对进出口货物的品种、花色、尺寸、规格和数量进行查验、检验和核实。

二、包装单据的种类

包装单据依据进出口双方交易的商品特性不同、进出口双方关注的信息不同，在实际业务中冠以不同的名称，主要有以下几种。

（1）装箱单（packing list）。装箱单也称包装单、花色搭配码单（简称码单），是用以说明货物包装细节的清单。除散装和裸装货物外，一般进出口交易都要求提供装箱单，以便在货物到达目的港（地）后，供海关验货和收货人核对货物。装箱单主要载明货物装箱的详细情况，包括所装货物的名称、规格、数量、花色搭配等，尤其是不定量包装的商品要逐件列明每批货物的花色搭配。

（2）重量单（weight list）。重量单又称磅码单（weight note/memo），是用以说明货物重量细节的清单。重量单也是发票的补充单据，其作用在于作为进口商计价、计数或计算运费的依据，多见于以重量计量、计价的商品，有的还需增列皮重；按公量计量、计价的商品，则需列明公量及计算公量的有关数据，如棉花。

（3）尺码单（measurement list）。尺码单是用以说明单位包装的长、宽、高及总尺码细节的清单。其作用便于进口商及承运人了解货物的尺码，以便合理安排运输、装卸和仓储，同时它也是计算运费的重要依据，包装件数的清单。

（4）规格单（specification list）。规格单也称包装明细单，是用以说明包装规格细节的清单，多用于规格、型号较多的货物，其作用在于便于进口商了解整批货物的详细情况，方便转售货物。规格单的内容与装箱单相似，但偏重于每件货物的包装规格，一般要求列明包装的方式及内含量。

三、包装单据的作用

包装单据是发票的补充，通过对包装件数、规格、唛头等内容的缮制，阐明了商品的包装情况，列明了信用证（或合同）中进出口双方约定的有关包装细节，便于进口商对商品包装及数量的了解和掌握，也便于进口商在货物到达目的港时，供海关检查和核对货物。具体来讲包装单据的作用表现在以下几个方面。

（1）出口商缮制商业发票及其他单据时计量、计价的基础资料。

（2）进口商清点数量或重量以及销售货物的依据。

（3）海关查验货物的凭证。

（4）公证或商检机构查验货物的参考资料。

包装单据对大多商品交易来说是不可缺少的文件。进口地海关验货、公证行检验、进口商核对货物时，通常以包装单据为依据，了解每个包装单位内具体的货物，方便转售货物。

📝 单证知识同步训练

一、单选题

1. 装箱单是用以说明货物包装细节的清单，又称（　　）。
   A. 包装纸　　　　B. 下货纸　　　　C. 花色码单　　　　D. 关单

2. 在结汇单据中，（　　）是对商业发票的补充。
   A. 提单　　　　B. 汇票　　　　C. 装箱单　　　　D. 保险单

3. 如果出口合同是通过中间商达成的，信用证有时会要求受益人提交（　　）。
   A. SIGNED PACKING LIST
   B. NATURAL PACKING LIST
   C. MANUALLY SIGNED PACKING LIST
   D. THIRD PARTY PACKING LIST

4. 定牌中性包装是指（　　）。
   A. 在商品及包装上不使用买方指定的商标/牌号，但标明产地
   B. 在商品及包装上使用买方指定的商标/牌号，也标明产地
   C. 在商品及包装上不使用买方指定的商标/牌号，也不标明产地
   D. 在商品及包装上使用买方指定的商标/牌号，但不标明产地

5. 运输包装俗称(　　)。

    A. 大包装、小包装
                  B. 小包装、内包装

    C. 大包装、外包装
                  D. 外包装、内包装

6. 按照国际惯例,包装费用(　　)。

    A. 不应包括在货物价格之内,并在合同中列示

    B. 包括在货物价格之内,一般不在合同中另外列示

    C. 应包括在货物价格之内,但必须在合同中另外列示

    D. 不应包括在货物价格之内,也不必在合同中列示

7. 除非另有约定,采用定牌中性包装时,在我国出口商品和/或包装上(　　)。

    A. 必须标明"中国制造"字样

    B. 不须标明"中国制造"字样

    C. 是否标明"中国制造"字样,由买卖双方协商而定

    D. 是否标明"中国制造"字样,由我方决定

8. "NUDE CARGO"是指(　　)。

    A. 小包装货
        B. 大包装货
        C. 散装货
        D. 裸装货

9. 包装单通常显示(　　)。

    A. 运输标志
        B. 指示性标志
        C. 警告性标志
        D. 识别性标志

10. 装箱单中 CONSIGNEE 指的是(　　)。

    A. 发货人
        B. 受益人
        C. 收货人
        D. 以上都不是

二、多选题

1. 包装标志按其用途,可分为(　　)。

    A. 运输标志
        B. 指示性标志
        C. 警告性标志
        D. 条形码标志

2. 国际标准化组织推荐的标准唛头应包括(　　)。

    A. 收货人名称的缩写或代号
            B. 参考号(合同号、订单号等)

    C. 目的港
                  D. 箱号或件号

3. 运输包装从方式上看,可以分为(　　)。

    A. 单件包装
        B. 集合运输包装
        C. 中性包装
        D. 标牌包装

4. 运输标志的作用是(　　)。

    A. 便于识别货物
    B. 方便运输
        C. 防止错发错运
        D. 促进销售

5. 常见的集合包装一般包括(　　)。

    A. 集装袋
        B. 编织袋
        C. 集装箱
        D. 托盘

三、判断题

1. 装箱单的出单日期可以早于发票日期,也可以晚于发票日期 1~2 天。　　　　　　(　　)

2. 重量单的签发日期可等于或迟于发票日期,也可早于发票签发日期。　　　　　　(　　)

3. 包装单据的英文名称通常有 PACKING LIST、WEIGHT LIST、SPECIFICATION LIST、ASSORTMENT LIST 等。实际业务中,可根据商品特性买卖双方自行选择使用。　　(　　)

4. 装箱单上需要注明货物的单价和总价。　　　　　　　　　　　　　　　　　　(　　)

5. 装箱单的收货人是 CONSIGNEE。　　　　　　　　　　　　　　　　　　　　(　　)

6. 信用证没有明确规定,装箱单可以无须签字。　　　　　　　　　　　　　　　(　　)

7. 出口危险品时,无须提供包装的性能证和使用证。 （　　）

8. 在装箱单上必须写明货物原产地。 （　　）

9. 装箱单上的总数量和总件数应与发票上的总数量和总件数一致。 （　　）

10. 装箱单上的栏目填制可参考商业发票,并与商业发票保持一致。 （　　）

单证技能进阶提高

一、动脑思考

1. 大都服装厂把合同项下衬衫备妥,码单显示总共 1 000 箱,国外客户开来信用证中有指定唛头为"ABC CORP/P. O. NO. 21F0018/HAMBURG/CTN NO. 1-UP",作为单证员,在缮制包装单时,唛头应该如何缮制?

2. 国外客户开来信用证中的货物描述如下。

COVERING SHIPMENT OF:

4 items of Chinese Ceramic Dinnerware including:

DS1511 30-piece dinnerware and tea set,544sets

DS2201 20-piece dinnerware set,800sets

DS4504 45-piece dinnerware set,443sets

DS5120 95-piece dinnerware set,245sets

Details in accordance with Sales Contract HSDS13027 dated Apr. 3,2021.

作为单证员,在缮制包装单时,货物描述中的品名应该如何填写?

3. 如信用证规定货物装在 25kg 或 50kg 的编织袋内(Packing in pp woven bags of 25kgs or 50kgs net each),货物实际装在 25kg 的编织袋内,作为单证员,在缮制包装单时,为了做到单证相符,单证员直接照抄原句"Packing in pp woven bags of 25kgs or 50kgs net each",这样做是否可以? 如果不可以,应该如何缮制?

二、动手操练

1. 信用证有关资料摘录如下。

SEQUENCE OF TOTAL	27：1/1
FORM OF DOCUMENTARY CREDIT	40A：IRREVOCABLE
APPLICABLE RULES	40E：UCP LATEST VERSION
DOCUMENTARY CREDIT NUMBER	20：00IM01413
DATE OF ISSUE	31C：210731
DATE AND PLACE OF EXPIRY	31D：210915 CHINA
APPLICANT	50：NEW WORLD INTERNATIONAL INC
	129 HAYWARD WAY
	CA 91733，USA
BENEFICIARY	59：TIFERT TRADING CO.，LTD.
	NO. 86，ZHUJIANG ROAD, TIANJIN, CHINA
CURRENCY CODE, AMOUNT	32B：USD30 940,00

AVAILABLE WITH...BY 41D：ANY BANK BY NEGOTIATION

DRAFTS AT 42C：AT SIGHT FOR 100 PCT OF INVOICE VALUE

DRAWEE 42D：CATHAY BANK LOS ANGELES, CA.

PORT OF LOADING 44E：TIANJIN PORT, CHINA

PORT OF DISCHARGE 44F：LOS ANGELES PORT，CA，USA

LATEST DATE OF SHIPMENT 44C：210831

DESCRPT OF GOODS/SERVICES 45A：2000PAIRS LADIES SLIPPERS FOB TIANJIN, CHINA

DOCUMENTS REQUIRED 46A：

+ SIGNED COMMERCIAL INVOICE IN 1 ORIGINAL AND 3 COPIES

+ PACKING LIST IN 1 ORIGINAL AND 3 COPIES

2. 补充信息如下。

(1) SIZE：EACH CARTON CONTAINING 37/10 38/10 39/10 40/10

(2) PACKING：IN CARTONS OF 40 PAIRS EACH

(3) MEASUREMENT：0.356M^3/CTN

(4) G. W.：15KGS/CTN   N. W.：14KGS/CTN

(5) SHIPPING MARK：NW/ LOS ANGELES/NO. 1-UP

(6) INVOICE NO. LS210820 DATED AUG 20，2021

请根据以上信用证摘录信息及补充相关信息，利用空白装箱单(样例 3-5)独立缮制一份装箱单。

样例 3-5　空白装箱单

Issuer			装　箱　单 PACKING LIST			
To						
			Invoice No.		Date	
Marks and Numbers	Number and kind of package Description of goods	Quantity	Package	G. W.	N. W.	Meas.
TOTAL：						
SAY TOTAL：						

任务七　缮制检验证书

 案例导入

我国中行某分行在 2021 年 6 月收到韩国某金融公司开出的以某贸易公司为受益人的信用证,金额为 USD992,000.00,出口货物是 20 万台数码相机。信用证要求发货前由申请人指定代表出具货物检验证书,其签字必须由开证行证实,且规定 1/3 的正本提单在装运后交予申请人代表。在装运时,申请人代表来到出货地对货物进行检验并出具相关检验证书,并以数张大额支票为抵押,从受益人手中获取了一份正本提单。事后受益人将支票送交当地银行兑付,却被告知支票为空头支票,单据寄到韩国,该金融公司以申请人代表出具的检验证书签名不符为由对单据提出拒付。更不幸的是经查货物已被全部提走,下落不明。受益人蒙受重大损失,有苦难言。

 思政分析

本案例的最大失误在于受益人接受了含有软条款的信用证。具体而言,一是要求发货前由申请人指定代表出具货物检验证书,其签字必须由开证行证实;这一规定是限制出口商单据的条款,受益人议付货款的单据被进口商牢牢地控制着;更有甚者,检验证书的签字需由开证行证实,作为受益人不知道申请人指定代表在开证行的签字是什么样的,这就使开证行随时可以检验证书上的签字与留底签字样本不符为由,随时拒付货款。二是规定 1/3 的正本提单在装运后交予申请人代表。进口商可以持 1/3 正本提单先行将货提走,其余两份正本提单随之失效,使受益人货、款两空。这是一个用含有软条款的信用证达到欺诈目的的典型案例,教训非常深刻。因此,我们在实际业务中,一定要练就扎实的基本功,不断提高自己的审证技巧,具有洞悉信用证软条款的火眼金睛,树立风险防范意识,俗话说商场如战场,时刻绷紧安全收汇这根弦,这样才不会蒙受重大经济损失。

任务背景

张琳同学具体负责的女童夹克衫的进料加工业务,买卖双方在签订的合同时明确规定出运前应委托天津海关对货物实施检验,检验合格后方可出运,后来日本丸红株式会社通过中国银行东京分行修改的信用证也明确规定检验证书作为议付货款的单据之一。

于是张琳同学将发票和装箱单缮制妥当后,提醒报检员与天津海关检验检疫部门办理报检手续,并且关注检验证书的签发进展情况,并对签发的检验证书进行认真的核对,保证做到单单相符、单证相符。

检验证书是出口业务中常用的结汇单据之一,是出口商是否按合同约定品质标准履行交货义务的具体体现,也是进口商非常关注的单据。通常检验证书都是由实施检验部门根据检测结果签发,但作为出口商也应掌握检验证书的缮制规范,这样才能保证做到相符交单。

缮制检验证书操作规范及样例

实训目的

◇ 熟悉并看懂相关信用证(合同)中有关检验证书的条款;

◇ 熟悉检验证书的不同格式及主要内容;

◇ 掌握检验证书的缮制规范、缮制技巧。

操作前准备

◇ 出口商提供的合同、信用证副本、商业发票、装箱单;

◇ 生产厂家提供的厂检结果;

◇ 出口商填写的出境货物报检单。

操作程序

◇ 仔细阅读信用证或合同中的检验条款及与有关检验方面的特殊要求,注意信用证特别要求加注的有关内容,如信用证号要显示在所有单据上等;

◇ 根据信用证或合同要求认真检查报检员缮制出境货物报检单的各个栏目内容,做到准确、完整;

◇ 对照信用证或合同中的检验条款审核检验证书,检查是否做到单证(单同)相符,对照已缮制妥的商业发票、装箱单等结汇单据,检查是否做到单单相符。

一、检验证书缮制规范

检验证书缮制规范见表 3-3。

表 3-3　检验证书缮制规范

项目顺序号	填写内容	要点提示
(1) 签证机构 Issuer	官方机构和非官方机构	如信用证未规定具体单位,则由出口商决定
(2) 检验证书的名称 Name of Certificate	填写证书名称	应与合同或信用证规定相符
(3) 发货人 Consignor	出口商名称	一般只填写名称不填写地址
(4) 收货人 Consignee	＊＊＊＊＊＊	不用填写具体的名称,中性单据可填写 To whom it may concern
(5) 货物描述 Description of Goods	商品名称	可用统称
(6) 报检的数量/重量 Quantity/Weight Declared	实际出运的数量或重量	应与装箱单和提单中的数量或重量一致
(7) 包装的种类及数量 Number and Kind of Packages	货物的包装单位数量(件数)	应与装箱单和提单中的包装件数一致
(8) 运输工具 Means of Conveyance	海运 BY SEA FREIGHT 空运 BY AIR FREIGHT 陆运 BY RAIL/TRUCK	据实填写

续表

项目顺序号	填写内容	要点提示
(9) 标记及号码 Marks & No.	具体的唛头 没有唛头填 N/M	① 此栏不能留空 ② 应与其他单据的唛头保持一致
(10) 检验结果 Result of Inspection	所检验货物的实际现状	该栏是检验证书中最重要的一项,应该与信用证或合同要求的品质标准相符,否则会遭到银行或进口商的拒付
(11) 签证地点 Place of Issue	此笔业务证书的签发地点	一般与货物装运港一致
(12) 签证日期 Date of Issue	此笔业务证书的签发日期	一般不迟于提单日期
(13) 授权人签字 Authorized Signature	证书签署人姓名的汉语拼音	
(14) 签名 Signature	证书签署人亲笔签名	可用中文
(15) 签章 Official Stamp	签证机构的公章	公章加盖要清晰

二、检验证书缮制样例

检验证书见样例 3-6。

样例 3-6　检验证书

中华人民共和国出入境检验检疫　(1)　　正　本
ENTRY-EXIT INSPECTION AND QUARANTITE
OF THE PEOPLE'S REPUBLIC OF CHINA　　ORIGINAL

编号 No. : 21CIQ1187

QUALITY CERTIFICATE　　(2)

发货人　(3) Consignor	TIFERT TRADING CO. , LTD.		
收货人　(4) Consignee	＊　＊　＊　＊		
品名　(5) Description of Goods	GIRL JACKET	标记及号码　(9) Mark & No.	
报检数量/重量　(6) Quantity/weight Declared	5,000PCS	MARUBENI	
包装种类及数量　(7) Number and Type of Packages	250CARTONS	S/C 21TF0858 TOKYO	
运输工具　(8) Means of Conveyance	BY SEA FREIGHT	CTN 1-250	

检验结果　(10)
Result of Inspection

SAMPLES WERE DRAWN AT RANDOM FROM THE WHOLE LOT OF GOODS AND INSPECTED STRICTLY ACCORDING TO THE S/C NO. 21TF0858

THE ABOVE RESULTS OF INSPECTION ARE IN CONFORMITY WITH THE REQUIREMENTS IN THE SAID CONTRACT.

	(11)		(12)
签证地点 Place of Issue	TIANJIN	签证日期 Date of Issue	APR 25，2021
	(13)		(14)
授权签字人 Authorized Officer	ZHANG CHI	签名 Signature	张弛

我们已尽所知和最大能力实施上述检验,不能因我们签发本证书而免除卖方或其他方面根据合同和法律所承担的产品质量责任和其他责任。

All inspection are carried out conscientiously to the best of our knowledge and ability. This certificate does not in any respect absolve the seller and other related parties from his contractual and legal obligations especially when product quality is concerned.

三、检验证书操作注意事项

(1) 检验证书应当由信用证规定的实体出具,当信用证没有规定出具人的名称时,证明可以由任何实体包括信用证受益人出具。当信用证使用了"独立的""正式的""合格的"或类似词语描述证明出具人时,该证明可以由除受益人以外的任何实体出具。

(2) 检验证书的种类和证书内容应符合信用证的要求,检验证书可以显示仅测试、分析或检验了所要求货物的样品;数量可多于信用证中或任何其他规定单据上显示的数量;或者多于提单或租船提单上显示的货舱、厢柜或罐桶数目。

(3) 当信用证规定了关于分析、检验、健康、植物检疫、数量或质量的评估或类似方面的明确要求时,无论是否规定与其相符的单据,该证明或任何其他规定单据上提及的有关分析、检验、健康、植物检疫、数量或质量的评估或类似方面的数据不应与该要求矛盾。

(4) 当信用证没有规定检验证书上显示的明确内容,包括但不限于确定分析、检验或质量的评估结果所依据的任何要求的标准时,该证明可以包含诸如"不适合人类消费""化学成分可能无法满足需要"或类似措辞的声明,只要其与信用证、任何其他规定的单据或UCP600不相互矛盾。

(5) 当检验证书显示收货人信息时,其不应与运输单据中的收货人信息相矛盾。但是当信用证要求运输单据收货人出具成"凭指示""凭托运人指示""凭开证行指示"或"凭指定银行(或议付行)指示",该证明可以显示收货人为信用证中受益人以外的任何一个具名实体。当信用证已经转让时,收货人可以是第一受益人。

(6) 检验证书可以显示信用证受益人或其他规定单据上所显示的托运人以外的实体为发货人或出口商。只要证明显示的出口商或发货人不是受益人,该证明就可以显示不同于其他一种或多种规定单据上注明的发票号码、发票日期和运输路线。

(7) 当信用证要求提交的证明与装运当日或装运日之前所要求发生的行为相关时,该证明应当显示不晚于装运日期的出具日期;或者表明行为发生于装运当日或装运日之前的措辞,在此情况下,当出具日期也显示时,其可以晚于装运日期,但不应晚于该证明的交单日期;或表明事件的单据名称,例如,"装船前检验证明"。

(8)检验证书的任何更正应当看似由单据出具人的实体进行证实。该证实应当以含有证实人名称的印戳,或以额外加注证实人名称的方式表明实施证实的实体,并包括其签字或小签。

(9)"商检软条款"是信用证中软条款最为集中的项目,对列有由申请人或其授权人签发检验证书且其签字与银行留存签字样本一致条款的信用证最好不接受,对不能或很难办到的检验条款应及时接洽进口商通过开证行改证,保证安全收汇。

 知识窗

一、检验证书的概念

检验证书(inspection certificate)是各种进出口商品检验证书、鉴定证书和其他证明书的统称,是进出口贸易有关各方履行契约义务、处理索赔争议和仲裁、诉讼举证,具有法律依据的有效证件,也是海关验放、征收关税的必要证明。

二、检验证书的签发机构

检验分为法定检验和非法定检验。某些商品必须由出口国或进口国政府指定的机构检验才能出口或进口,这种检验是法定检验。凡非法定检验的商品,如进出口双方同意,也可采用由出口商的生产单位或进口商品的商业单位出具证明。相应签发检验检疫证书的机构也有官方的、非官方的,还可是生产商,进口商自己。

1. 官方检验机构

为了认真贯彻执行党中央国务院下发的《深化党和国家机构改革方案》,海关总署制定了《全国通关一体化关检业务全面融合框架方案》,2018年4月20日起,全国35个直属出入境检验检疫局(Entry-Exit Inspection and Quarantine Bureau,CIQ)分别并入全国42个直属海关(Customs of the People's Republic of China),实现了关检融合,各直属海关成为负责我国出入境检验检疫的官方机构。

2. 非官方检验机构

除政府设立的官方商品检验机构外,世界上许多国家中还有由商会、协会或同业公会设立的民间商品检验机构,担负着国际贸易货物的检验和鉴定工作。由于民间商品检验机构承担的民事责任有别于官方商品检验机构承担的行政责任,所以,在国际贸易中更易被进出口双方所接受。民间商品检验机构根据委托人的要求,以自己的技术、信誉及对国际贸易的熟悉,为国际贸易当事人提供灵活、及时、公正的检验鉴定服务,得到国际贸易当事人的共同信任。目前在国际上比较有名望、有权威的民间商品检验机构包括瑞士通用公证行(SGS)、英国英之杰检验集团(IITS)及日本海事检定协会(NKKK)等。

3. 生产制造商

如果生产制造商具有一定的技术实力,并且具备完善的检验检疫设施,其出具的检验检疫证书是被进口商或产品的最终用户认可的。如有些信用证中明确规定 Inspection certificate issued by exporter/manufacturer acceptable。

4. 用货单位和进口商

在实际进出口业务中,特别像纺织品、服装等产品的出口,往往在出运前进口商自己或派其代理前来验货,验货合格后签发一份检验证书作为出口商向银行议付货款的单据之一,即我们通常说的"客检证"。如信用证中规定 Inspection certificate signed by importer's nominee。

三、检验证书的签发流程

1. 关检融合

2018 年 3 月,中共中央印发了《深化党和国家机构改革方案》,方案中规定将国家质量监督检验检疫总局的出入境检验检疫管理职责和队伍划入海关总署。为此,海关总署制定了《全国通关一体化关检业务全面融合框架方案》,明确了海关、原国检申报系统及数据合并整合,目标做到五个统一:申报统一、系统统一、风控统一、指令下达统一、现场执法统一,并于2018 年 8 月 1 日实施。如图 3-1 所示,大幅提高了通关效率。

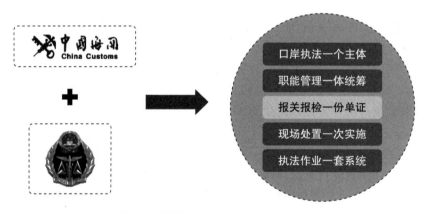

图 3-1 关检融合,报关报检一份单证

以往企业在口岸通关过程中需要登录不同的系统填报数据,严重影响了口岸通关效率。关检融合后,海关和检验检疫的申报端也进行了系统整合,全部纳入国际贸易"单一窗口"和"互联网+海关"平台(图 3-2),对海关报关单申报项目和检验检疫原报检单申报项目进行梳理,按照"依法依规、去繁就简"的原则,进行优化整合。具体内容如下。

(1)一次输入。以原报关单 48 个项目为基础,增加部分原报检内容形成了具有 56 个项目的新报关单,打印格式与国际推荐的报关单样式更加接近。

(2)版式调整。对版式文件的布局结构进行优化,将竖版改成横版,使报关单上能够展示更多的信息,纸质新报关单全部采用普通打印方式,取消套打,不再印制空白格式报关单和报检单。

(3)参数整合。按照国家标准—国际标准—行业标准的顺序,实现参数代码的标准化,涉及参数代码 19 项。

（4）随附单据。整合原报关、报检重复提交的单据，展示一套随附单据体系。

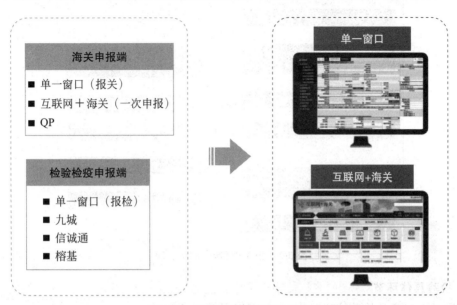

图 3-2　关检融合后的系统整合

2. 报关、报检一体化流程

当前，国际贸易"单一窗口"已经成为世界各国推进贸易便利化和口岸信息化的通行做法，全球已经有 60 多个经济体实施了"单一窗口"。中国国际贸易"单一窗口"标准版是为了响应联合国倡导的国际贸易便利通关号召，在国务院的统一决策部署下，由海关总署（国家口岸管理办公室）牵头统筹推进的国家级"十三五"重点项目，旨在优化口岸通关流程，提高申报效率，缩短通关时间，降低企业成本，促进贸易便利化。该项目于 2016 年 12 月启动建设，2017 年 5 月试点，目前已在全国范围推广上线。"单一窗口"标准版将大通关流程由申联改为并联，解决了企业多头申报和重复申报的问题，实现了一点接入、一次提交、一次查验、一键跟踪、一键办理，大幅优化了通关业务流程，有效降低了通关成本、缩短了通关时间、降低企业成本，促进贸易便利化。

企业登录中国国际贸易单一窗口（https://www.singlewindow.cn/）后，单击上面的"标准版应用"栏目，首先单击"企业资质"，进入企业资质备案子系统，如果是新企业，一次申请、同时进行报关资质和报检资质备案，如果企业已属于单一资质企业，需要进行资质的补录。海关审核企业资质备案申请，通过审核后发送备案成功回执给企业，即企业必须具备报关资质和报检资质。接下来自理报检企业或代理报检企业即可在线录入货物检验检疫申请并将申请发送至海关，海关与生产厂家约定到现场抽样的时间，海关对抽取的样品实施检验检疫检测通过后建立电子底账，并向企业反馈电子底账数据号（企业根据需要可自行打印电子报检回执单），自理报关企业报关时系统自动调取电子底账数据号，或者将系统生成的电子底账数据号提供给代理报关企业办理出口报关，报关、报检一般工作流程见图 3-3，中国国际贸易单一窗口全面支持关检融合变化，实现了报关报检一份单证。

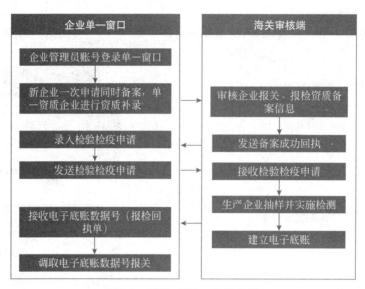

图 3-3　报关、报检一体化流程

3. 检验具体环节

我国进出口商品检验检疫工作,主要有以下四个环节(图 3-4)。

①报检　　②抽样　　③检验　　④电子底账／发证

图 3-4　检验证书签发流程

(1) 报验。报验是指具有报关报检资质的企业或海关报关企业、报关企业分支机构就拟出运的商品向海关提出检验检疫申请。上述企业在单一窗口录入出境检验检疫申请,并在系统上传随附出口合同或销售确认书、商业发票、装箱单、信用证复印件或有关往来信函、生产商出具的厂检结果单原件等。凡国家规定必须法定检验检疫的商品、列入实施检验的进出口商品目录的商品及国外客户需要出具检验检疫证书作为议付货款单据的商品,上述企业应在报关前向产地／组货地海关提出申请,在"单一窗口"申请出口申报前监管(原出口报检)服务。

(2) 抽样。海关接受报验之后,及时派员赴货物存放地点进行现场抽样。抽样时,要按照规定的方法和一定的比例,在货物的不同部位抽取一定数量的、能代表全批货物质量的样品供检验之用。

(3) 检验。海关接受报验之后,认真研究申报的检验项目,确定检验内容,仔细审核合同(信用证)对品质、规格、包装的规定,弄清检验的依据,确定检验标准、方法,然后进行抽样检验,仪器分析检验、物理检验、感官检验、微生物检验等。

(4) 电子底账／发证。凡国家规定必须法定检验检疫的商品、列入实施检验的进出口商品目录内的出口商品及国外客户需要出具检验检疫证书作为议付货款单据的商品,产地／组货地海关实施检验检疫监管完成综合评定后建立电子底账,并向企业反馈电子底账数据号

（企业根据需要可自行打印电子报检回执单），自理报关企业报关时系统自动调取电子底账数据号，或者将系统生成的电子底账数据号提供给代理报关企业办理出口报关，海关据此放行货物，准予装船。凡合同、信用证规定由海关检验检疫后出证的，或国外客户要求检验证书的，则按合同或信用证要求签发检验检疫证书。

四、检验证书的种类

目前，我国检验检疫机构签发的检验证书主要有以下几种。

（1）品质检验证书，是出口商品付运结汇和进口商品结算索赔的有效凭证；法定检验商品的证书，是进出口商品报关、输出输入的合法凭证。进出境检验检疫局签发的通关单和在报关单上加盖的放行章有与商检证书同等通关效力。

图片：各种真实的检验证书样例

（2）重量或数量检验证书，是出口商品付运结汇、签发提单和进口商品结算索赔的有效凭证；出口商品的重量证书，也是国外报关征税和计算运费、装卸费用的证件。

（3）兽医检验证书，是证明出口动物产品或食品经过检疫合格的证件。适用于冻畜肉、冻禽、禽畜罐头、冻兔、皮张、毛类、绒类、猪鬃等出口商品，是出口商品付运结汇和进口国通关输入的重要证件。

（4）卫生健康证书，是证明可供人类食用的出口动物产品、食品等经过卫生检验或检疫合格的证件。适用于肠衣、罐头、冻鱼、冻虾、食品、蛋品、乳制品、蜂蜜等食品，是出口商品付运结汇和通关验放的有效证件。

（5）消毒检验证书，是证明出口动物产品经过消毒处理，保证安全卫生的证件。适用于猪鬃、马尾、皮张、山羊毛、羽毛、人发等商品，是出口商品付运结汇和国外进口通关验放的有效凭证。

（6）熏蒸证书，是证明出口粮谷、油籽、豆类等商品，以及包装用木材与植物性填充物等，已经过熏蒸灭虫的证书。

（7）残损检验证书，是证明进口商品残损情况的证件。适用于进口商品发生残、短、渍、毁等情况；可作为受货人向发货人、承运人、保险人等有关责任方索赔的有效证件。

（8）积载鉴定证书，是证明船方和集装箱装货部门正确配载积载货物，作为证明履行运输契约义务的证件，可供货物交接或发生货损时处理争议之用。

（9）财产价值鉴定证书，是作为国际贸易当事人和司法、仲裁、验资等有关部门索赔、理赔、评估或裁判的重要依据。

（10）船舱检验证书，证明承运出口商品的船舱清洁、密固、冷藏效能及其他技术条件是否符合保护承载商品的质量和数量完整与安全的要求。可作为承运人履行租船契约适载义务，国际贸易当事人进行货物交接和处理货损事故的依据。

（11）生丝品级及公量检验证书，是出口生丝的专用证书。其作用相当于品质检验证书和重量/数量检验证书。

（12）产地证明书，是出口商品在进口国通关输入和享受减免关税优惠待遇和证明商品产地的凭证。

（13）舱口检视证书、监视装/卸载证书、舱口封识证书、油温空距证书、集装箱监装/拆证书，作为证明承运人履行契约义务，明确责任界限，便于处理货损货差责任事故的证明。

（14）价值证明书，作为进口国管理外汇和征收关税的凭证。在发票上签盖检验检疫机构的价值证明章与价值证明书具有同等效力。

(15) 货载衡量检验证书,是证明进出口商品的重量、体积吨位的证件。可作为计算运费和制订配载计划的依据。

五、检验证书的作用

在国际贸易中,检验证书主要起着公证证明的作用,具体表现如下。

(1) 作为证明履约、交货接收的有效证件。货物经过长途运输后难免会出现质量变化或数量缺损、包装损坏等情况,从而引起进口商争议。出口商为了免责,必须提供权威机构签发的检验检疫证书,凭以认定所交付的商品是合格的,证明其已履行交货义务。

(2) 作为验收报关的有效凭证。许多国家为维护本国消费者利益,通常规定某些商品必须进行强制性检验检疫,如食品等。进口商必须出示出口地检验检疫机构签发的证明商品合格或符合国家进口标准的检验检疫证书才能通关,否则禁止进口。

(3) 作为结算货款的依据。许多产品的定价取决于商品的等级,或某些主要成分的含量。因此进出口合同中订有价格和金额的增减条款,以适应不同的检验检疫结果。在进口业务中,一般都根据检验检疫证书中标明的产品等级和主要成分含量,确定合适价格并计算出货值。

(4) 作为议付货款的一种单据。进口商为了把好产品质量关,往往要求出口商提供权威机构出具的检验检疫证书,并把其作为向银行议付货款的单据之一,如果检验检疫证书列明的项目或检验结果和信用证中的规定不符,开证行或付款行有权拒付货款。

(5) 作为索赔、仲裁、诉讼的佐证文件。货物在抵达进口地后一般都需要进行复验,以确定收货时的质量、数量、状况等,这样做既便于进口商转售商品,又可以在发现问题时提出异议。根据检验检疫结果,明确责任归属,提出赔偿要求。如需进行仲裁或诉讼,也必须提供检验检疫证书作为对货物缺陷、残损等事实的证明。

✍ 单证知识同步训练

一、单选题

1. 检验证书的签发流程为( )。

  A. 抽样—报检—检验—发证   B. 检验—报检—抽样—发证

  C. 报检—抽样—检验—发证   D. 发证—报检—抽样—检验

2. 国家质量监督检验检疫总局的英文缩写是( )。

  A. QSIQ   B. AQSIQ   C. AQSI   D. AQSIB

3. 品质证的英文名称是( )。

  A. QUALITY CERTIFICATE   B. WEIGHT CERTIFICATE

  C. CERTIFICATE OF ANALYSIS   D. CERTIFICATE OF QUANTITY

4. 用于证明出口的冻畜肉、冻禽、禽畜罐头、冻兔、皮张、毛类、绒类、猪鬃等动物产品或食品经过检疫合格的证书是( )。

  A. 熏蒸证书   B. 消毒检验证书   C. 健康证书   D. 兽医检验证书

5. 用于证明出口的粮谷、油籽、豆类等商品,以及包装用木材与植物性填充物等,已经过熏蒸灭虫的证书是（　　　）。

    A. 熏蒸证书   B. 消毒检验证书   C. 健康证书   D. 兽医检验证书

6. 法定检验检疫的出境货物，在报关时必须提供海关签发的（　　　），海关据此放行货物。

    A. 入境货物通关单   B. 通关单

    C. 出境货物通关单   D. 报关单

7. 法定检验检疫的入境货物，在报关时必须提供海关签发的（　　　），海关据此放行货物。

    A. 入境货物通关单   B. 通关单

    C. 出境货物通关单   D. 报关单

8. 对产地和报关地相一致的出境货物，经检验检疫合格的，海关签发（　　　）。

    A. 入境货物通关单   B. 出境货物换证凭单

    C. 出境货物换证凭条   D. 出境货物通关单

9. 熏蒸证必须由（　　　）签发。

    A. 出口商   B. 生产商   C. 海关   D. 进口商

10. 信用证中要求出具的下列检验证书，其中具有软条款性质的是（　　　）。

    A. Inspection Certificate of Quality and Quantity in duplicate issued by Tianjin Customs

    B. Clean Inspection Certificate issued, stamped and signed by the authorized signatures of DC applicant (Whose signatures must be in conformity with the record held in DC issuing bank's file and will only be verified by the office of the DC issuing bank at the time of presentation of documents) certifying that the goods have been inspected and accepted and showing the total number of inspection

    C. Pre-shipment inspection for quantity, quality, description, classification and price should be carried out by SGS for issuance of a Clean Report Of Findings (CRF). The final invoice and packing list shall be endorsed by SGS with number and date of issuance of the CRF which must accompany shipping documents

    D. Inspection Certificate issued by manufacturer acceptable

二、多选题

1. 检验检疫证书的签发机构可以是（　　　）。

    A. 官方   B. 非官方   C. 生产商   D. 进口商

2. 目前在国际上比较常见的民间商品检验机构有（　　　）。

    A. 瑞士通用公证行（SGS）   B. 英国英之杰检验集团（IITS）

    C. 美国安全试验所（UL）   D. 日本海事检定协会（NKKK）

3. 用于证明可供人类食用的出口动物产品、食品等经过卫生检验或检疫合格的证书是（　　　）。

    A. 卫生证书   B. 消毒检验证书   C. 健康证书   D. 兽医检验证书

4. 报检地与出境地不同的情况下，可凭（　　　）到出境地检验检疫机构换取正本通关单。

    A. 报关单   B. 换证凭单   C. 检验证书   D. 换证凭条

5. 检验证书的签发日期（　　　）。

    A. 可早于运输单据日期

    B. 可等同于运输单据日期

C. 可晚于运输单据日期

D. 可晚于运输单据日期但在证书中要注明是在装船前施检

三、判断题

1. 检验证书是各种进出口商品检验证书、鉴定证书和其他证明书的统称。　　（　）

2. 某些商品必须由出口国或进口国政府指定的机构检验后才能出口或进口，这种检验是非法定检验。　　（　）

3. 财产价值鉴定证书，是作为国际贸易当事人和司法、仲裁、验资等有关部门索赔、理赔、评估或裁判的重要依据。　　（　）

4. 经人工合成或经加热、加压等深度加工的胶合板、刨花板、纤维板等属于木制包装。
　　（　）

5. 出境货物的检验检疫工作程序是先检验检疫，后放行通关。　　（　）

6. 换证凭条可以一次报检，分批核销。　　（　）

7. 对于出口的法检商品，商检机构接受报验之后，可以派员赴货物存放地点进行现场抽样，也可以由报检单位送样至检验机构。　　（　）

8. 凡列入实施检验的进出口商品目录内的出口商品，经检验检疫机构检验合格后都必须签发检验证书。　　（　）

9. Legalized（认证）指有关文件由进口国驻出口国使、领馆或相关协会进行确认。
　　（　）

10. 检验证书的更改除在更正处加盖"更正"章外，还应加上"变更内容已经出单人授权"字样。　　（　）

单证技能进阶提高

一、动脑思考

1. 请利用网络查找换证凭单和换证凭条的相同点和不同点？

2. 中国光大贸易公司向德国出口一批商品，需用木制托盘，请问这种情况下出口商需提供哪些检验证书？如果托盘是用胶合板制成，是否仍需要此类证书？

3. 中国昌盛贸易公司向西班牙出口一批羊皮，请问出口商需提供哪些检验证书？

二、动手操练

作为泰佛贸易公司的单证员，请根据下面提供的信息，利用空白检验证书（样例3-7）缮制一份品质检验证书。

1. 出口商：

TIFERT TRADING CO.，LTD.

NO.86，ZHUJIANG ROAD，TIANJIN，CHINA

2. 运输标志：

BB CORP

S/C NO. HT222

LONDON

NO. 1-UP

3. 货物描述：

BEACH UMBRELLA ART NO. B68 200PCS USD10.00/PC

ART NO. B94 300PCS USD15.00/PC

CIF LONDON

PACKING IN CARTONS OF 10PCS EACH

4. 检验结果：

SAMPLES WERE DRAWN AT RANDOM FROM THE WHOLE LOT OF GOODS AND INSPECTED STRICTLY ACCORDING TO THE S/C NO. HT222

THE ABOVE RESULTS OF INSPECTION ARE IN CONFORMITY WITH THE REQUIREMENTS IN THE SAID CONTRACT

5. 签发地点：TIANJIN

6. 签证时间：MAY 10,2021

7. 签证机关有权签字人：李丽

8. 证书号：21TJCIQ0526

样例 3-7 空白检验证书

中华人民共和国出入境检验检疫   正　本
ENTRY-EXIT INSPECTION AND QUARANTITE
OF THE PEOPLE'S REPUBLIC OF CHINA   ORIGINAL

编号 No.：

QUALITY CERTIFICATE

发货人
Consignor _____

收货人
Consignee _____

品名 Description of Goods	标记及号码 Mark & No.
报检数量/重量 Quantity/Weight Declared	
包装种类及数量 Number and Type of Packages	
运输工具 Means of Conveyance	

检验结果
Result of Inspection

印章：　　　　　签证地点 Place of Issue _____ 签证日期 Date of Issue _____
Official Stamp
　　　　　　　　授权签字人 Authorized Officer _____ 签名 Signature _____

我们已尽所知和最大能力实施上述检验,不能因我们签发本证书而免除卖方或其他方面根据合同和法律所承担的产品质量责任和其他责任。

All inspection are carried out conscientiously to the best of our knowledge and ability. This certificate does not in any respect absolve the seller and other related parties from his contractual and legal obligations especially when product quality is concerned.

任务八　缮制原产地证书

 案例导入

　　我国某渔业发展有限公司申报进口原产于印度尼西亚的冻鱼一批,申请享受中国—东盟自由贸易区协定税率并提交中国—东盟自由贸易区项下印度尼西亚原产地证书。海关经审核发现,该原产地证书缺少签证机构签章及官员签名。企业称相关证书均由印度尼西亚出口企业向签证机构按正常程序申请,但无法解释证书缺少签章和签名的原因。海关启动境外核查程序,经印度尼西亚方面核实,该证书因签证机构工作人员失误导致填制不规范,认定证书无效,但相关货物能否享受协定税率交由中方判断。最后,海关判定企业不能凭该份填制不规范的无效证书享受协定税率,要求企业重新提交符合规定的原产地证书。

 思政分析

　　本案例的最大失误在印度尼西亚的签证机构工作人员疏忽,使原产地证书填制不规范,导致原产地证书无效,不能享受中国—东盟自贸协定项下冻鱼本该享受的优惠进口关税待遇。不得不要求进口商重新申请中国—东盟自贸协定项下优惠原产地证书格式 E,这样一来大幅延误了进口清关手续办理,产生了高额的港口费用。从中我们不难看出,严格按照原产地证书缮制规范申领原产地证,在国际贸易实际业务中是何等重要。因此,在实际业务中,我们一定要严格按照缮制规范缮制原产地证书的各个栏目,也应该按照要求对原产地证书进行签署和盖章并且签字和盖章都要清晰。总之,我们一定要重视交易的各个环节,不能有任何的疏忽,一定要弘扬大国工匠精神,养成一丝不苟的工作作风,唯有这样,才能避免不必要的损失。

 任务背景

　　张琳同学具体负责女童夹克衫的进料加工业务,该批夹克衫的面料为从日本进口的 100％全棉的斜纹,100％涤的里料及所有辅料全部从国内采购,面料虽从日本进口但缝制成的夹克衫成衣最终返销到日本,符合日本的原产地标准。为了证明货物的国籍以便在夹克衫到日本清关时享受最惠国待遇及正常进口关税税率,日本丸红株式会社通

> 过银行开立的信用证中明确规定议付货款须提交由天津海关签发的一般原产地证书作为结汇的单据之一。
>
> 张琳同学开始着手登录"中国国际贸易单一窗口",在网上申领一般原产地证书。

原产地证书是一种证明货物原产地或制造地的证件,是出口产品进入国际市场的"经济国籍"。主要用途是提供给进口国海关凭此确定货物的生产国别,从而核定进口货物应征收的税率,有的国家限制从某些国家或地区进口货物,也要求以原产地证书来证明货物的来源。原产地证书在国际贸易中扮演非常重要的角色,关系到货物通关所适用的进口关税税率,对提高我出口产品的竞争力具有非常重要的作用。原产地证书一般由出口地公证行或工商团体签发,在我国由各地海关或中国国际贸易促进委员会签发。

 ## 缮制原产地证书操作规范及样例

实训目的

◇ 熟悉并看懂相关信用证(合同)中有关原产地证书的条款;

◇ 掌握一般原产地证书和普惠制原产地证书缮制的规范和技巧;

◇ 学会独立缮制一般原产地证书和普惠制原产地证书。

操作前准备

◇ 出口商缮制妥的商业发票、装箱单;

◇ 查明出口货物的海关编码;

◇ 空白的原产地证申请书;

◇ 空白的原产地证书。

操作程序

◇ 仔细阅读信用证或合同对原产地证书的要求及相关附加指示,注意信用证特别要求加注的有关内容,如在原产地证书上是否要注明生产厂家的名称、地址、进口许可证号码、信用证证号等;

◇ 根据信用证或合同要求认真检查缮制原产地证书的各个栏目内容,做到准确、完整;

◇ 对照信用证或合同中的有关要求,检查是否做到单证(单同)相符,对照已缮制妥的商业发票、装箱单等结汇单据,检查是否做到单单相符。

一、一般原产地证书缮制规范

一般原产地证书缮制规范见表 3-4。

表 3-4　一般原产地证书缮制规范

项目顺序号	填写内容	要点提示
证书号码 Certificate no	证书号码	C＋年份(2 位数字)＋公司注册号(9 位数字)＋企业流水号(4 位数字)

项目顺序号	填写内容	要点提示
(1) 出口方 Exporter	此栏填写出口商的详细地址,包括街道名、门牌号码等	中国地名的英文译音应采用汉语拼音
(2) 收货方 Consignee	最终收货人名称、地址和国家(地区)名。通常是出口合同中的买方或信用证上规定的提单通知人	如信用证规定所有单证收货人一栏留空,在这种情况下,此栏应加注 To Whom It May Concern 或 To Order,但此栏不得留空
(3) 所知航运方式和航线 Means of transport and route	具体的装货港、卸货港名称及运输方式,若经转运,还应注明转运地	对输往内陆给惠国的商品,如瑞士、奥地利,由于这些国家没有港口,因此如系海运,都须经第三国,再转运至该国,在填写时应注明
(4) 目的地国家(地区) Country/region of destination	目的地国家(地区)的名称	一般应与最终收货人的国别相一致,不能填写中间商国家名称
(5) 签证机构用栏 For certifying authority use only	正常情况下证书申领单位应将此栏留空	由签证机构在签发后发证、补发证书或加注其他声明时使用
(6) 运输标志 Marks and numbers	与发票相同	不可简单填写"按照发票"(As Per Invoice No. ×××)或者"按照提单"(As Per B/L No. ×××)。货物如无唛头,应填写"NO MARK"字样,此栏不得空留
(7) 包装数量及种类、商品描述 Number and kind of packages; description of goods	按发票填写,包括商品的件数、货物描述及其他信用证需要显示的内容,并应加截止符	① 包装件数必须用大小写同时表示; ② 商品名称要填写具体,可以用统称,但不能过于笼统; ③ 如货物为散装,在商品名称后加注"In Bulk"字样; ④ 信用证有关产地证的特殊要求可以在此加列; ⑤ 不要遗落截止符(***),以防他人加添内容
(8) 商品编码 H. S. Code	此笔业务的商品的海关编码应与报关单一致	一般填写前 10 位,此栏不得空留
(9) 数量 Quantity	出口商品的数量及计量单位	如果只有毛重时,则需填 G. W.
(10) 发票号码及日期 Number and date of invoice	此笔业务的商业发票号码及日期	此栏不得留空,发票的日期和号码与申请签证时随附的发票的发票号一致,为避免对月份、日期的误解,月份一律用英文表示(可用缩写)表示
(11) 出口方声明 Declaration by the exporter	出口商所在地点及申报日期,由已在签证机构注册的人员签名并加盖有中英文的印章	此栏日期不得早于发票日期(第 10 栏)(最早是同日),盖章时应避免覆盖手签人姓名
(12) 由签证机构签字、盖章 Certification	签证地点、日期,签证机构签证人经审核后在此栏(正本)签名,并盖签证印章	本栏日期不得早于发票日期(第 10 栏)和申报日期(第 11 栏)

二、一般原产地证书样例

一般原产地证书见样例 3-8。

样例 3-8　一般原产地证书

ORIGINAL

1. Exporter TIFERT TRADING CO., LTD. NO. 86, ZHUJIANG ROAD, TIANJIN, CHINA	Certificate No. C214408000200001
2. Consignee MARUBENI CORP 5-7, HOMMACHI, 2-CHOME, CHUO-KU, OSAKA, JAPAN	**CERTIFICATE OF ORIGIN** **OF** **THE PEOPLE'S REPUBLIC OF CHINA**
3. Means of transport and route SHIPMENT FROM TIANJIN TO TOKYO BY SEA	5. For certifying authority use only
4. Country/region of destination JAPAN	

6. Marks and numbers	7. Number and kind of packages; description of goods	8. H. S. Code	9. Quantity	10. Number and date of invoices
MARUBENI S/C 21TF0858 TOKYO CTN 1-250	250(TWO HUNDRED AND FIFTY) CARTONS OF GIRL JACKET L/C NO. A-13-0058 NAME AND ADDRESS OF MANUFACTURER: NO. 1 GARMENT FACTORY 88, HONG XING ROAD, TIANJIN, CHINA *　　*　　*　　*　　*	6204320090	5,000PCS	TIFERT123456 APR. 15, 2021

11. Declaration by the exporter 　The undersigned hereby declares that the above details and statements are correct, that all the goods were produced in China and that they comply with the Rules of Origin of the People's Republic of China.	12. Certification 　It is hereby certified that the declaration by the exporter is correct.
TIANJIN　APR. 15, 2021 -------- Place and date, signature and stamp of authorized signatory	TIANJIN　APR. 15, 2021 -------- Place and date, signature and stamp of certifying authority

三、普惠制原产地证书缮制规范

普惠制原产地证书缮制规范见表 3-5。

表 3-5 普惠制原产地证书缮制规范

项目顺序号	填写内容	要点提示
证书号码 Reference number	证书号码	G＋年份(2 位数字)＋公司注册号(9 位数字)＋企业流水号(4 位数字)
(1) 出口商名称、地址和国家 Goods consigned from	出口商的详细地址,包括街道名、门牌号码等	中国地名的英文译音应采用汉语拼音
(2) 收货人名称、地址和国家 Goods consigned to	给惠国的最终收货人名称和详细地址	如果信用证未明确最终收货人,可以填写商业发票的抬头人,但不可填写中间商的名称
(3) 所知航运方式和航线 Means of transport and route	具体的装货港、卸货港名称及运输方式。若经转运,还应注明转运地	对输往内陆给惠国的商品,如瑞士、奥地利,由于这些国家没有港口,因此如系海运,都须经第三国,再转运至该国,在填写时应注明
(4) 供官方使用 For official use	正常情况下留空	特殊情况,签证当局在此栏加注
(5) 商品项目号 Item number	按不同品种、发票号等分列	单项商品,此栏填"1",如果有两项以上,按顺序填写 1、2、3……
(6) 唛头及包装号 Marks and numbers of packages	与发票相同	① 填写具体唛头,不可笼统填写成"As per Invoice No. ×××" ② 没有唛头,应填写"NO MARK"(N/M),不能留空
(7) 包装件数、包装种类及商品的名称 Number and kind of packages, description of goods	按发票填写,包括商品的件数、货物描述及信用证要求显示的内容,并应加截止符	① 包装件数必须用大小写同时表示 ② 商品名称要填写具体,可以用统称,但不能过于笼统 ③ 如货物为散装,在商品名称后加注"In Bulk"字样 ④ 信用证有关产证的特殊要求可以在此加列 ⑤ 不要遗落截止符(***),以防他人加添内容
(8) 原产地标准 Origin criterion	如不含任何进口成分,此栏填写"P"	本栏是国外海关审核的核心项目。对含有进口成分的商品,应按照正本原产地证书背面的标准分不同情况填写
(9) 毛重和其他数量 Gross weight or other quantity	商品的正常计量单位	以重量计算的则填毛重,只有净重的,填净重即可,但要标上 N.W.(NET WEIGHT),以公斤为单位
(10) 发票的日期和号码 Number and date of invoice	此笔业务的商业发票号码及日期	此栏不得留空,发票的号码和日期与申请签证时随附的发票一致,为避免对月份、日期的误解,月份一律用英文(可用缩写)表示

续表

项目顺序号	填写内容	要点提示
(11) 签证当局的证明 Certificate	填写签证地点、日期。海关签证人经审核后在此栏（正本）亲笔签名并盖签证印章	本栏日期不得早于发票日期（第 10 栏）和申报日期（第 12 栏）
(12) 出口商声明 Declaration by the exporter	在生产国横线上填写"中国"（China）。进口国横线上填最终进口国，进口国必须与第 3 栏目的国别一致	申请单位应授权专人在此栏手签，标明申报地点、日期，并加盖申报单位中英文印章，手签人手迹必须在海关注册备案。此栏日期不得早于发票日期（第 10 栏）（最早是同日），盖章时应避免覆盖进口国名称和手签人姓名

四、普惠制原产地证书样例

普惠制原产地证书见样例 3-9。

样例 3-9 普惠制原产地证书

1. Goods consigned from (Exporter's business name, address, country) TIFERT TRADING CO. , LTD. NO. 86, ZHUJIANG ROAD, TIANJIN, CHINA	Reference No. G214408000200001 **GENERALIZED SYSTEM OF PREFERENCES** **CERTIFICATE OF ORIGIN** (Combined declaration and certificate) FORM A
2. Goods consigned to (Consignee's name, address, country) SMART CHILD GARMENT CORP. RM801, HIGH STREET, TORONTO, CANADA	Issued in the People's Republic of China (country) See Notes overleaf
3. Means of transport and route (as far as known) SHIPMENT FROM TIANJIN TO TORONTO BY SEA	4. For official use

5. Item number	6. Marks and numbers of packages	7. Number and kind of packages; description of goods	8. Origin criterion (see Notes overleaf)	9. Gross weight or other quantity	10. Number and date of invoices
1	SMART S/C 21TF0868 TORONTO CTN 1-250	300(THREE HUNDRED) CTNS OF GIRL DRESS L/C NO. B-21-0068 NAME AND ADDRESS OF MANUFACTURER： NO. 1 GARMENT FACTORY 88, HONG XING ROAD, TIANJIN, CHINA	"P"	5,000PCS	TIFERT123466 APR. 25,2021
		＊　＊　＊　＊　＊			

11. Certification	12. Declaration by the exporter
It is hereby certified, on the basis of control carried out, that the declaration by the exporter is correct.  TIANJIN　APR. 25, 2021	The undersigned hereby declares that the above details and statements are correct, that all the goods were produced in  _____ (country) and that they comply with the origin requirements specified for those goods in the Generalized System of Preferences for goods exported to _____ CANADA _____ TIANJIN　APR. 25, 2021
Place and date, signature and stamp of certifying authority	Place and date, signature and stamp of authorized signatory

五、原产地证书操作注意事项

（1）当信用证要求提交原产地证明时，提交看似与所开发票的货物相关且证实货物原产地，并经签署的单据，即满足要求。

（2）当信用证要求提交特定格式的原产地证书，例如 GSP Form A 格式时，应当仅提交特定格式的单据。

（3）原产地证明应当由信用证规定的实体出具，当信用证没有规定出具人名称时，原产地证明可以由任何实体出具。

（4）当信用证要求提交由受益人、出口商或制造商出具的原产地证书时，只要原产地证明相应注明受益人、出口商或制造商，提交的原产地证书由商会或类似机构出具也满足要求。

（5）当信用证要求提交由商会出具的原产地证书时，提交的原产地证书由行会、行业协会、经济协会、海关和贸易部门等类似机构出具也满足要求。

（6）原产地证书应当看似与所开发票的货物相关联，例如，可以通过使用与信用证规定相符的货物描述，或与信用证所规定的货物描述不相矛盾的统称；或者援引其他规定单据或原产地证书不可分割的附件上的货物描述。

（7）当原产地证书显示收货人信息时，其不应与运输单据中的收货人信息相矛盾。但是，当信用证要求运输单据出具成"凭指示""凭托运人指示""凭开证行指示""凭指定银行（或议付行）指示"或"收货人为开证行"时，原产地证书可以显示收货人为信用证中除受益人以外的任何一个具名实体。当信用证已经转让时，收货人可以是第一受益人。

如果合同是通过中间商达成的，货物直运最终用户所在国，原产地证书的收货人应填写最终买主的名称和地址，处于商业秘密中间商可能不会告知出口方真正的最终买主，可以填写成 To whom it may concern 或 To order，不能填写成中间商。

（8）原产地证书可以显示信用证受益人或其他规定单据上所显示的托运人以外的实体为发货人或出口商。

（9）当信用证规定货物原产地而没有要求提交原产地证书时，规定单据上对货物原产地的任何援引不应与规定的原产地相矛盾。例如，当信用证规定"货物原产地：德国"而没有要求提交原产地证书时,任何规定单据显示了不同的货物原产地,将视为数据矛盾。

（10）只要原产地证书显示的出口商或发货人不是受益人,其就可以显示不同于其他一种或多种规定单据上注明的发票号码、发票日期和运输路线。发票日期的月份应该用英文的缩写表示,不要用六位阿拉伯数字填写以免产生异议。

（11）唛头一定要严格参照发票或提单填写,并且要与发票或提单中的唛头一致,不能简单填写成 As per invoice No. ××、As per B/L No. ×× 或留空。

（12）目的地国家、地区应该填写为最终用户所在国或所在地区名称,不能填写中间商所在国、所在地区名称。

（13）货物名称应该详细,详尽到在海关编码中能找到对应的 H. S. Code,不能太笼统,无须填写商品的牌号、等级等内容,出口货物的海关编码应能准确反映实际出运的货物。

（14）包装单位件数的大小写应该相符,最后不要漏写 ONLY 字样。

（15）信用证要求在原产地证书中要加注一些内容,如信用证证号、许可证证号、制造商或生产商的名称和地址等,应严格按要求填写,货物描述最后不要漏打"＊＊＊"以示结束。

（16）货物中如果含有进口成分（百分比）,在原产地标准中应填写正确的原产地标准代码,不能笼统填写"P",申领原产地证书同时有提交进口成分明细表。

（17）注意原产地证书上几个日期的逻辑关系,申领日期不能早于发票日期,可略晚,最早可以与发票日期同一天;签发日期不能早于申领日期,可略晚,最早可以与申领日期相同,同时注意签发日期也不能晚于装运日期,否则被视为后发证。

（18）证书内容过多有附页的情况下,附页要由签证机构签字盖章,同时也要盖骑缝章,以示其是证书的组成部分。

 **知识窗**

一、原产地证书的概念

原产地证书（certificate of origin）是一种证明货物原产地或制造地的证件,是出口商品在进口国通关和进口国海关核定进口货物应征税率的依据,是享受减免关税优惠待遇的凭证。

二、原产地证书的种类

原产地证书是一种证明货物原产地或制造地的证件,是出口产品进入国际市场的"经济国籍"和"护照"。主要用途是提供给进口国海关凭此确定货物的生产国别,从而核定进口货物应征收的税率,有的国家限制从某些国家或地区进口货物,也要求以产地证明书来证明货物的来源。原产地

图片:各种真实的原产地证书样例

证书一般由出口地公证行或工商团体签发,在我国由各地海关或中国国际贸易促进委员会签发。原产地证书的种类很多,签发机构和证书格式也不尽相同（表3-6）。

表 3-6　原产地证书一览表

证书种类	证书名称	证书代码	签发机构	证书格式
普通原产地证(非优惠)	一般原产地证书	C	贸促会、海关	专用格式
普遍优惠(单向)原产地证	普惠制原产地证书	G	海关	专用格式 A、59A 和 APR
区域性优惠(双向)原产地证	中国—东盟自由贸易区优惠原产地证书	E	贸促会、海关	专用格式
	中国—智利自由贸易区原产地证书	F	贸促会、海关	专用格式
	中国—巴基斯坦自由贸易区原产地证书	P	贸促会、海关	专用格式
	中国—新西兰自贸协定优惠原产地证书	N	贸促会、海关	专用格式或声明文件
	中国—新加坡自贸协定优惠原产地证书	X	贸促会、海关	专用格式
	中国—秘鲁自贸协定优惠原产地证书	R	贸促会、海关	专用格式或声明文件
	中国—哥斯达黎加自贸协定优惠原产地证书	L	贸促会、海关	专用格式
	亚太贸易协定优惠原产地证书	B	贸促会、海关	专用格式
	海峡两岸经济合作框架协议原产地证书	H	贸促会、海关	专用格式
	中国—冰岛自贸协定优惠原产地证书或声明	I	贸促会、海关	专用格式或声明文件
	中国—瑞士自贸协定优惠原产地证书或声明	S	贸促会、海关	专用格式或声明文件
	中国—韩国自贸协定优惠原产地证书	K	贸促会、海关	专用格式
	中国—澳大利亚自贸协定优惠原产地证书	A	贸促会、海关	专用格式或声明文件
	中国—格鲁吉亚自贸协定优惠原产地证书	GE	贸促会、海关	专用格式
	中国—马尔代夫自贸协定优惠原产地证书	MD	贸促会、海关	专用格式
	中国—毛里求斯自贸协定优惠原产地证书	MU	贸促会、海关	专用格式
	中国—柬埔寨自由贸易协定优惠原产地证书	CA	贸促会、海关	专用格式
	区域全面经济伙伴关系协定优惠原产地证书	RC	贸促会、海关	专用格式
	中国—尼加拉瓜自贸协定优惠原产地证书	NI	贸促会、海关	专用格式

　　需要注意的是,以上各证书代码只是签发机构为区别各种优惠证书自己编制的证书代号,并不是国际通用术语,各企业在与客户签订合同和要求国外客户开立信用证时注意避免使用上述非正式代号,而要正确标明正规区域名称的证书,否则使用非正式的简称,会给交

单结汇带来麻烦。

除以上三种原产地证书外,还有专用原产地证书,实际业务中用到较少,专用原产地证书的签证依据是我国政府与外国政府所签订的双边或多边协议,它是针对某一特殊行业的特定产品规定的原产地证书,这些产品应符合特定的原产地规则才能合法进出口。如输欧盟非优惠进口特别安排项下产品原产地证书、各国烟草真实性证书、输墨西哥瓷砖价格承诺原产地证书、输巴基斯坦瓷砖价格承诺原产地证书等。

在国际贸易实务中选择哪一种产地证,应根据信用证或合同规定确定。一般货物出口到实行普惠制待遇的国家,都要求出具普惠制产地证明书。一般货物出口到与中国政府间签订有区域性优惠贸易安排或协议的国家或地区,都要求出具区域性优惠原产地证书。如果信用证并未明确规定原产地证书的出具者,银行应该接受任何一种原产地证明书。现在我国多数出口企业习惯于使用贸促会出具的一般原产地证书。

三、原产地证书网上申领流程及操作说明

1. 原产地证书网上申领流程

中国国际贸易单一窗口是由国家口岸管理办公室牵头各部委统筹建设的一个公益性政务信息服务平台,是以科技创新为引领,"互联网+"、大数据、云计算等新技术与口岸通关业务深度融合的典范。单一窗口标准版2017年年底前在全国成功推广应用,解决了我国目前存在的多窗口、多平台申报进出口通关问题,实现外贸企业一个"门户"入网、一次认证登录、"一站式"通关服务,优化了口岸业务流程,减少了数据重复输入,降低了单据的差错率,实现了让数据多跑路,让企业少奔波,突破了时间和空间限制,从而提高进出口申报效率,缩短进出口通关时间,降低企业运营成本,大幅促进了贸易便利化。可以实现的功能包括:在线申请海关或者贸促会签发的所有原产地证书、通过计算机及微信小程序查看海关的审核结果、证书套打和自助打印、审核回执微信和短信订阅推送、业务量统计并支持与企业ERP系统对接。2020年年底前,单一窗口功能将由口岸通关执法环节继续向前置和后续环节拓展,进而覆盖国际贸易链条各主要环节,实现与"一带一路"沿线主要国家"单一窗口"互联互通,使单一窗口成为我国全面参与塑造国际经济治理新格局的重要贸易基础设施。

企业登录中国国际贸易单一窗口(https://www.singlewindow.cn/)后,单击上面的"标准版应用"栏目,或选择"海关原产地证申请",或选择"贸促会原产地证申请"。首先用企业管理员账号进行企业信息备案,企业信息验证通过后,再提交商品备案申请,商品信息审核通过后,企业方可进行原产地证书网上申领,平台审核证书信息后发送审核回执,企业接收通过回执,自助打印原产地证书。原产地证书网上申领流程见图3-5,企业实现了足不出户申领原产地证,大幅提高了证书申领速度,同时也大幅降低了成本。

2. 原产地证书网上申领操作说明(以海关原产地证申请为例)

1) 登录"中国国际贸易单一窗口"

打开"单一窗口"标准版门户网站(https://www.singlewindow.cn,见图3-6),单击门户网站"标准版应用"页签,单击"原产地"按钮,选择"海关原产地证申请"选项,进入"单一窗口"登录界面(图3-7)。

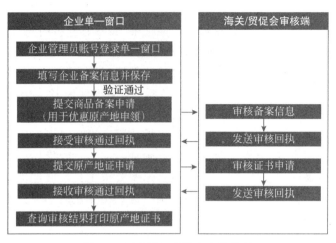

图 3-5 原产地证书网上申领流程

视频:原产地证书
申报—操作演示
(来源:国际贸易
单一窗口)

图 3-6 "单一窗口"标准版界面

图 3-7 "单一窗口"登录界面

在图 3-7 中输入已注册成功的用户名、密码与验证码,单击"登录"按钮即可进入"原产地证申报"系统。新用户可单击登录界面中的"立即注册"按钮进行注册。选择"注册""企业用户注册""无卡用户注册"选项;进入系统填写带星号的内容。填写好后,将企业法人营业执照正本或副本扫描件、对外贸易经营者备案登记表正本或副本(如有)扫描件、公章扫描件和企业中英文章(仅包含企业中文英文名称)上传,填写上传完成后,审核无误提交。

2)备案号维护

自理申报企业应首先输入保存海关产地证备案号,才能进行"初始值设置""新建证书"等操作。单击左侧菜单"备案号维护",在界面中输入 9 位或 18 位备案号(图 3-8),单击"保存"按钮后重新登录"原产地证申报"系统。

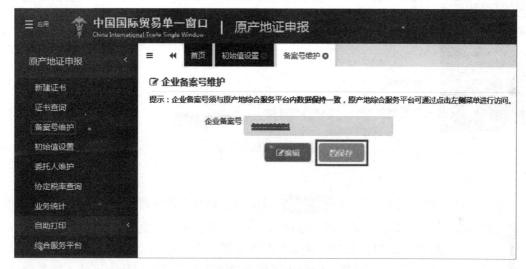

图 3-8　备案号维护

"产地证备案号"输入并保存成功,重新登录"原产地证申报"系统后,新建证书时,界面中的"产地证备案号""组织机构代码"和"公司中文名称"直接返填(图 3-9)。

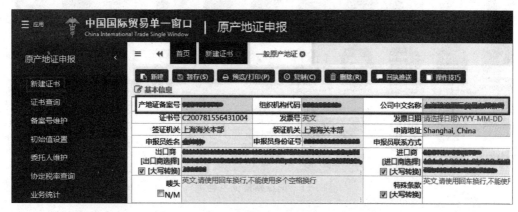

图 3-9　新建证书界面

3)初始值设置

"备案号维护"完成并重新登录系统后,自理企业可设置原产地证初始值,如签证机关、领证机关、申请地址、出口商英文、申报员身份证号等。在新建证书时,界面中的相关信息将自动返填,减少了常用信息的输入操作,提升了输入效率及申报准确率(图 3-10)。

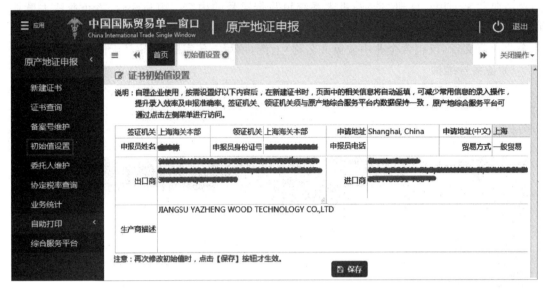

图 3-10　初始值设置

4)新建证书

单击左侧菜单"新建证书"按钮 ，系统首先会弹出所有可以申领的原产地证书的种类(图 3-11),企业可根据需要选择一般原产地证书、普惠制原产地证书或区域性优惠原产地证书。"新建证书"界面为企业提供各类原产地证书的输入、暂存、复制、删除、预览/打印、申报等功能。单击界面上方"新建"按钮,系统将自动清空当前界面内所有已输入的数据,便于用户重新输入新的证书。

图 3-11　选择新建证书种类

现以一般原产地证为例,讲解原产地证书的网上申领,其他原产地证书操作流程相似,不再一一赘述。

一般原产地与其他原产地证一样,界面分成"基本信息"和"货物信息"两部分内容。

（1）基本信息。在图 3-11"新建证书"种类界面中，选择"一般原产地证"后进入"基本信息"输入界面（图 3-12），如果企业事先进行了备案号维护和初始值设置，产地证备案号、组织机构代码、公司中文名称、签证机关、领证机关、申请地址、申报员姓名、申报员身份证号、贸易方式，乃至出口商、进口商和生产商的信息都自动返填到相应的输入框中，其他栏目根据当地海关的要求，填写相关内容。注意，输入信息界面中，带有黄色底图的字段为必填项，否则无法进行保存。

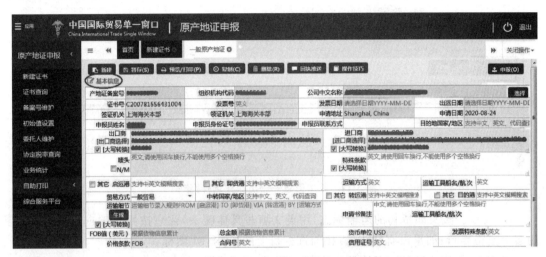

图 3-12　一般原产地证——基本信息界面

① 证书号。系统按照"证书类型代码＋2 位年份＋产地证备案号＋4 位自编流水号"自动生成证书号，4 位自编流水号按照相同证书类型和相同年份，从 1 开始自动计值。证书号生成后，仍可修改。

② 发票号。企业按照自身的编排规则据实用英文进行填写。

③ 日期类字段（如发票日期、出运日期、申请日期）。单击输入框后，在系统自动弹出日历中选择日期，也可手动输入自己所需要的日期。

④ 系统返填字段。关于签证机关、领证机关、申请地址、申报员姓名、申报员身份证号、申报员联系方式等信息，企业完成初始值设置后，系统会自动返填，无须重复输入。

⑤ 目的地国家/地区。单击输入框中后，系统会弹出"目的地国家/地区"下拉框（图 3-13），企业可自行查询，单击某一行即可完成选择。同时该栏目支持中文、英文或代码查询，这样更为快捷。

⑥ 出口商/进口商。单击该输入框，企业可以直接输入出口商/进口商信息，也可在"出口商选择/维护"里填写"企业简称""出口商"信息，单击"保存"按钮后出口

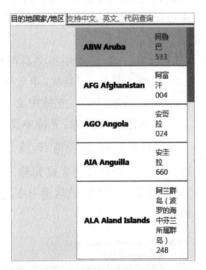

**图 3-13　基本信息——
目的地国家/地区下拉框**

商信息会显示在出口商列表里,双击列表可将数据返填在"出口商"输入框内,如下次出口商相同,可直接在"出口商选择/维护"里找到相同的数据双击返填("进口商选择/维护"同上),可减少常用信息的输入,提高输入效率(图3-14)。

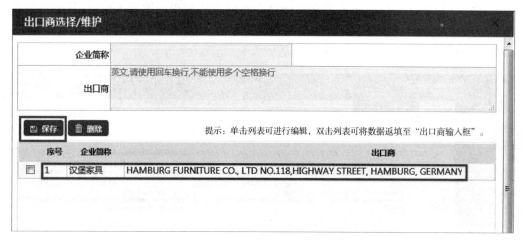

图3-14　基本信息——出口商选择/维护

　　⑦ 唛头。唛头即货物的运输标志,用英文填写具体唛头,注意按回车键进行换行,不能用多个空格换行;如果没有唛头,直接勾选栏目上的 ☑N/M 图标。

　　⑧ 特殊条款。如果原产地证上有特殊要求,企业用英文直接输入在该栏目中。注意,一定要单击回车键进行换行,不能用多个空格换行。如需大写,可在左侧[大写转换]复选框内打钩。

　　⑨ 运输细节。

　　a. 启运港和卸货港:均支持中英文模糊搜索,如果下拉框中没有对应的港口,企业可以勾选启运港和卸货港左边的"其他"复选框,自行按照"港口＋英文逗号＋空格＋国别"格式填写。

　　b. 运输方式:企业用英文自行填写。如海运填写成 BY SEA,空运填写成 BY AIR。

　　c. 运输工具船名/航次:企业按照实际订舱情况用英文填写。

　　d. 中转国家/地区:支持中文、英文及代码查询。

　　e. 转运港和目的港:支持中文、英文模糊搜索。

　　填写好启运港、卸货港、运输方式等,单击"运输细节"字段下面的"生成"按钮 生成 ,填写过的信息将会被自动生成到输入框中(图3-15),"运输细节"输入的规则为 FROM[启运港]TO[卸货港]VIA[转运港]BY[运输方式]。如需大写,可在左侧的[大写转换]复选框内打钩。

图3-15　基本信息——运输细节生成

⑩ 贸易方式。若企业事先做好初始值设置，"贸易方式"中的内容系统会自动返填。否则，企业单击"贸易方式"，弹出"贸易方式"下拉框（图 3-16），企业根据业务实际选填贸易方式即可。

⑪ 申请书备注。企业申领原产地证书时，需要提交原产地证申请书与商业发票，如果原产地证申请书上需要添加额外信息，在该栏目企业可以用中文输入，同样要注意单击回车键进行换行，不能用多个空格换行。

⑫ 总金额及特殊条款等。

a. FOB 值（美元）、总金额。企业填写完货物信息后，系统自动累计。

b. 货币单位。将鼠标指针置于该栏目，系统自动提示常用的货币代码，按照业务实际企业自行选择。

c. 发票特殊条款。根据业务需要，企业据实用英文填写。

d. 价格条款。依据业务实际，填写常用的贸易术语，如 FOB、CFR 和 CIF 等。

e. 合同号和信用证号。不是必填栏目，可以根据业务实际用英文填写。

将基本信息输入完毕，单击"一般原产地证"→"基本信息"界面上方的"暂存"按钮 🖫 暂存(S) ，企业之前填写的数据将被系统保存（图 3-17），单击左侧菜单"证书查询"即可查询到之前输入并暂存的数据。

贸易方式	▼
1	一般贸易
10	无偿援助
2	来料加贸易
3	进料加工贸易
33	边民互市
34	小额贸易
4	外商投资
5	易货贸易
6	补偿贸易
7	边境贸易

图 3-16 "贸易方式"下拉框

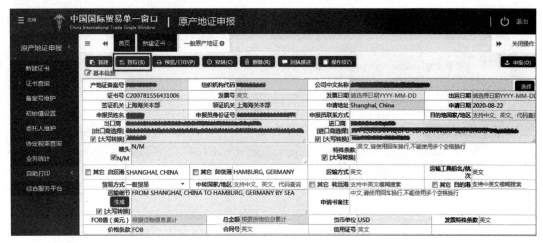

图 3-17 一般原产地证——基本信息暂存

（2）货物信息。企业输入"基本信息"后，单击"暂存"按钮，继续输入"货物信息"（图 3-18）。

① H.S. 编码。H.S. 编码不能留空，根据企业实际经营的产品，填写正确的海关编码，编码最长为 10 位。

单击 H.S. 编码旁的[选择]按钮（图 3-19），进行"货物选择/维护"（图 3-20），带黄色底图为必填项，可根据当地海关的要求手动输入后单击"保存"按钮，以便有相同货物时，直接双击列表里的货物信息将数据返填至货物信息界面，可提高输入效率。

图 3-18　一般原产地证——货物信息界面

图 3-19　HS 编码选择按钮

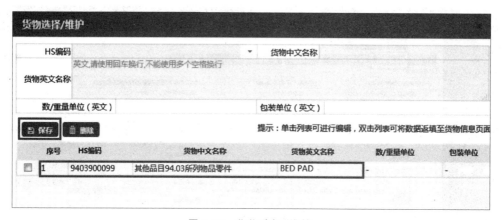

图 3-20　货物选择/维护

　　② 原产地标准和原产地标准辅助项。一般原产地无须选择,普惠制优惠原产地证和区域性优惠原产地证根据系统提示的原产地标准填写说明(图 3-21)正确填写此栏目,它是原产地证的核心,关系到出口的产品在进口国海关清关时能否享受优惠点关税待遇,非常重要。

　　③ 非原产成分。此栏目为必填项,企业应据实填写非原产成分。如果没有非原产成分,填写"0"。

　　④ 序号。企业出口产品的项目号,依据出口产品的种类的多少,序号依次为1、2、3 等。

　　⑤ 货物中文名称。用中文填写产品名称,如果品名过长,一定要按回车键换行,不能用多个空格换行。

原产地标准详情

是否完全原产	原产地标准	原产地标准辅助项	适用国家/地区
完全原产	原产地标准选“P”	-	加拿大
非完全原产	进口成分价值不超过包装完毕待运加拿大的产品出厂价的40%，原产地标准选“F”	-	加拿大
完全原产	原产地标准选“P”	-	澳大利亚，新西兰
非完全原产	本国成分价值不小于产品出厂价的50%，原产地标准留空	-	澳大利亚，新西兰
完全原产	原产地标准选“P”	-	白俄罗斯、俄罗斯联邦、哈萨克斯坦、乌克兰、亚美尼亚、吉尔吉斯斯坦
非完全原产	原产地标准选“Y”	填写进口成分占产品离岸价的百分比（百分比需小于等于50%）	白俄罗斯、俄罗斯联邦、哈萨克斯坦、乌克兰、亚美尼亚、吉尔吉斯斯坦
非完全原产	进口成分价值不超过产品离岸价格的50%，在一个受惠国生产而在另一个或数个其他受惠国制造或加工的产品，原产地标准选“PK”	-	白俄罗斯、俄罗斯联邦、哈萨克斯坦、乌克兰、亚美尼亚、吉尔吉斯斯坦

图 3-21　原产地标准填写说明

⑥ 货物英文名称。用英文填写产品名称，如果品名过长，一定使用回车键换行，不能使用多个空格换行。

⑦ 包装件数及英文单位。货物的包装件数用阿拉伯数字填写即可，单击“英文单位”框，系统自动弹出可供选择的包装单位。

⑧ 数/重量单位、英文单位和中文单位。货物的数量用阿拉伯数字填写即可，单击“英文单位”框，系统自动弹出可供选择的数/重量的英文单位和中文单位。

⑨ 辅助数量/单位及第二辅助数量/单位。操作方法同数/重量单位、英文单位和中文单位。

⑩ 发票单价及发票金额。企业据实填写买卖双方成交的单价，然后系统依据上述填写的数/重量，自动生成发票金额。如果买卖双方采用的是 FOB 贸易术语成交，系统就会自动显示(FOB)发票金额；如果买卖双方采用的是 CIF 贸易术语成交，系统就会自动显示(CIF)发票金额。

⑪ FOB 值(美元)。如果企业按照 FOB 贸易术语成交且用美元计价，那么该栏目显示的 FOB 值与发票金额一致；如果企业不是按照 FOB 贸易术语成交，也不是按美元计价，企业需要扣除海运费、保费等费用后，将其他货币计价的金额折算成等值的美元金额后填写在此栏目。

⑫ 货物描述。企业可以自行输入货物描述，也可以单击“货物描述”下的“生成”按钮自动生成货描(图 3-22)。其生成规则为“包装件数英文(包装件数数字)包装单位 OF 货物的英文名称”。

货物中文名称	床垫						货物英文名称	BED PAD
包装件数	600	CARTON	数/重量单位	600	PCS	件	货物描述 生成	SIX HUNDRED (600) CARTONS OF BED PAD
辅助数量/单位	数字	英文单位	第二辅助数量/单位	数字		英文单位		
发票单价	5		(FOB) 发票金额	3000		USD		

图 3-22　货物描述自动生成

⑬ 生产商代码、生产商名称、联系人及联系电话。企业可以直接输入生产商代码、生产

商名称等信息,也可单击"生产商代码"下的[选择]按钮(图 3-23),进行"生产企业选择/维护"(图 3-24),社会信用代码、组织机构代码和企业名称为必填项,联系人和联系电话在"生产企业选择/维护"界面虽然为选填项,但企业联系人和联系电话在"货物信息"界面却是必填项,最好一并填写,填写完成后单击"保存"按钮,生产企业列表中就会显示出来,单击列表可进行编辑,双击列表可将数据返填到"生产企业信息"界面,可提高输入效率。

生产商代码 [选择]	211234578	FOB值(美元)	数字	USD	
生产商名称	南通家具有限公司	联系人	王海波	联系电话	13811111111

图 3-23　生产商代码"选择"按钮

图 3-24　生产企业维护/选择

企业输入完基本信息和货物信息后,单击"货物信息"界面的"保存"按钮,数据被保存至列表中,具体显示见图 3-25。企业添加或修改货物信息后,务必单击"保存"按钮。

图 3-25　一般原产地证保存界面

　　企业可基于已经暂存后的原产地证书生成新的原产地证书,在"原产地证申报"界面单击右侧上方"复制"按钮 ⊙ 复制(C) ,系统出现如图 3-26 所示提示框,单击"确定"按钮,将跳转到一票新建的数据,企业无须重复输入数据。

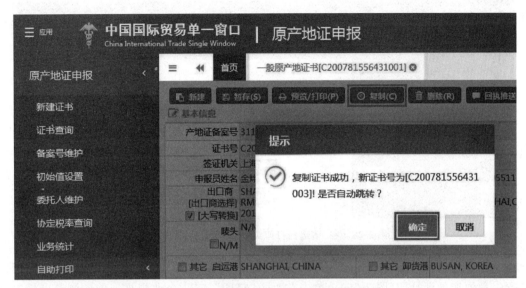

图 3-26　一般原产地证复制证书成功提示

　　企业可对暂存状态和退证状态的原产地证书数据进行删除操作。单击"新建证书"界面上方"删除"按钮 🗑 删除(R) ,系统将提示用户是否删除当前数据(图 3-27),删除的数据将不可恢复,需重新输入,请谨慎操作。

图 3-27　一般原产地证删除确认提示框

　　创建完证书后就可以打印证书。单击右侧上方"预览/打印"按钮 🖨 预览/打印(P) ,系统弹出"请选择打印类型"界面(图 3-28),也可以把鼠标指针放在"打印格式"的单选按钮上,提示该模式的功能。例如,选择"打印格式"为"标准模式",选择"打印类型"为"证书",可以进行"证书预览",也可以进行"下载打印",然后送签证机关签署证书。

图 3-28 在"请选择打印类型"界面选择证书打印

目前仅证书支持套打格式,申请书和发票无套打格式。单击"下载打印"按钮后,界面跳转至一般原产地证打印(图 3-29)。单击右上角"打印"按钮,企业根据当前的浏览器设置或打印机实际情况进行打印即可。如未输入或保存任何数据,系统不提供打印空白原产地证书的功能。

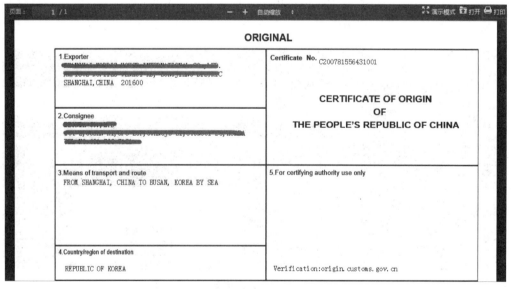

图 3-29 一般原产地证打印

打印申请书的操作步骤如下。单击右侧上方"预览/打印"按钮,系统弹出"请选择打印类型"界面,选择"打印类型"为"申请书"(图 3-30)。单击"打印"按钮后,界面跳转至一般原产地证申请书打印(图 3-31)。单击右上角"打印"按钮,根据您当前的浏览器设置或打印机实际安装情况进行打印即可。如未输入或保存任何数据,系统不提供打印空白申请书的功能。

图 3-30　在"请选择打印类型"界面选择申请书打印

图 3-31　一般原产地证申请书打印

打印发票的操作步骤如下。单击右侧上方"预览/打印"按钮,系统弹出"请选择打印类型"界面,选择"打印类型"为"发票"(图 3-32)。单击"打印"按钮后,界面跳转至一般原产地证发票打印(图 3-33)。单击右上角"打印"按钮,根据您当前的浏览器设置或打印机实际安装情况进行打印即可。如未输入或保存任何数据,系统不提供打印空白发票的功能。

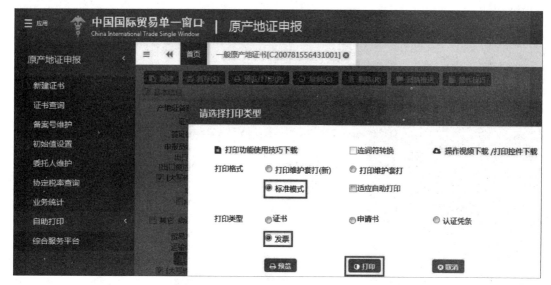

图 3-32　在"请选择打印类型"界面选择发票打印

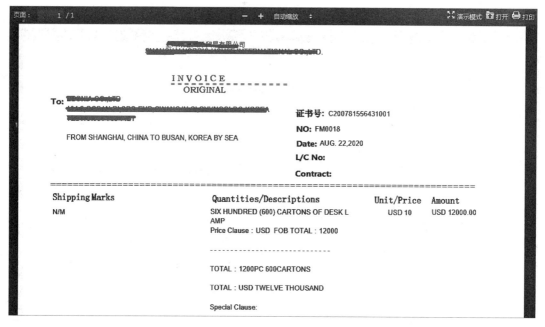

图 3-33　一般原产地证发票打印

　　打印认证凭条的操作步骤如下。单击右侧上方"预览/打印"按钮,系统弹出"请选择打印类型"界面,选择"打印类型"为"认证凭条"(图 3-34)。单击"打印"按钮后,界面跳转至一般原产地证认证凭条打印(图 3-35)。单击右上角"打印"按钮,根据当前的浏览器设置或打印机实际安装情况进行打印即可。如未输入或保存任何数据,系统不提供打印空白认证凭条的功能。

图 3-34 在"请选择打印类型"界面选择认证凭条打印

图 3-35 一般原产地证认证凭条打印

企业输入完"基本信息"和"货物信息"字段数据后,在一般原产地证——基本信息中,通过单击右上方的"申报"按钮 **± 申报(O)** 进行申报(图 3-36)。各字段数据通过了逻辑规则校验,可将原产地证书数据申报到海关进行受理,并等待其审批,企业可以到"证书查询"界面单击"单据状态",查看该票数据的海关审核回执。

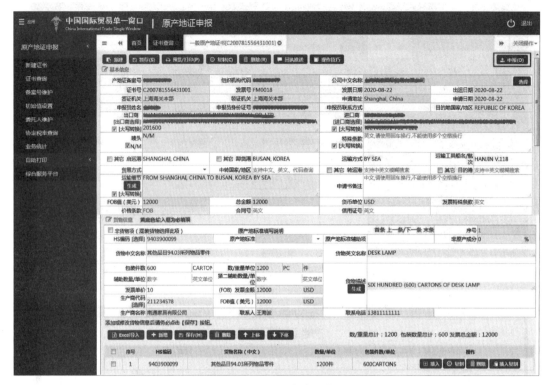

图 3-36　一般原产地证申报

　　企业可以使用"单一窗口"标准版的信息订阅推送功能,完成原产地证书申报后审核回执的推送,以便及时掌握审核状态,安排后续作业。单击"新建证书"界面中的"回执推送"按钮 💬 回执推送 可下载操作手册,根据操作手册完成信息订阅后,就可接收审核回执(图 3-37)。

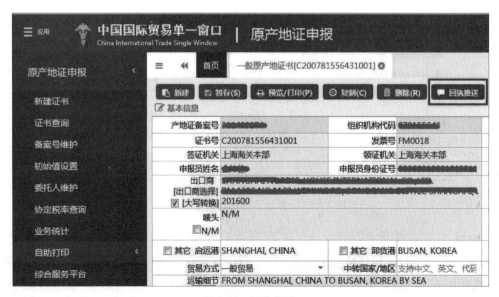

图 3-37　回执推送

5）证书查询

在"原产地申报"界面单击左侧菜单"证书查询"，根据查询条件可以查询筛选证书列表，单击"重置"按钮可清空查询条件，重新填写查询条件再次查询。

查询结果最右边第一列为"单据状态"，如暂存、数据接收成功、退证、审核通过等，单击某行中的具体状态，可以看到该单据的海关回执（图 3-38）。

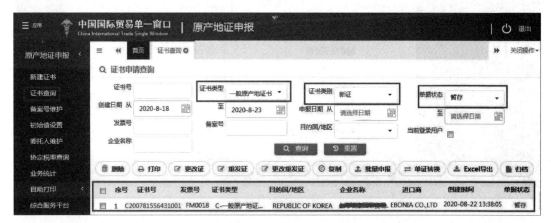

图 3-38　证书状态查询界面

6）自助打印

随着"一带一路"倡议和国家自贸区战略的加快实施，出口原产地证书在提升中国产品的国际竞争力方面的作用日益凸显，企业对原产地证书的线上申领需求与日俱增。因此，尽快在国际贸易"单一窗口"中建设原产地证书自助打印系统，实现企业原产地证书申领完全电子化，企业实现"足不出户"直接使用彩色打印设备在 A4 纸上自行打印带有底纹、企业签章及签名、海关签章及签名的原产地证书的申领模式，对于营商环境优化和企业获得感提升将具有显著的促进作用，原产地证书自助打印流程见图 3-39。

1. 上传印章及申报员签名　　2. 印章及签名授权　　3. 安装打印控件　　4. 证书打印

图 3-39　原产地证书自助打印流程

（1）上传印章及申报员签名。使用电子口岸法人卡登录本系统，单击左侧菜单"印章管理"，根据操作手册进行印章及签名的上传。

① 印章制作。企业单击"印章管理"，在"印章制作"界面中，单击"新增印章"按钮（图 3-40），系统会自动弹出"印章采集注意事项"提示框（图 3-41），关闭提示框，将真实印章盖在 A4 纸中间，扫描成 JPG 图片，保证印章图片的清晰度和完整性没有问题，选择"真实印章图片"，单击界面下方"保存印章"按钮，输入正确的法人卡密码，即完成了印章的制作。

如果对之前上传的印章不满意，可选择该印章，在图 3-42 中依次操作"停用印章""删除印章"，然后"新增印章"。

图 3-40　新增印章

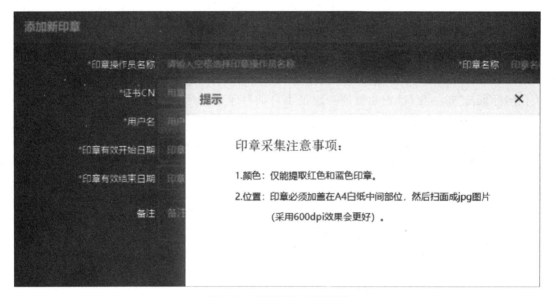

图 3-41　印章采集注意事项

图 3-42　重新制作印章

　　② 签名制作。在"签名制作"界面中,单击"新增签名"按钮(图 3-43),系统会自动弹出

"手签采集注意事项"提示框(图3-44),关闭提示框,完成申报员签名书写和扫描,保证手签图片的清晰度和完整性没有问题,单击选择签名,弹出选择框,若预览签名的扫描图片没有问题,单击界面下方"保存签名"按钮,即完成了签名的制作。

图 3-43　新增签名

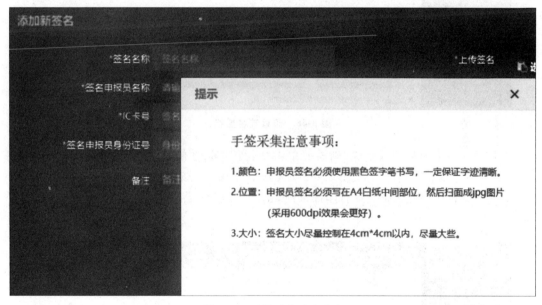

图 3-44　手签采集注意事项

如果对之前上传的签名不满意,可选择该签名,在图3-45中依次操作"停用签名""删除签名",然后"新增签名"。

图 3-45　重新制作签名

（2）印章及签名授权。使用电子口岸法人卡登录本系统，单击"印章签名授权"，在界面中设置好默认印章及签名后，单击下方"授权"按钮（图3-46），这样企业就将电子印章及手签员签名笔迹信息授权给原产地证书管理系统使用。

图 3-46　印章签名授权

若印章和签名有修改或删除，则需要单击"刷新"按钮才能获取最新的印章和申报员签名，首次上传印章和签名成功后进入该界面无须单击"刷新"按钮。

（3）安装打印控件。企业在打印证书前，在"证书打印"界面，需要下载并安装打印控件（图3-47）。

图 3-47　安装打印控件

（4）证书打印。印章及签名授权成功后，海关将审批通过的可自助打印的原产地证书发送至本系统，企业可使用用户名密码方式登录系统，查询出需要打印的证书，进行自助打印操作。

企业登录自助打印系统后,查询在多个平台申报的可自助打印的原产地证书,系统根据登录人权限展示相应的证书列表,查询需要打印的证书状态(图 3-48),审核通过后即可使用彩色双面打印机自助打印原产地证书。

图 3-48　自助打印原产地证书

打印完成后,界面会给出打印是否成功的提示。若成功,请务必单击"是"按钮;否则会影响清关。若长时间没有打印出正本,请务必单击"否"按钮,系统将跳转到打印异常申请界面,同时会将本次打印结果告知海关。企业若因初次操作失误或打印机设置等原因没有正常打印出证书,但打印状态变成了已打印,可以通过打印异常申请再次打印证书正本。

四、原产地证书的作用

原产地证书是国际贸易当事人交接货物、结算货款、进口国通关验收、征收关税的有效凭证,它还是出口国享受配额待遇、进口国对不同出口国实行不同贸易政策的凭证,其作用表现在以下几点。

(1)确认进口货物的真正原产地,以此确定进口货物通关计税的依据,有些国家进口实行复式税率,根据原产地的不同实行差别关税。

(2)确认货物原产地的依据,用以证明哪些出口商品符合原产地标准,特别是含有进口成分的复出口商品的原产地资格。

(3)确认进口货物能否享受优惠关税税率,在订有互惠条约国家或区域间的贸易,可凭原产地证书享受优惠关税。如对于实施普遍优惠制的国家,进口商凭 Form A 原产地证书享受进口关税优惠。

(4)进行国家贸易统计和制定政策的依据,通过调整对外贸易政策、控制进口配额来放宽或限制某些商品进口。

(5)实施进口数量控制、反倾销、反补贴等外贸措施的依据,同时也是控制从特定国家进口货物,确定是否准予放行的依据。

(6)用来作为办理领事认证的必要凭证。凡是需要两份或三份原产地证明书的进口国,均要求原产地证书需经其对外机构的领事部门办理认证,由领事部门保留一份原产地证明书的复印件。

✎ **单证知识同步训练**

一、单选题

1.（　　）是出口国的特定机构出具的证明所出口货物为该国家（或地区）原产的一种证明文件。

　　A. 商业发票　　　　B. 原产地证书　　　C. 海运提单　　　　D. 领事发票

2. 根据我国有关规定，出口企业最迟应于货物出运前（　　）天，向签证机构申请办理原产地证。

　　A. 1 天　　　　　　B. 2 天　　　　　　C. 3 天　　　　　　D. 4 天

3. 目前出口到世界上大部分国家、地区的商品只要符合中国原产地规则都可以申领（　　）。

　　A. FORM A 原产地证书　　　　　　B. 一般原产地证书

　　C. 区域性原产地证书　　　　　　　D. 纺织品原产地证书

4. 原产地证书签发后，如果发现有错误，（　　）。

　　A. 可以申请在原证书上更改

　　B. 一旦签发不能更改

　　C. 出口商可自己更改

　　D. 可以提出更改申请，并退回原签发证书，换发新证

5. 原产地证书签发后，如果遗失，（　　）。

　　A. 不能补发新证

　　B. 出口商可自行签发代替

　　C. 经签证部门同意可以重发证书

　　D. 无须经签证部门同意就可重新申领新证

6. GSP CERTIFICATE OF ORIGIN 表示（　　）。

　　A. 一般原产地证书　　　　　　　　B. 欧共体纺织品专用产地证

　　C. 普惠制原产地证书　　　　　　　D. 对美国出口纺织品声明书

7. 普惠税是指（　　）。

　　A. 发展中国家给予发达国家的优惠进口关税

　　B. 发达国家给予发展中国家的优惠进口关税

　　C. WTO 成员方之间相互给予的优惠进口关税

　　D. 自由贸易区成员国之间相互给予的优惠进口关税

8. 普惠制产地证主要有三种形式，其中（　　）使用范围较广。

　　A. 普惠制产地证明书　　　　　　　B. 普惠制产地证明书格式 59A

　　C. 普惠制产地证书格式 APR　　　　D. 普惠制产地证明书格式 A

9. 出口业务中，国外客户若要求出口方提供"GSP"产地证。在我国这种证书的签发机构是（　　）。

　　A. 中国海关　　　　　　　　　　　B. 中国国际贸易促进委员会

　　C. 行业公会　　　　　　　　　　　D. 国际商会

10. H. S. Code(H. S. 编码)是海关合作理事会( )的英文缩写。

    A. 进出口商品的目录对照表   B. 《商品名称及编码协调制度》

    C. 《跟单信用证统一惯例》   D. 《2010 年国际贸易术语解释通则》

二、多选题

1. 出口企业申请办理一般原产地证书时应提供的文件有( )。

    A. 一般原产地证明书申请单   B. 中华人民共和国原产地证明书

    C. 商业发票   D. 保险单

2. 原产地证书是由出口国政府有关机构签发的一种证明货物原产地或制造地的证明文件,通常多用于不需要提供( )的同家或地区。

    A. 海关发票   B. 领事发票   C. 证实发票   D. 联合发票

3. 一般原产地证书是证明出口商品的生产地,并符合《中华人民共和国出口货物原产地规则》的一种文件,如果信用证或合同对签证机构未作具体规定,一般由( )签发。

    A. 中国海关   B. 中国国际贸易促进委员会

    C. 国际商会   D. 出口商所在地银行

4. 出口企业在向签证机构申领普惠制原产地证书 Form A 时,应递交的文件有( )。

    A. 普惠制产地证书申请书   B. 普惠制产地证书 Form A

    C. 商业发票   D. 签证机构要求的其他文件

5. 一般原产地证书是证明货物原产于某一特定国家或地区,享受进口国正常关税(最惠国)待遇的证明文件,其主要作用是( )。

    A. 征收关税   B. 贸易统计

    C. 歧视性数量限制   D. 反倾销和反补贴

三、判断题

1. 如信用证未规定原产地证书上的收货人,则可在收货人栏填写中间商。 ( )

2. 原产地证书必须在表面上与发票的货物相关联,其中的货物描述可以使用与信用证不相矛盾的货物统称,但不能太笼统。 ( )

3. 一般原产地证明书的第 3 栏(MEANS OF TRANSPORT AND ROUTE)必须填写运输方式和运输路线,无须填写中转港的名称。 ( )

4. 原产地证书不可以显示信用证受益人或运输单据上的托运人之外的第三方为发货人/出口商。 ( )

5. 海关规定的实质性加工是指产品加工后,在海关进出口税则中的税号(四位数一级的税则号)已有改变。 ( )

6. 货物经过加工后,增值部分占新产品总值的比例已经达到 20% 和 20% 以上的产品,海关认定是经过了实质性加工。 ( )

7. 普惠制原产地证格式 A 上收货人栏目必须详细填写本批货物最终目的地给惠国收货人的名称、地址、国别。如果有中间商,还应详细填写中间商的名称、地址、国别。 ( )

8. 普惠制原产地证书上的原产地标准应按货物原料进口成分的实际情况分别按比例填制,"W"表示出口加拿大货物中的进口成分在 40% 以下。 ( )

9. 普惠制原产地证书中的第 6 栏(MARKS AND NUMBER OF PACKAGES)唛头,不可以填写笼统填写成"AS PER INVOICE NO..."。 ( )

10. 在我国普惠制原产地证书 Form A 既可以由海关签发,也可以由贸促会签发。

（　　）

单证技能进阶提高

一、动脑思考

1. 泰佛贸易公司在一笔出口贸易中收到国外客户的信用证,证中规定:所有单证收货人一栏留空。请问:单证员在缮制一般原产地证书的收货方一栏时应如何填写?

2. 泰佛贸易公司的单证员在缮制普惠制原产地证书时将运输标志一栏内填写"As Per Invoice No. 123"。请问这样做是否可行? 如填写"As Per B/L No. 123"是否可行?

3. 泰佛贸易公司向瑞士出口一批商品,从天津出运,由于瑞士属于内陆国家,因此需经香港转船后运至法国马赛,再运往瑞士。请问单证员在填制普惠制原产地证书的所知航运方式和航线一栏时应如何填写?

二、动手操练

1. 信用证有关资料摘录如下。

SEQUENCE OF TOTAL	27：1/1
FORM OF DOCUMENTARY CREDIT	40A：IRREVOCABLE
APPLICABLE RULES	40E：UCP LATEST VERSION
DOCUMENTARY CREDIT NUMBE	20：G/FO-7752807
DATE OF ISSUE：	31C：210223
DATE AND PLACE OF EXPIRY	31D：210610 TIANJIN CHINA
APPLICANT	50：TOSHU CORPORATION 12-36，KYUTARO-MACHI 4-CHOME CHUO-KU，OSAKA 561-8177 JAPAN
BENEFICIARY	59：TIFERT TRADING CO.，LTD. NO. 86 ZHUJIANG ROAD, TIANJIN CHINA
CURRENCY CODE，AMOUNT	32B：USD201 780,00
AVAILABLE WITH...BY...	41D：ANY BANK BY NEGOTIATION
PORT OFLOADING	44E：TIANJIN
PORT OF DISCHARGE	44F：YOKOHAMA
LATEST DATE OF SHIPMENT	44C：210531
DESCRPT OF GOODS/SERVICES	45A：MAN'S SHIRT (CONTRACT NO. 21JA7031KL)

ST/NO.	QTY	UNIT PRICE
71 - 800	67,200PCS	USD 1. 43/PC
71 - 801	48,000PCS	USD 1. 46/PC
71 - 802	27,600PCS	USD 1. 29/PC

CIF YOKOHAMA

DOCUMENTS REQUIRED	46A：

+ COMMERCIAL INVOICE IN QUINTUPLICATE
+ PACKING LIST IN 3 COPIES
+ CERTIFICATE OF ORIGIN IN 3 COPIES

2. 补充信息资料如下。

(1) SHIPPING MARKS：

TOSHU

21JA7031KL

YOKOHAMA

CTN NO. 1-UP

(2) INVOICE NO. 21FZ008 DATED MAY20，2021

(3) PACKED IN CARTONS OF 50 PCS EACH

(4) CERTIFICATE NO. C211200806780006

(5) H. S. CODE：6205200010

作为 TIFERT 贸易公司的单证员，请根据以上信用证摘录信息及补充相关信息，缮制一般原产地证书(样例 3-10)。

样例 3-10　空白一般原产地证书

ORIGINAL

1. Exporter	Certificate No.
2. Consignee	**CERTIFICATE OF ORIGIN** **OF** **THE PEOPLE'S REPUBLIC OF CHINA**
3. Means of transport and route	5. For certifying authority use only
4. Country / region of destination	

6. Marks and numbers	7. Number and kind of packages；description of goods	8. H. S. Code	9. Quantity	10. Number and date of invoices

11. Declaration by the exporter	12. Certification
The undersigned hereby declares that the above details and statements are correct，that all the goods were produced in China and that they comply with the Rules of Origin of the People's Republic of China.	It is hereby certified that the declaration by the exporter is correct.
Place and date，signature and stamp of authorized signatory	Place and date，signature and stamp of certifying authority

任务九　缮制海运提单

 案例导入

    2021 年 4 月上海某公司与美国一客户商签订了一份金额为 USD105 000 的床品出口合同,6 月初收到买方开出的不可撤销信用证,信用证要求出具记名××公司的提单,并指定货物由美国某船公司装运。货物出运后全套单据经议付行寄开证行,正常的结汇时间已过,但货款一直未到账,此时收到开证行的拒付电,称单据有一处不符点,全套单据由开证行暂为保管。上海某公司查货物下落,船公司告知货物已被提走。上海某公司要求船公司做出解释,三份正本提单仍在银行,我方也并无放货指令,凭什么放货? 船公司告知,记名提单可不凭正本提单,仅凭收货人的身份证明即可放货,船公司无责任。不久三份正本提单连同其他单据被开证行退回,上海某公司面临着手持正本提单却货、款两空的残酷现实。

    在要求船公司赔偿货物无果的情况下,一纸诉状把船公司推上了被告席。然而被告认为此案适用于美国 1936 年海上运输法,放货的理由是提单背面条款中已约定,按此法规定记名提单项下承运人可以不凭正本提单放货,只要收货人提供了证明自己合法身份的有关文件即可。一审上海海事法院认定,被告未提供完整的美国 1936 年海上运输法,法律文本无从依据,故本案适用于《中华人民共和国海商法》。根据《中华人民共和国海商法》第 71 条规定,提单无论是记名或不记名都是物权凭证,承运人必须凭正本提单放货,现原告正本提单在手,被告已将货物放掉,属于严重侵权行为,判决被告赔偿原告全部货款和利息损失。被告不服,立即上诉上海市高级人民法院,要求终审法院依据美国法律改判此案。在法庭的要求下,上诉方提供了完整的美国 1936 年海上运输法文本,通过研读这份完整的法律文本发现,此法只适用于往来美国港口的运输业务,此案并未涉及美国港口,故终审判决:驳回上诉,维持原判。终审判决书下达 7 天内,上海某公司即收到了被告赔偿的全部货款及利息。

思政分析

    本案例的最大焦点就是记名提单是否是物权凭证? 这个问题在不同国家有不同规定,这需要我们在实际业务中特别给予充分重视,否则就会重蹈覆辙。从中我们可以看出,熟悉各国法律法规在国际贸易中是何等重要。再有,为了避免此类问题产生,在货款没有保证的前提下,尽量不采用记名提单,而应该多采用指示性提单,这样可以牢牢地控制物权,如果进口商借故拒收货物,也便于出口商通过转让提单的方式转卖货物。俗话说商场如战场,在实际业务中,我们一定要牢牢树立风险意识,在货款没有保障的情况下,万万不能轻易放弃物权,只有这样,我们才能避免遭受重大的经济损失。

 ## 任务背景

> 张琳同学依据信用证对发票的具体要求、信用证的货物描述及服装加工厂备货的一些具体情况顺利地完成了商业发票和装箱单的缮制工作,随后又安排妥该票女童夹克的报检报验事宜,进而张琳同学着手填写托运委托书,并与货代公司办理订舱手续,保证及时出运该票女童夹克。为了更好地与货代确认提单,张琳同学应该学会缮制海运提单。

国际贸易中买卖双方交易的商品,都要借助一定的运输方式由卖方运送至买方。其中80%~90%的货物通过海运完成,主要是由于海运运载能力大,运价相对便宜。海运提单是国际贸易中最重要的单据,在出口业务中,通常出口商以交单代替交货,进口商见单付款,之所以这样,是因为提单就代表货物,谁持有提单,谁就拥有提单项下的货物,提单是物权凭证。

 ## 缮制海运提单操作规范及样例

实训目的

◇ 能看懂相关信用证(合同)中有关海运提单的条款;
◇ 掌握海运提单缮制的规范和技巧;
◇ 能够独立缮制海运提单。

操作前准备

◇ 出口商提供的商业发票、装箱单;
◇ 出口商提供的订舱委托书(Booking Note);
◇ 货代或船公司提供的配舱回单、装货单(Shipping Order);
◇ 所配舱位船公司或货代公司空白海运提单或海运提单模板。

操作程序

◇ 浏览信用证(合同)对海运提单的要求及相关附加指示;
◇ 仔细查看船公司或货代公司签发的下货纸(进仓通知书);
◇ 按照信用证(合同)条款和下货纸认真仔细填写海运提单的各个栏目,做到完整、准确;
◇ 检查海运提单各个栏目填写是否与已缮制妥的发票、装箱单、原产地证书等结汇单据做到单单相符、单证相符。

一、海运提单缮制规范

海运提单缮制规范见表 3-7。

表 3-7　海运提单缮制规范

项目顺序号	填写内容	要点提示
(1) 提单号 B/L No.	按照装货单编号填写	与装货单中编号一致
(2) 托运人 Shipper	一般为信用证受益人或合同卖方	① 信用证项下为受益人 ② 电汇和托收项下为合同卖方
(3) 收货人 Consignee	抬头人，应完全按照信用证要求填写	一般为指示式： ① To Order ② To Order of Shipper ③ To Order of ×× Bank ④ To Order of ＋ 开证人的具体名称（谨慎使用）
(4) 被通知人 Notify party	应完全按照信用证要求填写	一般是买方或其代理人，承运人凭此栏内容通知其办理提货，所以提单的被通知人的名称和地址一定要详细，如果能提供联系方式更好
(5) 前程运输 Pre-carriage by	前程运输方式	如货物需转运，此栏填第一程船船名；如不需转运，此栏留空
(6) 装运港 Port of loading	装运港名称	按信用证规定填写实际装运货物的港口
(7) 船名 Vessel name	应填写货物所装船舶的船名及航次	如货物需转运，填写第二程船船名；如不需转运，填第一程船船名
(8) 转运港 Port of transshipment	转运港名称	如不需转运，此栏留空
(9) 卸货港 Port of discharge	货物实际卸下的港口名称	如有重名，在港口后面一定要加注国别
(10) 最终目的地 Final destination	填最终目的地名称	如最终目的地就是目的港，此栏可留空
(11) 集装箱号、铅封号及唛头 Container seal No. or Marks & Nos.	此笔业务的集装箱号、铅封号及唛头	唛头应与商业发票、装箱单一致
(12) 包装的种类和数量 Number and kind of package	按实际包装具体情况填写	总件数除小写外，还要用文字大写叙述，加上"ONLY"字样且大小写应一致
(13) 货物名称 Description of goods	按信用证规定填写，可用统称	要与其他单据如发票等保持一致
(14) 毛重 Gross Weight	填写总毛重	除非信用证另有规定，一般重量以公斤表示，保留两位小数
(15) 尺码 Measurement	填写总尺码	除非信用证另有规定，一般体积以立方米表示，保留三位小数
(16) 运费条款 Freight prepaid	按信用证要求加注运费条款	应注意与使用的贸易术语一致
(17) 装船批注的日期 On board notation	货物的装船完毕日期	此栏可与18栏日期相同，也可能略晚于提单的签发日期，但不能晚于信用证规定的最迟装运期

续表

项目顺序号	填写内容	要点提示
（18）提单签发地点及日期 Place and date of issue	提单的签发地点和签发日期	不能晚于信用证规定的最迟装运期
（19）正本提单签发份数 No. of original B/L	应按信用证的规定提供要求的份数	此栏必须用英文大写数字表示
（20）承运人签章 Signed for the carrier	承运人或其代理人的签字	常见签署方式： ① 承运人或其代理人签署 ② 船长或其代理人签署 一定要表明其身份

二、海运提单缮制样例

海运提单见样例 3-11。

样例 3-11　海运提单

Shipper (2) TIFERT TRADING CO., LTD. NO. 86, ZHUJIANG ROAD, TIANJIN, CHINA	B/L No. SINO131216 (1)

SINOTRANS TIANJIN COMPANY

OCEAN BILL OF LADING

Consignee or order (3) TO ORDER
Notify address (4) MARUBENI CORP 5-7, HOMMACHI, 2-CHOME, CHUO-KU, OSAKA, JAPAN TEL NO. 8745 9986

Pre-carriage by (5)	Port of loading (6) TIANJIN
Vessel (7) SHUNFENG V. 0827	Port of transshipment (8)
Port of discharge (9) TOKYO	Final destination (10)

RECEIVED in apparent good order and condition（unless otherwise indicated）the goods or packages specified herein and to be discharged at the mentioned port of discharge or as near thereto as the vessel may safely get and be always afloat.

The weight, measure, marks and numbers, quality, contents and value, being particulars furnished by the Shipper, are not checked by the Carrier on loading.

The Shipper, Consignee and the Holder of this Bill of Lading hereby expressly accept and agree to all printed, written or stamped provisions, exceptions and conditions of this Bill of Lading, including those on the back hereof.

IN WITNESS whereof the number of original Bills of Lading stated below have been signed, one of which being accomplished the other(s) to be void.

Container. seal No. or marks and Nos. (11)	Number and kind of package (12)	Description of goods (13)	Gross weight（kgs.）(14)	Measurement（m³）(15)
MARUBENI S/C21TF0858 TOKYO CTN 1-250	250 CARTONS SAY TWO HUNDRED AND FIFTY CARTONS ONLY	GIRL JAKET FREIGHT PREPAID (16)	25,992.00KGS	24.548CBM

Freight and charges		REGARDING TRANSHIPMENT
ON BOARD DATE： APR.30，2021 SINOTRANS TIANJIN COMPANY 张涛 (17)		INFORMATION PLEASE CONTACT

Ex. rate	Prepaid at	Freight payable at	Place and date of issue (18) TIANJIN, APR.30，2021
	Total prepaid	Number of original Bs/L (19) THREE	Signed for or on behalf of the Carrier (20) SINOTRANS TIANJIN COMPANY 张涛

三、海运提单操作注意事项

1. 收货人

当信用证要求提单表明以具名实体为收货人，而非指示性提单时，在该具名实体前不应含有"凭指示"或"凭×××指示"字样，或者不应在该具名实体后注明"或凭指示"字样，无论该字样是打印还是预先印就。

当提单收货人做成"凭指示"或"凭托运人指示"时，该提单应当由托运人背书。只要背书是为托运人或代表托运人做出，该背书就可以由托运人之外的具名实体做出。

当信用证要求提单表明收货人为"凭（具名实体）指示"时，提单不应直接显示收货人为该具名实体。

2. 被通知人

当申请人地址和联络细节显示为收货人或被通知人细节的一部分时，其不应与信用证规定的申请人细节相矛盾。

3. 货物描述

提单中的货物描述可只填写商品名称，无须填写规格、牌号等详情。如果涉及的商品较多，提单上的货物描述可以使用与信用证所规定的货物描述不相互矛盾的统称。

4. 包装描述

提单上最好不要加注关于包装状况的描述，例如新袋（new bag）、旧箱（old cartons）等词语。

5. 装货港

（1）提单应当显示信用证规定的装货港。当信用证规定了装货港，也表明了装货港的所在国时,提单上无须注明该国别名称。

(2) 当信用证规定了装货港的地理区域或港口范围(例如,"任一欧洲港口"或"汉堡、鹿特丹、安特卫普港")时,提单应当显示实际的装货港,且其应当位于该地理区域或港口范围之内,提单无须显示该地理区域。

(3) 当提单显示了一个以上的装货港时,无论是预先印就的"收妥待运"提单还是预先印就的"已装船"提单,该提单应当表明装船批注并载有每个装货港所对应的装船日期。

6. 卸货港

(1) 信用证要求的具名卸货港,应当显示在提单的卸货港栏位。然而,具名卸货港也可以显示在"最终目的地"或类似栏位中,只要批注表明卸货港为"最终目的地"或类似栏位中的港口即可。

(2) 提单应当显示信用证规定的卸货港。当信用证规定了卸货港,也表明了该港口的所在国时,提单上无须显示该国别名称。

(3) 当信用证规定了卸货港的地理区域或港口范围(例如,"任一欧洲港口"或"汉堡、鹿特丹、安特卫普港")时,提单应当显示实际卸货港,且其应当位于信用证规定的地理区域或港口范围之内。提单无须显示该地理区域。

7. 运费支付情况

如果信用证要求提单注明运费已付或到目的地支付,则提单必须有相应标注。即使信用证对此未做具体规定,也应根据所采用的贸易术语,在运费支付栏中填写"Freight collect"或"Freight prepaid"。

8. 提单的更正与证实

提单上的数据的任何更正均应当证实。该证实应当看似由承运人或船长,或其任一代理人所为,该代理人可以不同于出具或签署提单的代理人,只要其表明作为承运人或船长的代理人身份。对于正本提单上可能做过的任何更正,其不可转让的副本无须证实。

9. 装船批注

当提交预先印就"已装船"提单时,提单的出具日期将视为装运日期,无须装船批注。除非其载有单独注明日期的装船批注。在后一种情况下,该装船批注日期将视为装运日期,不论其早于或晚于提单出具日期。装船批注日期也可以显示在指定栏位或方框中。

10. 有关转运和分批

转运是指从信用证规定的装货港到卸货港之间的运输过程中,货物从一条船卸下并再装上另一条船。如果提单显示的货物卸下并再装运,并非发生在规定的两个港口之间,则不属于信用证和 UCP600 第 20 条 b 款和 c 款下的转运。

以一条以上的船只进行的运输是部分装运,即便这些船只在同一天出发并前往同一目的地。

11. 最迟交单期的计算

当信用证禁止部分装运,而提交了的一套以上的正本提单,涵盖货物从一个或多个装货港(信用证特别允许的,或规定的地理区域或港口范围内)装运时,每套提单都应当显示其涵盖的货物运输,由同一船只经同次航程前往同一卸货港。

当信用证禁止部分装运,而按照 ISBP745 第 E19 段 a 款提交的一套以上的正本提单含有不同的装运日期时,其中最迟的日期将用于计算交单期,且该日期不得晚于信用证规定的最迟装运日期。

当信用证允许部分装运,且作为同一面函下单一交单的一部分提交的一套以上的正本提单,含有装上不同船只或不同航程的同一船只所对应的不同装运日期时,其中最早的日期将用于计算交单期,且所有这些日期都不得晚于信用证规定的最迟装运日期。

12. 提单的签署

(1)当提单由承运人的具名分支机构签署时,该签字视同由承运人做出。

(2)当提单由承运人的代理人签署时,该代理人应当具名,此外,应当注明其作为"承运人(承运人名称)的代理人"或"代表承运人的代理人"签署或类似措辞。当承运人在该单据的其他地方表明"承运人"身份时,该具名代理人可以比如"承运人的代理人"身份签署,而无须再次提及承运人名称。

(3)当提单由船长签署时,船长签字应当注明"船长"身份,无须注明船长姓名。

(4)当提单由船长代理人签署时,该代理人应当具名,此外,应当注明其作为"船长代理人"或"代表船长的代理人"签署或类似措辞,无须注明船长姓名。

13. 卸货港交货代理人

当信用证要求提单显示卸货港的交货代理人或类似措辞的名称、地址和联络细节时,其地址无须位于卸货港,也无须与卸货港在同一个所在国。

14. 凭多套提单放货

提单不应明确规定,货物释放只能基于该单据和其他一套或多套提单的一并提交,除非所有提及提单构成同一信用证项下同次交单的一部分。

例如,"提单号 YYY 和 ZZZ 涵盖集装箱号×××项下的货物,货物只能释放给同一人且必须提交该货物的所有提单",即视为明确规定在货物释放前,必须一并提交与所提及的集装箱或包装单位相关的其他一套或多套提单。

 知识窗

一、海运提单的概念

海运提单(bill of lading),简称提单,是指由船长或船公司或其代理人签发的,证明已收到特定货物,允诺将货物运到指定目的港并交付给收货人的凭证。海运提单也是收货人在目的港向船公司或其代理人提取货物的凭证。

图片:各种真实的
海运提单样例

二、海运提单的种类

海运提单可以从不同角度加以分类,在国际贸易中,主要包括以下主要种类。

(1)按签发提单时货物是否装船完毕分为已装船提单(shipped or on board B/L)和备运提单(received for shipment B/L)。

已装船提单是货物已经装在船上由承运人签发的提单。这种提单使用最广泛。备运提单又称"收讫待运提单",是承运人已经收到待运的货物,但尚未装船时签发的提单,提单上有"收到备运……"或类似字句。此种提单于货物装船后可以加签"业已装船"或"已装某船"字样,从而形成已装船提单,但一般要求证明装船日期并签署。在国际贸易中,备运提单通常不能结汇。

(2) 按提单有无不良批注可分为清洁提单(clean B/L)和不清洁提单(unclean or foul B/L)。

清洁提单是没有承运人对货物的表面状况或其他方面加注任何不良批注的提单。不清洁提单是承运人对货物表面状况或其他方面加注不良批注的提单,如包装破损等,银行拒绝接受不清洁提单。

(3) 按提单收货人抬头不同可分为记名提单(straight B/L)、不记名提单(bearer B/L)、指示提单(order B/L)。

记名提单是指提单的收货人栏内直接写明收货人的名称的提单。记名提单只能由指定的收货人来提货,不能流通转让。不记名提单是指在提单的收货人栏内不填写收货人具体名称而填写"持有人(bearer)",任何人持有提单均可提货,该提单仅凭交付就可转让,流通性强,但风险也较大。因为一旦提单遗失或被盗,货物容易被他人提走引起纠纷,所以很少使用。指示提单是在提单收货人栏内注明"凭指定(to order)"或"凭托运人指定(to order of shipper)"等字样的提单。指示提单可以通过背书的办法转让给他人。背书(Endorsement)有以下两种。

① 空白背书,提单背书人(提单转让人)在提单背面签章,而不注明被背书人(提单受让人)名称。

② 记名背书,背书人(提单转让人)在转让提单时,除在提单背面签章外,还要注明被背书人(提单受让人)名称。指示提单既可流通转让又相对安全,在国际贸易中使用较为广泛。目前我国出口贸易中,通常采用的是凭指定空白背书提单,俗称"空白抬头,空白背书提单"。

(4) 按运输方式不同可分为直达提单(direct B/L)、转船提单(transshipment B/L)、联运提单(through B/L)。

由承运人签发的由同一船只将货由启运港直接运达目的港而不在其他中转港口转运的提单称为直达提单。从启运港装运的船只不能将货物直接运到提单指定的目的港,而需要在中转港改换其他船只将货物续运至提单指定的目的港,在这种情况下签发的提单称转船提单。直达提单上不得有"转船"字样或"在某某港转船"字样,但如果提单条款内印有承运人有权转船的"自由转船条款"而无转船批注时,此提单被视为直达提单。联运提单,也有将它称为全程提单。它与转船提单区别不大,但联运提单不只限于转船,可在中途换装其他运输工具。联运提单是指经过海运和其他运输方式联合运输时,由第一承运人在货物启运地签发的运往目的地的提单,并收取全程运费。对货物的风险,联运提单采取分段负责制,即承运人的责任仅限于其本身所承担的那一段运输。

(5) 按提单的效力可分为正本提单(original B/L)和副本提单(copy B/L)。

正本提单是指有承运人、船长或代理人签名盖章并注明签发日期的提单。正本提单必须注明"正本(original)"字样,一般一式两份或三份,凭其中任何一份提货后,其余各份均告作废。根据 UCP600 的规定,银行接受仅有一份的正本提单,如签发一份以上,应包括全套正本提单。副本提单是没有承运人、船长或代理人签名盖章的提单,副本提单仅供参考使用。

（6）其他种类提单。

① 过期提单（stale B/L）。过期提单是指货已到而提单尚未到或错过交单日期提交的提单。前者在近洋航行中很容易出现，合同中一般订有"过期提单可以接受"字样，货到目的港进口商依据"电放指令"提货；后者是指出口商超过提单日后 21 天提交的提单，根据UCP600 的规定，除非另有规定，银行将拒绝接受此类提单。

② 舱面提单（on deck B/L）。舱面提单是承运人将货物装在甲板上所签发的提单，又称"甲板货提单"，此类提单上通常注明"装甲板（on deck）"字样。货物装在甲板上容易出现货损，而根据海牙规则，承运人对甲板货不负责，所以进口商一般不愿意接受此类提单。根据UCP600 的规定，除非另有规定，银行将拒绝接受此类提单。

③ 倒签提单（anti-dated B/L）。倒签提单是指承运人签发提单时倒填日期的提单。提单签发日期应为货物装船完毕的日期，但如果由于各种原因，导致货物无法在合同或信用证规定的装运期内装船完毕，又来不及修改信用证，托运人会要求承运人倒填日期以顺利结汇。在托运人出具保函的情况下，承运人可能会出具此种提单。

④ 预借提单（advanced B/L）。货物在装船前或装船完毕前，信用证结汇日期已到，托运人向承运人预先借用的提单为预借提单。预借提单比倒签提单风险更大，因为货物在装船前可能由于各种原因出现灭失、损坏或退关情况，而提单已经签发，这在法律上构成侵权。

倒签提单和预借提单都是违法的，如果进口商产生怀疑，很容易从航海日志中发现问题，因此承运人和托运人都承担很大风险。

三、海运提单的签发流程图

海运提单签发流程见图 3-49。

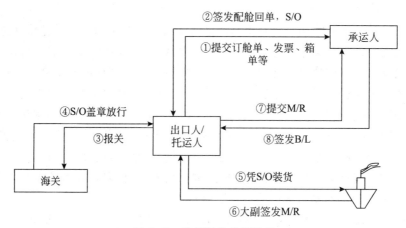

图 3-49　海运提单签发流程

① 出口商向船公司或货代公司提交订舱委托书（简称托书），英文为 Booking Note，简写 B/N，连同发票和装箱单办理租船订舱手续。

② 船公司或货代公司确认舱位后签发装货单（俗称下货纸）给出口商，英文为 Shipping Order，简写 S/O。

③ 出口商自己或委托报关行凭下货纸向海关办理报关手续。

④ 海关在下货纸上盖"验讫章"放行货物。

⑤ 凭盖有海关"验讫章"的下货纸将货物装在指定船上。

⑥ 船长或大副收妥货物后签发大副收据给出口商,英文为 Mate's Receipt,简写 M/R。

⑦ 出口商提交大副收据给承运人换取提单。

⑧ 承运人签发提单给出口商。

四、海运提单的性质和作用

海运提单的性质和作用主要表现在以下三个方面。

(1) 货物收据(receipt of the goods)。海运提单是承运人或其代理人应托运人的要求所签发的货物收据,证明承运人已如数收到提单上所列货物。

(2) 货物所有权凭证(document of title)。海运提单在法律上具有物权证书的作用,在载货船舶到达目的港交货之前可进行转让,也可向银行办理抵押贷款,提单持有人可凭单提货。

(3) 运输契约的证明(evidence of the contract of carriage)。海运提单是承运人与托运人之间订立的运输契约的证明,明确了双方之间的权利、责任与豁免。

单证知识同步训练

一、单选题

1. 提单收货人一栏显示"TO ORDER"的字样,这种提单( )。

    A. 不可转让   B. 可以由持有人提货

    C. 不经过背书即可以转让   D. 经背书,可以转让

2. 信用证要求港至港海运提单,若受益人提交的备运提单,且该提单上注明的收货地与起运港不同,应该( )。

    A. 批注"ON BOARD"及装船日期   B. 另外批注装货港及船名

    C. A 和 B 缺一不可   D. 无须做任何批注

3. 下列提单上已装船日期批注符合 UCP600 规定的是( )。

    A. GOODS DELIVERED TO SHIPPING COMPANY FOR SHIPMENT ON MAY 28, 2021

    B. GOODS SHALL BE SHIPPED ON BOARD ON JUNE 1, 2021

    C. GOODS SHIPPED ON BOARD ON JUNE 3, 2021

    D. GOODS SHALL BE SHIPPED ON JUNE 4, 2021

4. 根据 UCP600 的规定,一般银行不接受( )。

    A. 转运提单   B. 第三方托运人提单

    C. 多式联运提单   D. 注明货装舱面的提单

5. 根据 UCP600 的规定,以下提单显示所注内容可以被接受的是( )。

    A. SHIPPED ON DECK

    B. THE GOODS MAY BE CARRIED ON DECK

C. FOUR CARTONS ARE BROKEN

D. PACKAGE IS NOT SUFFICIENT FOR THE SEA JOURNEY

6. 在买卖合同和信用证中一般都规定卖方须提供(　　　)。

A. 备运提单　　　　　　　　　　　B. 清洁已装船提单

C. 已装船提单　　　　　　　　　　D. 记名提单

7. 在货物装运后,承运人在提单上未加有关货损或包装不良之类批注的提单是(　　　)。

A. 不清洁提单　　B. 清洁提单　　　C. 备运提单　　　　D. 清洁已装船提单

8. 如果出口货物采用海运与其他运输方式联合运输,由第一程承运人签发包括全程运输,并能在目的港或目的地凭以提货的提单是(　　　)。

A. 直达提单　　　　B. 转船提单　　　　C. 备运提单　　　　D. 联运提单

9. 在信用证付款方式下,提单中的收货人一栏应按信用证规定填写。如信用证规定"Full set of B/L made out to order",此栏则填(　　　)。

A. "To order"　　　　　　　　　　B. "To order of...Bank"

C. "To order of shipper"　　　　　　D. "To order of..."

10. FOB 合同规定的最迟装运日为 5 月 4 日,下列日期中,正确的是(　　　)。

A. 货物于 5 月 4 日送交船公司　　　B. 货物于 5 月 4 日开始装船

C. 货物于 5 月 4 日全部装船完毕　　D. 货物于 5 月 4 日抵达日本

二、多选题

1. 关于已装船提单,叙述正确的是(　　　)。

A. 提单上印就"已装船"字样或加盖"已装船"戳记

B. 注明船名和装船日期

C. 对收货人按时收货有保障

D. 由船公司收到货物时签发

2. 运输单据是托运人将货物交付承运人或其代理人办理装运时,由承运人或其代理人向托运人签发的,用以证明托运货物已装运的收据。依据运输方式不同,运输单据有(　　　)。

A. 海运提单　　　　B. 航空运单　　　C. 联合运输提单　　D. 铁路运单

3. 提单的主要作用有(　　　)。

A. 货物收据　　　B. 物权凭证　　　　C. 装船依据　　　　D. 运输合同的证明

4. 构成不清洁提单的批注为(　　　)。

A. "铁条松散"(iron strap loose or missing)

B. "发货人装箱点数并铅封"(shipper's load, count & seal)

C. "旧麻袋"(packed in used gunny bags)

D. "短装 2 桶"(short shipped 2 drums)

5. 国外来证装运期为"on or about March 15, 2021",则我出口提单的日期可以是(　　　)。

A. 3 月 10 日　　　B. 3 月 15 日　　　C. 3 月 20 日　　　D. 3 月 21 日

三、判断题

1. 海运提单和海运单都是物权凭证,都可背书转让,而其他运输单据,则为非物权凭证,不得转让。(　　　)

2. 承运人在提单上加注任何批注均构成不清洁提单。(　　　)

3. 正本提单如出具一式几份,则每份具有相同的效力,只要其中一份凭以提货,其他各份立即失效。　　　　　　　　　　　　　　　　　　　　　　　　（　　）

4. 根据 UCP600 的规定,承运人或船长的任何签字或证实,必须表明"承运人"或"船长"的身份。　　　　　　　　　　　　　　　　　　　　　　　　（　　）

5. 根据 UCP600 的规定,全套提单可以只有一份正本或一份以上正本,如信用证要求提交全套正本提单,只要提单上注明的正本份数全部提交即可。　　　　　　（　　）

6. 根据 UCP600 的规定,与发票不同,除非信用证另有规定,提单上的货名可以使用统称。　　　　　　　　　　　　　　　　　　　　　　　　　　　　　（　　）

7. 无论是清洁提单还是不清洁提单,只要收货人的名称与信用证的规定相符,银行都予以接受。　　　　　　　　　　　　　　　　　　　　　　　　　　　（　　）

8. 全式提单是指提单除有正面条款之外,还在背面印有承运人和托运人权利、义务等详细条款的提单。略式提单仅有提单正面内容,如船名、货号、标志、件数、装运港、目的港,而略去了提单背面全部条款的提单。因此,两者效力不同。　　　　（　　）

9. 除非信用证另有规定,银行可接受甲板提单。　　　　　　　　　　（　　）

10. 提单签发日不得超过信用证规定的装运日期,也不得早于信用证的最早装运日期。
　　　　　　　　　　　　　　　　　　　　　　　　　　　　　　　（　　）

单证技能进阶提高

一、动脑思考

1. 泰佛贸易公司收到国外进口商通过银行开来的信用证,证中规定:

Applicant：　　　　Nissho Iwia Corporation

　　　　　　　　　　No. 12 Chome Mi Tokyo, Japan

Beneficiary：　　　Tifert Trading Co. , Ltd.

　　　　　　　　　　No. 86 Zhujiang Road, Tianjin, China

Full set of clean on board marine bill of lading made out to order of shipper and blank endorsed and marked freight prepaid and notify applicant.

请问:单证员应如何填写提单中的托运人、收货人和通知人,提单上的运费支付方式应如何填写?

2. 泰佛贸易公司收到国外进口商通过银行开来的信用证,证中规定:

Applicant：　　　　ABC Corporation

　　　　　　　　　　No. 123 New Street New York, USA

Beneficiary：　　　Tifert Trading Co. , Ltd.

　　　　　　　　　　No. 86 Zhujiang Road, Tianjin, China

Issuing Bank：　　Bank of China, New York Branch

Full set of clean on board B/L issued to our order, notifying applicant and marked freight prepaid and showing full name and address of the relative shipping agent in USA.

请问:单证员应如何填写提单中的托运人、收货人和通知人,提单上的运费支付方式应如何填写?是否还有其他制单要求?

3. 泰佛贸易公司收到国外进口商通过银行开来的信用证,证中规定:

Applicant: ABC Corporation

No. 123 New Street New York, USA

Beneficiary: Tifert Trading Co., Ltd.

No. 86 Zhujiang Road, Tianjin, China

Issuing Bank: Bank of China, New York Branch

Full set of clean shipped on board marine bill of lading, made out to our order, marked freight prepaid, notify opener, indicating LC No. and S/C No., received for shipment B/L not acceptable.

请问:单证员应如何填写提单中的发货人、收货人和通知人,提单上的运费支付方式应如何填写? 是否还有其他制单要求? 信用证对提单的种类是否有限制?

二、动手操练

天津国际进出口公司与美国 NICHIMEN 公司就面料出口达成一出口合同,信用证已开抵天津国际进出口公司,面料加工厂已经准备就绪,且舱位已订妥,请依据下列信用证主要摘录条款及补充信息缮制海运提单(样例 3-12)。

1. 信用证主要摘录条款。

DOCUMENTARY CREDIT

27	SEQUENCE OF TOTAL: 1/1
40A	FORM OF DOC. CREDIT: IRREVOCABLE
40E	APPLICABLE RULES: UCP LATEST VERSION
20C	DOC. CREDIT NO. : DCMTN55123
31C	DATE OF ISSUE: 210212
31D	PLACE/DATE OF EXPIRY: 210405 IN CHINA
51	ISSUING BANK: THE NORINCHUK BANK NEW YORK
50	APPLICANT: NICHIMEN CORPORATION
	2-2 NAKANOSHIMA, NEW YORK, AMERICA
59	BENEFICIARY: TIANJIN INTERNATIONAL IMP. & EXP. CORP.
	8TH FLOOR FOREIGN TRADE BUILDING
	200 ZHANQIAN ROAD, TIANJIN, CHINA
41D	AVAILABLE WITH...BY: ANY BANK BY NEGOTIATION
32B	AMOUNT: USD64 000,00
39A	PERCENTAGE CREDIT AMOUNT TOLERANCE: 10/10
42C	DRAFT: AT SIGHT FOR 98PCT OF INVOICE VALUE
42D	DRAWEE: ISSUING BANK
43P	PARTIAL SHIPMENT: ALLOWED
43T	TRANSSHIPMENT: ALLOWED
44E	LOADING PORT: TIANJIN
44F	FOR TRANSPORATION TO: CHARLESTON, USA

44C   LATEST SHIPMENT DATE：210320

45A   DESCRIPTION OF GOODS：

    100 PCT COTTON GREIGE PRINT CLOTH

    ART. NO. 3042 FIRST QUALITY

    SIZE：30X30 68X68 50″ EXPORT PACKING IN SEAWORTHY BALES

    TOTAL QUANTITY：ABOUT 200,000YDS

    PRICE USD0. 32/YD CIF CHARLESTON

    AS PER CONTRACT NO. J515

46A   DUCUMENTS REQUIRED：

＋ SIGNED COMMERCIAL INVOICE IN 5 COPIES

＋ FULL SET OF CLEAN ON BOARD OCEAN BILL OF LADING MADE OUT TO
ORDER AND BLANK ENDORSED AND MARKED FREIGHT PREPAID AND
NOTIFY APPLICANT. BILL OF LADING MUST SHOW L/C NO. AND THE EXACT
OCEAN FREIGHT AMOUNT PAID BY BENEFICIARY TO THE STEAMSHIP CO.

47A   ADDITIONAL CLAUSES：

＋ ALL DOCUMENTS MUST BEAR THE L/C NO.

＋DOCUMENT MUST BE PRESENTED WITHIN 15 DAYS AFTER SHIPMENT.

…

    2. 其他有关补充信息如下。

    (1) 包装明细：

布包（IN BALE）

件号	货号	包装率	每包毛重	每包净重	每包尺码
1-166	3042	1,200YDS/BALE	141 KGS	139KGS	95X68X50CM

    (2) 出运数量：199,200YDS

    (3) 船名：MSC SARAH V. 226W

    (4) 提单号：DMDF2390

    (5) 提单日期：2021. 3. 20

    (6) 承运人代理：CHINA NATIONAL FOREIGN TRADE TRANSPORT CORPO-
RATION

    (7) 有权签字人：黎明

    (8) SHIPPING MARK：

NICHIMEN

J-515

CHARLESTON

PKG. NO. 1-166

    (9) 支付的总运费：USD1,200.00

样例 3-12　空白海运提单

| Shipper | BILL OF LADING　B/L No. : |

CHINA OCEAN SHIPPING CO
中 国 远 洋 运 输 公 司

| Consignee | |

| Notify Party | |

ORIGINAL

| Pre-carriage by | * Place of Receipt |

| Ocean Vessal Voy. No. | Port of Loading |

| Port of discharge | * Final destination | Freight payable at | Number original Bs/L |

| Marks and Numbers | Number and kind of packages; Description | Gross weight | Measurement M3 |

TOTAL PACKAGES(IN WORDS)

Freight and charges

| | Place and date of issue |
| | Signed for the Carrier |

Applicable only when document used as a Through Bill of Loading

任务十　缮制保险单

 案例导入

　　原告我国 A 粮油进出口公司就其进口的 2 000mt 鱼粉向被告 Z 保险公司投保,Z 保险公司在投保单上注明"接受上述投保",并加盖该公司业务专用章。由于 Z 保险公司要根据运输船舶的船龄来确定保险费率,故该投保单未约定保险费率。投保后,Z 保险公司曾多次

要求 A 粮油进出口公司领取保险单,但 A 粮油进出口公司迟迟没有领取。承运货物的巴哈马籍 B 轮抵达上海港后,鱼粉发生自燃。货物出险后,A 粮油进出口公司要求 Z 保险公司予以理赔,遭 Z 保险公司拒绝。A 粮油进出口公司遂向上海海事法院提起诉讼,要求法院判令 Z 保险公司赔偿货物损失美元 41 万余元。

上海海事法院认为,投保人提出投保要求,经保险人在投保单上盖章承保,海上货物运输保险合同便有效成立。就保险费条款而言,应认定原、被告之间已经有了明确约定,只是具体金额留待在确定运输船舶后再定,并不妨碍保险合同的成立。保险单仅是保险人单方面出具的书面文件,是投保人与保险人之间存在海上保险合同的一种证明,未出具保险单并不必然导致保险合同关系不成立。据此,上海海事法院判决被告 Z 保险公司赔偿原告 A 粮油进出口公司相关损失。

 ## 思政分析

本案例说明,保险单是证明海上保险合同存在的法律凭证之一,保险单仅是保险合同存在的证明而非成立的证明,而且这种证明效力亦非法定。证明保险合同成立的主要凭证是经保险人签章后的投保单。因此,作为出口商首先要重视投保单填写的规范性,一定要按照合同中规定的保险条款及承保险别进行投保;其次,要掌握保险单的缮制规范,能够审核出保险公司出具的保单是否与投保单中列明的保险条款及承保险别相符,这样才能在货物出险后,及时得到保险公司的赔偿。在实际业务中,不仅要养成耐心细致的工作作风,还要树立风险防范意识,为了转嫁运输途中的风险,一定要及时向保险公司办理投保手续,及时缴纳保费,及时领取保险单,唯有这样,在货物出险后,才能及时得到相应的赔付,将损失降到最低。

 ## 任务背景

> 张琳同学具体负责女童夹克衫的进料加工业务,买卖双方签订合同时采用的是 CIF 贸易术语。在此情况下,卖方负有与保险公司签订保险合约的义务,目的是转移运输途中的风险,同时日本丸红株式会社通过中国银行东京分行开立的信用证也明确规定保险单据作为议付货款的单据之一。
>
> 于是张琳同学与中国人民财产保险股份有限公司办理投保手续,并且催促人保公司及时签发保险单以便及早向议付行交单办理结汇手续。

保险单据也是出口业务中常用的结汇单据之一,特别是在 CIF 和 CIP 贸易术语下,更是必备的结汇单据之一。国际贸易的特点是环节多、风险大,为了把运输途中的风险转嫁出去,出口商需要办理相关的投保手续,通常保险单据都是依据出口商提交的投保单由保险公司缮制并签发,但作为出口商也应掌握保险单据的缮制规范,这样才能保证做到相符交单。

 ## 缮制保险单操作规范及样例

实训目的

◇ 能看懂相关信用证(合同)中有关保险单条款;

◇ 掌握保险单缮制的规范和技巧；

◇ 能够独立缮制保险单。

操作前准备

◇ 出口商提供的商业发票和装箱单；

◇ 确定投保金额、投保险别；

◇ 出口商填写完整的投保单；

◇ 所投保公司的空白保险单或保险单模板；

◇ 铅笔、橡皮及计算器等工具。

操作程序

◇ 浏览信用证（合同）对保险单的要求如保险加成、依据的保险条款及投保险别、赔付地点等及相关附加指示等规定；

◇ 根据保险加成，计算保险金额；

◇ 浏览商业发票和装箱单，明确货描的基本内容，如品名、运输标志、总件数等；

◇ 根据信用证（合同）要求缮制保险单；

◇ 按照信用证和合同条款认真仔细填写保险单的各个栏目，做到完整、准确；

◇ 检查保险单各个栏目填写是否与已缮制妥的发票、装箱单、原产地证书、提单等结汇单据做到单单相符、单证相符。

一、保险单缮制规范

保险单缮制规范见表 3-8。

表 3-8　保险单缮制规范

项目顺序号	填写内容	要点提示
(1) 保险公司名称 (Name of Insurance Company)	保险公司名称	一般在保险单顶端已印好
(2) 发票号 (Invoice No.)	本批投保货物所对应的发票号码	必须与所随附商业发票的发票号码一致
(3) 保险单号 (Policy No.)	保险公司编制的保单号码	由保险公司统一编号
(4) 保险单据名称 (Insurance Policy)	由保险公司印好单据名称	应与信用证要求单据名称一致
(5) 被保险人 (Insured)	投保人名称或称抬头人	一般填写信用证的受益人，即出口商的名称
(6) 唛头 (Marks & Nos.)	具体唛头或填写 As per Invoice No...	按商业发票、提单上的唛头填写，如无唛头，可填写"N/M"
(7) 数量 (Quantity)	参照商业发票、海运提单，填写最大外包装的总件数	散装货要注明"In Bulk"，再填写重量
(8) 保险货物项目 (Description of Goods)	参照商业发票、海运提单填写，可用商品统称	应与提单、产地证的货物描述相一致
(9) 保险金额 (Amount Insured)	商业发票毛值加上投保加成后的金额	此栏为小写金额，一般小数点后尾数一律进为整数，即保险金额不设辅币
(10) 总保险金额 (Total Amount Insured)	保险金额的大写	计价货币也应填写全称，大写和小写金额必须保持一致

续表

项目顺序号	填写内容	要点提示
(11) 承保险别 (Conditions)	本批投保货物投保的险别、依据的保险条款及版本年份	险别内容必须与信用证（合同）规定的保险条款保持一致
(12) 保费 (Premium)	As arranged	一般保险公司已在此栏印就好
(13) 装载运输工具 (Per conveyance S. S)	运输工具名称及航次	应与提单上的运输工具的名称及航次相一致。若需转船，则应分别填写一程船名和二程船名，中间用"/"分开
(14) 开航日期 (Slg. on or about)	As per B/L	不用填写实际开航日期
(15) 运输起讫地 (From...To...)	海运提单的装运港和目的港	如需转运，则应加注转运港名称
(16) 保险单份 (Number of Original Policy)	应按照信用证要求的份数填写	中英文同时都要填写
(17) 保险勘查代理人 (Insurance Survey Agent)	目的港保险代理人的名称、详细地址及联系方式	保险勘查代理人一般由保险公司自己选定，以便收货人在出险后通知其代理人联系有关查勘和索赔事宜
(18) 赔付地点 (Claim payable at...)	应严格按信用证规定，若没有具体规定目的港为赔付地点	一般信用证规定在赔款偿付地点后要注明偿付所使用的货币名称
(19) 保险单签发日期和地点 (Date and Place of Issue)	此笔保单签发日期和签发地点	保险单的签发日期应早于运输单据日期，以证明是在货物出运前办理的投保，签发地点一般为出口商所在地
(20) 保险公司签章 (Authorized Signature)	保险公司名称及签章	保险单只有经保险公司或其代理签章后才生效

二、保险单缮制样例

保险单见样例 3-13。

样例 3-13　保险单

PICC

中国人民财产保险股份有限公司 (1)

PICC Property and Casualty Company Ltd.

发票号码　　TIFERT123456　　　(2)
Invoice No.

保险单号次　　PICC08526　　(3)
Policy No.

货物运输保险单 (4)
CARGO TRANSPORTATION INSURANCE POLICY

被保险人：　TIFERT TRADING CO. , LTD.　　　(5)
Insured：

　　中国人民财产保险股份有限公司（以下简称本公司）根据被保险人的要求，及其所缴付约定的保险费，按照本保险单承担险别和背面所载条款与下列特别条款承保下列货物运输保险，特签发本保险单。

　　This policy of Insurance witnesses that PICC Property and Casualty Company Ltd. (hereinafter called "The Company"), at the request of the Insured and in consideration of the agreed premium paid by the Insured, undertakes to insure the under mentioned goods in transportation subject to conditions of the Policy as per the Clauses printed overleaf and other special clauses attached hereon.

唛头　(6) Shipping Marks	包装及数量　(7) Quantity	保险货物项目　(8) Descriptions of Goods	保险金额　(9) Amount Insured
AS PER INV. NO. TIFERT123456	250 CARTONS	GIRL JACKET	USD57,750.00

总保险金额：　　　　　(10)

Total Amount Insured: U. S. DOLLARS FIFTY-SEVEN THOUSAND SEVEN HUNDRED AND FIFTY ONLY

承保险别　　　　　　　(11)

Conditions

COVERING ALL RISKS AND WAR RISK AS PER OCEAN MARINE CARGO CLAUSES AND WAR RISK CLAUSES (1/1/2009) OF PICC PROPERTY AND CASUALTY COMPANY LTD (ABBREVIATED AS C. I. C-ALL RISKS AND WAR RISK) (WAREHOUSE TO WAREHOUSE CLAUSE IS INCLUDED)

保费　　　　　　　载运输工具　　　　　　　　　　　开航日期

Premium　as arranged (12)　Per conveyance S. S　SHUNFENG V. 0827 (13)　Slg. on or abt　AS PER B/L (14)

起运港　　　　　　　　　　　　　　　　　目的港

From　　TIANJIN (15)　　　　　　　　To　　　TOKYO (15)

所保货物,如发生本保险单项下可能引起索赔的损失或损坏,应立即通知本公司下述代理人查勘。如有索赔,应向本公司提交保险单正本(本保险单共有 二 份正本)及有关文件。如一份正本已用于索赔,其余正本则自动失效。　　(16)

In the event of loss or damage which may result in acclaim under this Policy, immediate notice must be given to the Company's Agent as mentioned hereunder. Claims, if any, one of the Original Policy which has been issued in TWO original (s) together with the relevant documents shall be surrendered to the Company. If one of the Original Policy has been accomplished, the others to be void.

　　PICC TOKYO BRANCH　(17)

　　RM101, 10TH FLOOR SUPER BUILDING, TOKYO, JAPAN

　　TEL：0081-61-2458 7531

赔款偿付地点

Claim payable at　　　TOKYO IN USD (18)

PICC Property and Casualty Company Ltd.

日期　　　　　　　　　在　　　　　　　　　　　　王 华　　　(20)

Date　　APR. 28, 2021(19)　At　　　TIANJIN

三、保险单操作注意事项

(1) 保险单应当看似由保险公司或保险商或其代理人或代表出具并签署。当出具人表明为"保险人"身份时,保险单据无须显示出具人为保险公司或保险商。

(2) 只要保险单已由保险公司或保险商或其代理人或代表签署,保险单就可以在保险经纪人的信笺上出具。保险经纪人可以作为具名保险公司或具名保险商的代理人或代表签署保险单据。

(3) 保险单由代理人或代表签署时,应当注明其所代理或代表签署的保险公司或保险商的名称,除非保险单的其他地方已经表明了保险公司或保险商。

(4) 当保险单要求由出具人、被保险人或具名实体副签时,保险单必须副签。

(5) 只要保险公司在单据的其他地方表明了保险公司,保险单在签署栏中就可以仅显示保险公司的商号,例如,当保险单在签署栏中显示由"AA"出具并签署时,在其他地方显示"AA Insurance Ltd."及其地址和联络细节,则可以接受。

(6) 当保险单表明由一个以上的保险人承保时,该保险单可以由一个代表所有保险人的代理人或代表签署,或由一个保险人代表所有共同保险人签署。在后一种情况下,例如,保险单由"AA Insurance Ltd.，作为牵头保险人，代表共同保险人"出具并签署。

（7）当信用证要求保险单出具一份以上的正本，或者保险单显示其已经出具了一份以上的正本时，所有正本都应当提交并已经签署。

（8）保险单不应表明提出索赔的有效期限，不应显示保险生效日期晚于装运日期。当保险单显示出具日期晚于信用证规定的装运日期时，应当以附注或批注的方式清楚地表明保险生效日期不晚于装运日期。

（9）保险单显示保险基于"仓至仓"或类似条款已经生效，且出具日期晚于装运日期，并不表示保险生效日期不晚于装运日期。

（10）在保险单没有出具日期和保险生效日期的情况下，副签日期也将视为证实了保险生效日期。

（11）当信用证未规定保险金额时，保险单据应当以信用证的币别，至少按 UCP600 第28 条 f 款 ii 项规定的金额出具，保险金额不要求保留两位以上的小数。

对保险金额的最高比例没有限制。超过合同规定的险别或超过正常的加成投保而导致支付超额保险费用，应事先与保险公司联系。如保险公司愿意承保，则可以接受，防止国外客户利用保险单进行诈骗，由此而支付的超额费用可计算在成本之内或争取由开证人负责。

信用证规定"Claims payable at destination in currency of the draft/credit"，保险单上要照抄，尽管保单的币别是信用证的币别，已注明赔付代理在进口国。

（12）保险单可以表明保险受免赔率或免赔额（扣减额）约束。然而，当信用证要求保险不计免赔率（irrespective of percentage）时，保险单不应含有表明保险受免赔率或免赔额（扣减额）约束的条款。保险单无须注明"不计免赔率 irrespective of percentage"。

（13）当从信用证或交单清楚得知要求支款的金额仅是货物总价值的一部分（例如，由于折扣、预付款或类似情形，或部分货款延付）时，保险金额的计算必须以发票或信用证所显示的货物总价值为基础，并符合 UCP600 第 28 条 f 款 ii 项的要求。

（14）同一运输的同一险别应当由同一份保险单所承保，除非提交了承保相关部分保险的一份以上的保险单，且每份保险单据以百分比例或其他方式明确地表明：每一保险人承保的金额；每一保险人将分别承担各自的保险责任，且不受其他保险人在该次运输下可能已承保的保险责任的影响；并且保险单对应的承保金额的合计总数，至少为信用证要求或者UCP600 第 28 条 f 款 ii 项规定的保险金额。

（15）保险单应当承保信用证要求的险别。即使信用证可能明确规定应承保的险别，保险单也可以援引除外条款。保险单必须表明保险责任至少覆盖从信用证所规定的货物装运、发运或接管地到卸货或最终目的地之间的路程。

（16）当信用证要求承保"一切险"时，无论保险单是否标明"一切险"标题，即使其表明特定险别除外，提交载有任何"一切险"条款或批注的保险单即满足要求。保险单表明其承保"伦敦保险协会货物运输保险条款（A）"，或者在空运项下其承保"伦敦保险协会货物运输保险条款（空运）"，即符合信用证要求"一切险"条款或批注的条件。

中国人保公司可以按照 CIC 条款签发保险单，也可以按照 ICC 条款签发保险单，但不允许在一份保单内部分险别是依据 CIC 条款，而部分险别是依据 ICC 条款，两者不能混用。

（17）保险单应当是信用证要求的形式，如有必要，还应当由要求索赔或有权索赔的实体背书。凡是以卖方或信用证的受益人为被保险人的保险单，无论信用证或合同是否有明确的背书要求，受益人均须盖章背书，即在保险单背面盖上出口公司和法人签字式样的橡皮图章,以利转让。背书转让不需要通知保险公司。背书可分为空白背书和记名背书。

（18）银行不审核保险单的一般性条款和条件。保险单上任何有关保费支付的事项,银行均不予理会,除非保险单注明"保险单无效,除非保费已付",且显示保费未付。

 **知识窗**

一、保险单据的概念

保险单据(insurance document)是指保险人(即保险公司)与被保险人(即投保人)之间订立的正式保险合同的证明,其效力随着货物安全抵达目的地即告终止。保险合同反映了保险人与被保险人之间的权利和义务关系。当发生保险责任范围内的损失时,它是被保险人索赔的主要依据,也是保险人理赔的主要依据。在 CIF 或 CIP 交易中,它又是出口商必须向进口商提交的出口结汇单据之一。

二、保险单据的种类

（1）投保单(application)。投保单是投保人向保险人申请订立保险合同的书面要约。

（2）保险单(insurance policy)。俗称大保单,是保险人与被保险人订立保险合同的正式书面证明,是目前我国进出口贸易中使用最广泛的一种正规的保险单据。

（3）保险凭证(insurance certificate)。俗称小保单,是一种简式的保险合同。其正面内容与保险单基本一致,但背面不载明保险人与被保险人之间的权利和义务等条款。保险凭证与保险单具有同样的效力。近年来,随着单据要求的规范化,许多保险公司已逐步停止使用此类单据。

（4）联合保险凭证(combined insurance certificate)。联合保险凭证是一种将发票和保险单相结合的,比保险凭证更为简化的保险单据。这种联合保险凭证不是专用单据,不能转让,仅适用于我国港、澳地区中资银行开来的信用证项下的业务,现已很少使用。

（5）预约保险单/总保险单(open cover/open policy)。又称预约保险合同,是被保险人(一般为进口人)与保险人之间订立的总合同。在实际业务中,预约保险单适用于我国自国外进口的货物。凡属预约保险单规定范围内的进口货物,一经启运,我国保险公司即自动按预约保险单所订立的条件承保。

（6）批单(endorsement)。保险单出立后,投保人如需要补充或变更其内容,可根据保险公司的规定,向保险公司提出申请,经同意后即另出一种凭证,注明更改或补充的内容,这种凭证即为批单。

图片:投保单　　　　图片:保险单　　　　图片:进口货物运输
　　　　　　　　　　　　　　　　　　　　预约保险合同

三、保险单的投保流程

保险单的投保流程如图 3-50 所示。

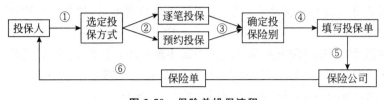

图 3-50　保险单投保流程

图中序号说明如下。
① 投保人选定投保方式。
② 逐笔投保或预约保险。
③ 确定投保险别。
④ 填写投保单。
⑤ 缴纳保险费。
⑥ 签发保险单给投保人。

四、保险单的作用

保险单是保险人接受投保人的投保申请并收取保险费后向投保人签发的证明文件,具有以下作用。

(1) 保险单是保险人对保险单所列货物,在其所负责期间和所负承保责任范围内,承担货物灭失和损害赔偿责任的凭证。

(2) 保险单是保险人与被保险人之间的一种契约,保险单上的保险条款,规定了保险人与被保险人的权利和义务。

(3) 当保险单上所列的被保险货物在保险人的责任范围内遭受灭失和损害时,保险单是被保险人或合法持有人向保险公司要求赔偿的凭证。

(4) 当保险单上所列的被保险货物在保险人的责任范围内遭受灭失和损害时,保险单是保险公司处理被保险人赔偿要求的主要理赔依据。

✍️ 单证知识同步训练

一、单选题

1. 根据《伦敦保险协会海运货物保险条款》的规定,承保范围最小的基本险别是(　　)。
　　A. ICC(A)　　　　　　B. ICC(B)　　　　　　C. ICC(C)　　　　　　D. ICC War Clause

2. 合同或信用证没有规定投保加成率,根据 UCP600 的规定,卖方可在 CIF 总值的基础上(　　)投保。
　　A. 加一成　　　　　　B. 加两成　　　　　　C. 加三成　　　　　　D. 加四成

3. 保险单中"IOP"是指(　　)。
　　A. 一种一般附加险　　　　　　　　B. 一种特殊附加险

    C. 计免赔率　　　　　　　　　　　　D. 不计免赔率

4. 我方按 CIF 条件出口一批罐头食品,按下列(　　)投保是正确的。

    A. 平安险＋水渍险　　　　　　　　　B. 一切险＋偷窃提货不着险

    C. 水渍险＋偷窃提货不着险　　　　　D. 战争险＋偷窃提货不着险

5. 在我国海洋运输货物保险业务中,下列(　　)险别不适用"仓至仓"条款。

    A. WAR RISK　　　B. WA or WPA　　　C. FPA　　　　　　　D. ALL RISKS

6. 在海运过程中,被保险货物茶叶经水浸已不能饮用,这种海上损失属于(　　)。

    A. 单独海损　　　B. 共同海损　　　C. 推定全损　　　D. 实际全损

7. 某公司出口货物一批,按 CIF 价值的 110％投保了水渍险,在此基础上还可加保(　　)。

    A. 平安险和渗漏险　　　　　　　　　B. 破碎险和战争险

    C. 一切险和战争险　　　　　　　　　D. 平安险和战争险

8. 出口商出运 100kg 香料,单价为 USD100/KG CIFC5％ LONDON,加成率为 10％,保险费率为 1％,出口商应付保险费(　　)。

    A. USD110　　　B. USD500　　　C. USD1000　　　D. USD100

9. 若信用证没有特殊规定,一般保险单的被保险人是(　　)。

    A. 开证行　　　B. 受益人　　　C. 申请人　　　D. 议付行

10. 根据我国"海洋货物运输保险条款"的规定,一切险包括(　　)。

    A. 平安险加 11 种一般附加险　　　　B. 一切险加 11 种一般附加险

    C. 水渍险加 11 种一般附加险　　　　D. 11 种一般附加险加特殊附加险

二、多选题

1. 根据我国海运货物保险条款(即 CIC 条款)的规定,海洋运输货物保险中的基本险包括(　　)。

    A. 平安险　　　B. 水渍险　　　C. 一切险　　　D. 附加险

2. 以下关于保险凭证的正确叙述是(　　)。

    A. 俗称小保单,是一种简化的保险单　　B. 既有正面内容,又有背面条款

    C. 与保险单具有同等效力　　　　　　D. 在实务中,保险单可以代替保险凭证

3. 以下关于保险单作用的正确选项是(　　)。

    A. 物权凭证　　　B. 索赔证明　　　C. 保险合同证明　　D. 货物收据

4. 在我国海洋运输货物保险业务中,下列险别均可适用"仓至仓"条款(　　)。

    A. ALL RISKS　　　B. F. P. A　　　C. T. P. N. D　　　　D. WAR RISK

5. 构成共同海损的条件是(　　)。

    A. 必须是有意的、合理的措施造成的损失

    B. 必须是为船、货共同安全而采取的措施

    C. 必须是属于非常性质的损失

    D. 必须是确实遭遇的危难

三、判断题

1. 根据 UCP600 的规定,信用证规定提供保险单时,出口商可以用保险凭证代替。

                              (　　)

2. 根据 UCP600 的规定,银行拒绝接受表明投保生效日期迟于装运日期的保险单。

( )

3. 一切险的责任范围涵盖所有险别,包括偷窃、提货不着险及战争险。 ( )

4. 保险单是一种权利的凭证,经背书后可以随货物所有权的转移而进行转让。( )

5. 保险单的赔付地一般为装运港(地),如有特殊要求,可事先说明。 ( )

6. 保险凭证俗称"小保单",是保险单的简化形式,省略了背面的保险条款,保险条款仍以保险单为准,与保险单具有同等的法律效力。 ( )

7. 预约保险单又称预约保险合同,是保险公司与投保人事先订立的在一定时期内承保多批货物的保险合同。凡在合同约定时期内,由出口商向保险公司发出"装运通知"或"保险声明",保险公司就对货物自动承保。 ( )

8. 保险单的包装及数量应填最大包装件数,如为散装货应填"N/M"。 ( )

9. 保险单的货物名称一栏应按发票品名填写。如发票品种名称繁多,可填写商品的统称。 ( )

10. 批单是保险公司对已经签发保单的更改或补充。 ( )

 单证技能进阶提高

一、动脑思考

1. 泰佛贸易公司在一笔出口贸易的发票中金额显示如下:

USD12,356.00

LESS 3% COM   370.68

TOTAL AMOUNT   USD11,985.32

请问:单证员在向保险公司投保时,保险金额应该以发票净值还是发票毛值为基础计算投保金额? 为什么? 具体金额应该如何填写?

2. 泰佛贸易公司在一笔 CIF 出口贸易中收到国外进口商通过银行开立的信用证,信用证对保险条款规定为"INSURANCE POLICY OR CERTIFICATE IN DUPLICATE FOR 110% OF TOTAL INVOICE VALUE COVERING ALL RISKS AND WAR RISK AS PER CIC DATED 1/1/2009",未规定保险单是否需背书。请问:单证员在向银行交单时,是否有必要对保险单据进行背书? 为什么?

3. 泰佛贸易公司在一笔出口贸易的结汇单据中保险单的签发日期比提单日期晚一天,但保险单中加注有这样的词句:"THE COVER IS EFFECTIVE AT THE LATEST FROM THE DATE OF SHIPMENT OF THE GOODS AT THE PLACE STATED IN THE CREDIT"。请问在这种情况下向银行交单议付,银行会提出异议吗? 为什么?

二、动手操练

泰佛贸易公司与意大利 BIG TOWER 公司经过友好洽商就出口台布达成一份出口合同,数量 5 000 打,CIF GENOA,付款方式即期信用证(L/C AT SIGHT)。随后泰佛贸易公司向中国人民财产保险股份有限公司进行投保,提交投保单。中国人民保险公司向泰佛贸易公司出具了保险单。作为保险公司的业务员,请根据信用证有关条款及补充信息缮制保险单(样例 3-14)。

    1. 信用证中与提单相关的摘录条款如下。

59：BENEFICIARY：   TIFERT TRADING CO., LTD.

                                        NO. 86, ZHUJIANG ROAD, TIANJIN, CHINA

50：APPLICANT：   BIG TOWER CORP

                                        88, TOWER BUILDING, GENOA, ITALY

44E：LOADING ON BOARD/DISPATCH/TAKING IN CHARGE AT/FROM...TIANJIN

44F：FOR TRANSPORTATION TO   GENOA

44C：LATEST DATE OF SHIPMENT   210531

45A：DESCRIPTION OF GOODS/SERVICE

        TABLE CLOTH   ART NO. T168   2,000DOZ   USD11.50/PC

                                ART NO. T294   3,000DOZ   USD12.80/PC

                                CIF GENOA

                                PACKING IN CARTONS OF 10PCS EACH

        SHIPPING MARKS：   BIG TOWER

                                S/C NO. TF368

                                GENOA

                                NO. 1-UP

46A：DOCUMENTS REQUIRED

+MARINE INSURANCE POLICY OF CERTIFICATE IN DUPLICATE, ENDORSED IN BLANK, FOR 110% OF THE INVOICE COST INCLUDING OCEAN MARINE CARGO CLAUSES (ALL RISKS), OCEAN MARINE CARGO WAR RISK CLAUSES (WAR RISK) AND OCEAN MARINE CARGO STRIKES RISKS AND CIVIL COMMO-TIONS CLAUSES OF PICC PROPERTY AND CASUALTY COMPANY LTD INCLUD-ING WAREHOUSE TO WAREHOUSE CLAUSE, CLAIMS PAYABLE IN GENOA IN CURRENCY OF DRAFTS.

    2. 其他补充信息如下。

    (1) INV. NO.   ： TJ008628

    (2) POLICY NO. ： PICC8526

    (3) 投保日期   ： MAY15, 2021

    (4) 船名航次   ： SHUNFENG V55

    (5) 保险代理人   ： GENOA INSURANCE CO LTD.

                        12, DONG JIN STREET, GENOA, ITALY

                        TEL：0039 2 3789 4598

                        ATN：MR MARAY

    (6) 保险单有权签字人：王华

样例 3-14　空白保险单

PICC

中国人民财产保险股份有限公司
PICC Property and Casualty Company Ltd.

发票号码
Invoice No.

保险单号次
Policy No.

货 物 运 输 保 险 单
CARGO TRANSPORTATION INSURANCE POLICY

被保险人：
Insured：

　　中国人民财产保险股份有限公司（以下简称本公司）根据被保险人的要求，及其所缴付约定的保险费，按照本保险单承担险别和背面所载条款与下列特别条款承保下列货物运输保险，特签发本保险单。

　　This policy of Insurance witnesses that PICC Property and Casualty Company Ltd. (hereinafter called "The Company"), at the request of the Insured and in consideration of the agreed premium paid by the Insured, undertakes to insure the under mentioned goods in transportation subject to conditions of the Policy as per the Clauses printed overleaf and other special clauses attached hereon.

唛头 Shipping Marks	包装及数量 Quantity	保险货物项目 Descriptions of Goods	保险金额 Amount Insured

总保险金额：
Total Amount Insured：

承保险别
Conditions

保费　　　　　　　　　　载运输工具　　　　　　　　　　　　　　　开航日期
Premium_____ Per conveyance S. S_____ Slg. on or abt_____

起运港　　　　　　　　　　　　　　　　　　目的港
From _____ To _____

所保货物，如发生本保险单项下可能引起索赔的损失或损坏，应立即通知本公司下述代理人查勘。如有索赔，应向本公司提交保险单正本（本保险单共有　　　份正本）及有关文件。如一份正本已用于索赔，其余正本则自动失效。

In the event of loss or damage which may result in acclaim under this Policy, immediate notice must be given to the Company's Agent as mentioned hereunder. Claims, if any, one of the Original Policy which has been issued in ____ original (s) together with the relevant documents shall be surrendered to the Company. If one of the Original Policy has been accomplished, the others to be void.

赔款偿付地点
Claim payable at

日期　　　　　　　　　　　在
Date _____ at_____

任务十一   缮制其他单据

 案例导入

我国某进出口公司收到英国伦敦 N 银行开来 L/C 一份,金额 193 233 美元,付款期限为"提单日后 45 天",装期、效期均为 1 月 15 日。该证在附加条款中列明要提交"受益人证明",原条款为 Beneficiary's certificate stating they have advised the applicant within 24 hours after shipment date, vessel name, gross and net weight and value of the consignment.

受益人在 1 月 15 日将全套单据交议付行,议付行发现未能按信用证规定提供"Beneficiary's certificate",而是以"装船通知"电抄副本代替。这两种单据虽然形式不同,但所起的作用是完全一样的。由于 1 月 15 日该证到期,没有时间改单,并且认为用装船通知更实际一些,所以给予议付寄单并向开证行索汇。

开证行于 1 月 25 日来电表示拒付,理由是"受益人证明"未提供。当天受益人再次致电开证申请人并指出,以电抄代替"受益人证明"其作用是完全相同的,而且也是开证行以前曾经接受过的习惯做法。

开证行于 1 月 27 日复电,表明开证行付款的依据是"相符交单",而无义务检查这些单据实质上的作用如何,在信用证业务操作中,银行始终坚持"只管单据,不管事实"的原则,最终受益人因"单证不符"而遭拒付。

 思政分析

本案例的最大失误在于没有做到"相符交单",因此,无论受益人交付的货物质量如何,都难逃被拒付的厄运。在处理信用证业务中,银行坚持"管单不管货","管单只管表面上相符"的原则,该原则早已被世界各国银行所公认。因此,在实际业务中,一定要严格按照信用证要求提交各种单证,同时保证做到单证相符、单单相符、单内相符,要养成耐心细致和精益求精的工作作风,唯有这样,开证行才会履行付款承诺,我们才能及时收回货款。

任务背景

> 一段时间以来的单据工作经验告诉张琳同学,国际贸易中,除商业发票、装箱单、提单、保险单等主要单据外,还会有许多其他单据,如受益人的寄样证明、寄单证明、船公司的船龄证明、航线证明等。该票女童夹克衫业务,日本丸红株式会社通过中行东京分行开立的信用证中明确规定议付货款须提交受益人证明函作为结汇的单据之一。
>
> 张琳同学在等待货代公司签发提单期间,就着手开始缮制受益人证明函等单据,为拿到提单后赶在第一时间将全套结汇单据送银行议付货款做好充分准备。

其他单据是出口业务中常用的结汇单据之一,依据证明的内容不同,可以冠以不同的单据名称。如证明受益人已将一套单据邮寄给开证申请人,叫受益人寄单证明;由船公司出具证明载货船舶的船龄不超过 15 年,叫船公司的船龄证明。这些证明都是有关方面履行合同或信用证规定义务的证明,种类繁多,需要单证员在实际业务中不断总结经验灵活应对,做到既履行规定义务又满足结汇需要。

 ## 缮制其他单据操作规范及样例

实训目的

◇ 能看懂相关信用证(合同)中有关装运通知、船公司证明或受益人证明的条款;

◇ 掌握装运通知、船公司证明或受益人证明的缮制规范和技巧;

◇ 能够独立缮制装运通知、船公司证明或受益人证明等其他单据。

操作前准备

◇ 出口商提供的合同、信用证;

◇ 出口商已经缮制妥的商业发票、装箱单等结汇单据;

◇ 空白的纸质单据或空白单据模板。

操作程序

◇ 浏览信用证对装运通知、船公司证明或受益人证明的要求及相关附加指示;

◇ 缮制装运通知、船公司证明或受益人证明等各种证明;

◇ 审核缮制装运通知、船公司证明或受益人证明是否正确,检查装运通知、船公司证明或受益人证明填写是否与已缮制妥的发票、装箱单、原产地证书、提单等结汇单据做到单单相符、单证相符。

一、其他单据

1. 装运通知缮制规范

装运通知缮制规范见表 3-9。

表 3-9　装运通知缮制规范

项目顺序号	填写内容	要点提示
(1) 单据名称 Name of doc	Shipping Advice	应与信用证要求的单据名称一致
(2) 发票号 Invoice No.	发票号码	与该笔业务的发票号保持一致
(3) 日期 Date	发送装运通知的时间	一般与提单日期相同或略晚于提单日期
(4) 通知对象 To	开证人或其他	按信用证要求填写
(5) 声明或证明文句 Statement	声明货物已出运	按信用证要求填写
(6) 通知内容 Contents	合同号、信用证号、品名、数量、运输工具、开航日期、装运港、目的港、提单号等详细内容	按信用证要求填写

续表

项目顺序号	填写内容	要点提示
(7) 激励性文句 Encourage sentence	希望对方满意的文句	不是必须的内容
(8) 签署 Signature	受益人签章	一般可以不签署

2. 装运通知缮制样例

装运通知见样例 3-15。

样例 3-15　装运通知

TIANJIN TIFERT TRADING CO., LTD.
NO. 86, ZHUJIANG ROAD, TIANJIN, CHINA

SHIPPING ADVICE (1)

TO：MARUBENI CORP.　(4)　　　　　　　　　　INV. NO. TIFERT123456 (2)

　　　　　　　　　　　　　　　　　　　　　　DATE：APR 30, 2021 (3)

DEAR SIR,

　　WE ARE PLEASED TO INFORM YOU THAT THE FOLLOWING MENTIONED GOODS HAVE BEEN SHIPPED OUT,FULL DETAILS AS FOLLOWS：(5)

　　1. COMMODITY：GIRL JACKET
　　2. QUANTITY：250 CARTONS
　　3. BILL OF LADING NO. ：SINO081216
　　4. OCEAN VESSEL：SHUNFENG V.0827
　　5. PORT OF LOADING：TIANJIN　　　　　　　　　　　　　　　(6)
　　6. DATE OF SHIPMENT：APR30, 2021
　　7. PORT OF DESTINATION：TOKYO
　　8. TOTAL AMOUNT：USD52,500.00
　　9. MARKS AND NUMBER ON B/L：MARUBENI
　　　　　　　　　　　　S/C 21TF0858
　　　　　　　　　　　　TOKYO
　　　　　　　　　　　　CTN 1-250

　　WE HOPE YOU ARE SATISFIED WITH THE QUALITY OF OUR GOODS AND LOOK FORWARD TO RECEIVING YOUR REPEAT ORDER SOON.　(7)

(8)

3. 船公司证明缮制规范

船公司证明缮制规范见表 3-10。

表 3-10　船公司证明缮制规范

项目顺序号	填写内容	要点提示
（1）单据名称 Name of doc	Certificate	单据名称应与信用证一致
（2）日期 Date	证明的日期	一般与提单日期相同
（3）抬头人 To	To whom it may concern	不填实际当事人
（4）证明文句 Contents	需证明的内容	按照信用证要求并结合实际情况做出证明
（5）签署 Signature	船公司或货代公司签章	应该与提单签单人一致

4. 船龄证明缮制样例

船龄证明见样例 3-16。

样例 3-16　船龄证明

CERTIFICATE OF VESSEL'S AGE　　　（1）

　　　　　　　　　　　　　　　　TIANJIN APR 30，2021（2）

TO WHOM IT MAY CONCERN：（3）

　　THIS IS TO CERTIFY THAT THE M. S. /S. S. SHUNFENG V. 0827 WAS BUILT IN YEAR 2000 AND HAS THEREFORE BEEN IN OPERATION NOT MORE THAN 15 YEARS AT TIME OF CARGO LOADING.　　　　　　（4）

　　　　　　　　　　　　　SINOTRANS TIANJIN COMPANY
　　　　　　　　　　　　　　张涛　（5）

5. 受益人证明函缮制规范

受益人证明函缮制规范见表 3-11。

表 3-11　受益人证明函缮制规范

项目顺序号	填写内容	要点提示
（1）单据名称 Name of doc	Certificate	单据名称应与信用证一致
（2）日期 Date	证明日期	应符合信用证规定
（3）发票号 Invoice No.	发票号码	与该笔业务的发票号保持一致
（4）抬头人 To	To whom it may concern	不填实际当事人

续表

项目顺序号	填写内容	要点提示
(5) 证明文句 Contents	需证明的内容	应符合信用证规定，注意人称、时态、语态的变化
(6) 签署 Signature	受益人签章	证明函无论信用证是否要求签署都必须签署

6. 受益人证明函缮制样例

受益人证明函见样例 3-17。

样例 3-17　受益人证明函

TIANJIN TIFERT TRADING CO. ，LTD.

NO.86, ZHUJIANG ROAD, TIANJIN, CHINA

CERTIFICATE 　　(1)

DATE：　　　APR 30, 2021　(2)

INVOICE NO： TIFERT123456　(3)

TO WHOM IT MAY CONCERN　　　(4)

　　WE CERTIFY THAT 1/3 ORIGINAL B/L AND ONE SET OF NON-NEGOTIABLE SHIPPING DOCUEMENTS HAVE BEEN SENT TO MARUBENI CORP. WITHIN 48 HOURS AFTER SHIPMENT.　　　　　　　　　　　　　　　　(5)

（6）

二、其他单据操作注意事项

1. 装船通知

（1）出口商应及时缮制装船通知，并严格按合同或信用证要求的时间发送装船通知。

（2）装船通知应该充分，以便买方或保险公司及时办理保险手续。信用证要求通知的内容必须一一列出，可以比信用证详尽，但不能与其他单据相同的信息相矛盾。

图片：装船通知

（3）装船通知要按照合同或信用证的要求发送给相关方，如买方、保险公司。

（4）如果信用证要求装船通知的副本作为议付单据之一，最好在结尾处加注"This is the true copy of shipping advice sent to applicant or Insurance Co."类似的文句。

2. 船公司证明

（1）船公司证明的种类很多，应依照合同或信用证的规定，要求船公司出具相关证明。

如要求船龄证,就必须签发船龄证,而不能以船籍证明替代。

(2)不能完全照抄信用证条款内容,应具体化并在人称、时态等方面做相应变化。

(3)船公司证明签发日期一般与运输单据签发日期相同,或略晚些。

(4)船公司证明本身的性质决定其必须签署。

3. 受益人证明函

(1)当信用证要求提交受益人证明时,提交经签署的单据包含信用证所要求的数据和证明文句以满足其功能,并表明信用证规定的名称,或标明反映所要求证明类型的名称,或没有名称,即符合要求。

图片:受益人
证明函

(2)受益人证明函提及的数据,不应与信用证要求相矛盾。

(3)受益人证明函上提及的数据和证明文句,无须与信用证要求的等同一致,但应当清楚表明信用证规定的要求已经获得满足。受益人证明函的措辞如果信用证已经给出,在缮制单据时不能原封不动照抄照办,应该在人称、时态或语态上进行相应的调整,如一般将 Beneficiary 替换成 We,把将来时变成完成时,表明信用证规定的义务受益人已经完成。同时受益人证明函无须包含货物描述,或对信用证或其他规定单据的任何其他援引。

(4)受益人证明函本身的性质决定该单据需要由受益人或受益人代表签署。

知识窗

一、装运通知的概念和作用

装运通知(shipping advice)是货物离开装运港(启运地)后,由出口商发送给进口商,通知后者一定数量的货物已经启运的通知文件。在 FOB 或 CFR 条件下,进口商需要根据装船通知为进口货物办理保险手续,因此一般要求出口商在货物离开启运地后两个工作日内向进口商发出装船通知。

装运通知是在采用租船运输大宗进出口货物的情况下,在合同中加以约定的条款。规定这个条款的目的在于明确买卖双方责任,促使进出口双方互相合作,共同做好船货衔接工作。货物装船后,出口商应及时向进口商发出装运通知,以便对方准备付款、赎单,办理进口报关和接货手续。

二、船公司证明的概念和种类

船公司证明(shipping company's certificate)是船长或其代理人出具的单据,用来证明船籍、航程、船龄、船级、集装箱船、运费等,由受益人向船公司或其代理人索取。

1. 船舶本身的证明

(1)集装箱船只证明(certificate of container vessel)。进口商或银行在合同或信用证中规定货物需装集装箱船并出具相应证明的,若信用证没有约定具体签发人,可由受益人自行缮制并加盖出口商图章,也可在运输单据上加以注明。但信用证如果规定具体的签发人,则必须依照信用证要求办理。

（2）船龄证明（certificate of vessel's age）。有些国家或地区来证规定装载货物的船舶船龄不得超过 15 年,受益人必须要求船公司或船代出具载货船只的船龄证明书（Certificate to evidence the ship is not over 15 years old 或 is under 15 years of age）,这样的要求主要目的在于禁止使用老龄船,保护货物运输安全。

（3）船籍证明（certificate of registry）。有些国家或地区来证规定货物必须装载某国籍的船舶或禁止装载某国籍的船舶时,受益人在租船订舱时就必须考虑此要求,同时要求船公司或船代出具载货船舶所属国籍的证明以此满足信用证要求,保证安全收汇。

图片:船龄证明

（4）船级证明（confirmation of class）。有的信用证规定提供英国劳合社船级证明,如"Class certificate certifying that the shipment is made by a seaworthy vessel which are classified 100 A1 issued by Lloyds or equivalent classification society",劳合社的船级符号为 LR,标志 100A1,100A 表示该船的船体和机器设备是根据劳氏规范和规定建造的,1 表示船舶的装备（如船锚、锚链和绳索等）处于良好和有效的状态,对这样的要求,我们通常应尽可能予以满足。国际上著名的船级社有英国劳合社、德国船级社（GL）、挪威船级社（DNV）、法国船级社（BV）、日本海事协会（NK）、美国船级社（ABS）等。

2. 运输和航行证明

（1）航程证明（certificate of itinerary）。主要说明航程中船舶停靠的港口,一些阿拉伯国家开来的信用证中,往往要求在提单上随附声明一份,明确船籍、船名、船东及途中所经港口顺序,出口商须请求船公司或船代按要求签发此类证明并按证明中所述行驶、操作船舶。

图片:航程证明

（2）转船证明书（certificate of transshipment）。出口商要求船公司或船代出具转船证明书,说明出口货物将在中途转船且已联系妥当,并由托运人负责将有关转船事项通知收货人。

（3）货装具名船舶证明（certificate of named carrying vessel）。如信用证要求"A certificate from the shipping company or its agent stating that goods are shipped by APL",意思是要求出口商提供由船公司或其代理出具的货装美国总统轮船公司的证明。

（4）船长收据（captain's receipt）。有的信用证规定,样品或单据副本交载货船舶的船长带交进口商,并提供船长收据,如委托船长带去而未取得船长收据将影响出口商收汇,常见于近洋运输。

图片:船长
收据证明

此外船证还包括进港证明、运费已交收据、港口费用单（port charges documents）、装卸准备就绪通知书（notice of readiness,NOR）和装卸时间事实记录等,如要求出具相应证明的,出口商必须提供。

3. 航运组织和公约证明

（1）班轮公会证明（conference line certificate）。信用证规定货物须装班轮公会船舶时,向银行所交单据中应包括船公司或船代出具的证明。

例 1:信用证要求"A certificate issued by the carrier, shipping Co or their agents certifying that shipment has been effected by conference line and/or regular line vessels only covered by institute classification clause to accompany the documents",其意思是由承运人、船公司或他们的代理签发证明,证实货物业已装运在符合伦敦协会船级条款的班轮公会船舶或定期船上,该船证随单据提交。

例 2：信用证要求"Shipping company's certificate stating that the carrying vessel has entered P&I Club and should be attached with the original documents"，其要求船证应明确载货船舶系船东保赔协会成员并应随附正本证明。

（2）黑名单证明（certificate of black list）。典型的是阿拉伯国家所要求的抵制以色列证明（Certificate of Boycott Israeli）。其通常规定为"The vessel carrying the goods is not Israeli and will not call on any Israeli ports while carrying the goods and that the vessel is not banned entry to the port of the Arab States for any reasons whatever under the laws and regulations of Arab Sates allowed"，意思是船上所装货物为非以色列原产，船舶不经停任何以色列港口，船舶可依法自由进入阿拉伯国家法律和规则所允许进出的港口。

（3）SMC、DOC 和 SOLAS。这几个缩略语近年来常出现在信用证的要求中，SMC（Safety Management Certificate，船舶安全管理证书）和 DOC（Document of Compliance，安全符合证书，也有人称其为船/港保安符合证书）是按照国际安全管理规则（ISM）的规定载货船舶应在船上拥有的必要证书。我国海事局按 ISM 的规章发给船公司 DOC，船舶则可获 SMC，如船公司没有相应证书，那么就没有办法按信用证要求来出具此类证明。信用证中的一般要求是"The carrying vessel should comply with the provisions of the（ISM）Code which necessitates that such vessel must have on board，copies of the two（SMC and DOC）valid Certificates and copies of such certificate must be presented with the original documents."也可体现为"Certificate issued，signed and stamped by the owner/carrier/ master of the carrying vessel holds valid ISM certificate and ISPS（International Shipping And Port Security Safety Code《国际船舶和港口设施保安规则》）"；SOLAS 指的是《1974 年国际海上人命安全公约》（简称 SOLAS 公约）。"9·11"事件后，国际海事组织于 2002 年 12 月召开缔约国大会通过对 SOLAS 公约的修正案，并在 2004 年 7 月 1 日起开始实施。按上述有关规定，船舶应持有"安全管理证书"正本，其船名与国籍证书一致，所载公司名称与"符合证明"中的公司名称相一致。

三、受益人证明的概念、种类和作用

受益人证明通常是指信用证受益人根据信用证的要求出具的证明受益人已经履行了合同或信用证规定义务的证明，是信用证付款方式下要求的常见单据之一。

受益人证明主要有寄单证明、寄样证明和包装证明几种。

受益人证明的作用主要包括以下几种。

（1）向有关方面证实某件事实。

（2）证明已经履行某种义务或完成某项工作。

（3）作为议付单据之一。

单证知识同步训练

一、单选题

1. 在 FOB 或 CFR 条件下，一般要求出口商在货物离开启运港（地）后两个工作日内向

进口商发出（　　），进口商需要据此为进口货物办理保险手续。

    A. 受益人证明函　　B. 寄样证明　　　　C. 装船通知　　　　D. 船龄证明

2. 主要说明航程中船舶停靠港口的证明是（　　）。

    A. 船级证明　　　　　　　　　　　　B. 货装具名船舶证明

    C. 航程证明　　　　　　　　　　　　D. 船长收据

3. 信用证中规定"The vessel carrying the goods is not Israeli and will not call on any Israeli ports while carrying the goods and that the vessel is not banned entry to the port of the Arab States for any reasons under whatever the laws and regulations of Arab Sates allowed"。该证明是（　　）。

    A. 航程证明　　　B. 黑名单证明　　C. 船籍证明　　　　D. 船长收据

4. 信用证中规定"Copy of fax sent to applicant advising the L/C No. , commodity, quantity, total value, shipment date and B/L No. within 2 days after shipment"。该单据是（　　）。

    A. 受益人证明函　　B. 船公司证明　　　C. 电抄副本　　　　D. 航运证明

5. 有些地区开来的信用证规定"Class certificate certifying that the shipment is made by a seaworthy vessel which are classified 100 A1 issued by Lloyds or equivalent classification society"。该证明是（　　）。

    A. 黑名单证明　　　B. 船籍证明　　　C. 航程证明　　　　D. 船级证明

6. 装船通知应该及时充分,以便买方及时办理（　　）。

    A. 订舱手续　　　B. 保险手续　　　C. 报关手续　　　　D. 报检手续

7. 装运通知在装运前由买方发给卖方的,英文名称是（　　）。

    A. SHIPPING INSTRUCTION　　　　B. SHIPPING DOCUMENTS

    C. SHIPPING SAMPLE　　　　　　　D. SHIPPING ADVICE

8. 装运通知在装运后由卖方发给买方的,英文名称是（　　）。

    A. SHIPPING INSTRUCTION　　　　B. SHIPPING DOCUMENTS

    C. SHIPPING SAMPLE　　　　　　　D. SHIPPING ADVICE

9. 如信用证规定装船后立即发装运通知（"Immediately after shipment"）,一般应掌握在提单后（　　）内发送。

    A. 一天　　　　　B. 二天　　　　　C. 三天　　　　　　D. 四天

10. 一般而言,装运通知除发送给进口商外,还可以发送给（　　）。

    A. 船公司　　　　B. 货代公司　　　C. 保险公司　　　　D. 付款行

二、多选题

1. 发送装船通知的作用为（　　）。

    A. 办理货运保险　　　　　　　　　　B. 以便对方准备付款、赎单

    C. 以便了解货物品质　　　　　　　　D. 便于船货衔接

2. 受益人向船公司或其代理人可索取的证明有（　　）。

    A. 船籍证明　　　B. 航程证明　　　C. 船龄证明　　　　D. 船级证明

3. 受益人证明主要包括（　　）。

    A. 装运证明　　　B. 寄单证明　　　C. 寄样证明　　　　D. 包装证明

4. 航运组织和公会证明通常包括( )。

    A. 寄单证明   B. 黑名单证明   C. 安全符合证书   D. 班轮公会证明

5. 受益人证明的主要作用包括( )。

    A. 向有关方面证实某件事实

    B. 作为议付单据之一

    C. 证明已经履行某种义务或完成某项工作

    D. 向卖方进行索赔的依据

三、判断题

1. 装运通知是货物离开启运港(地)后,由出口商发送给进口商,通知后者一定数量的货物已经启运的通知文件。   ( )

2. 有些国家或地区来证规定货物必须装载某国籍的船舶或禁止装载某国籍的船舶时,受益人在租船订舱时就必须考虑此要求,同时要求船公司或船代出具船级证明。   ( )

3. 有的信用证规定,样品或单据副本交载货船舶的船长带交进口商,为满足信用证的这一规定,可要求船长出具运费收据用于出口商向银行议付货款。   ( )

4. 受益人证明通常是指信用证受益人根据信用证的要求出具的证明受益人已经履行了合同或信用证规定义务的证明。   ( )

5. 其他单据是出口业务中常用的结汇单据之一,依据证明的内容不同,可冠以不同的单据名称。   ( )

6. 有些国家或地区来证规定装载货物的船舶船龄不得超过 15 年,受益人必须要求船公司或船代出具载货船只的船龄证明书才能满足信用证要求,否则影响安全收汇。   ( )

7. 如信用证要求"A certificate from the shipping company or its agent stating that goods are shipped by APL"。该证明是船籍证明。   ( )

8. 信用证要求"A certificate issued by the carrier, shipping Co or their agents certifying that shipment has been effected by conference line and/or regular line vessels only covered by institute classification clause to accompany the documents"。该证明是班轮公会证明。   ( )

9. 如果信用证没有特殊规定,证明函可以无须签署。   ( )

10. 受益人证明函不能完全照抄信用证条款内容,应具体化并在人称、时态等方面做相应变化。   ( )

单证技能进阶提高

一、动脑思考

1. 泰佛贸易公司收到国外客户通过银行开立的信用证,来证规定"Beneficiary is to fax Mr.... stating L/C No., quantity shipped, name of vessel & ETD within 5 days after shipment, a copy of this mail must accompany the documents for negotiation."。请问:该条款中提及"a copy of this fax"实际上是指的什么单据?受益人在缮制该单据时应该注意什么?如果向银行议付时遗漏提交"a copy of this mail",后果将如何?

2. 泰佛贸易公司收到国外客户通过银行开立的信用证,来证规定"One copy of in-

voice，packing list and original GSP Form A to be sent direct to applicant immediately after shipment and beneficiary's certificate to this effect and relative postal receipt should be required for negotiation"。请问一般情况下，受益人应该在装船后几日内将单据寄给开证申请人？除按照要求邮寄单据外，在向银行议付货款时应提供哪些单据才能符合信用证要求？

3. 泰佛贸易公司在一笔信用证付款方式下的出口业务中，向银行议付货款时遭银行拒付并收到拒付电一纸。拒付理由是漏提交"captain's receipt"。泰佛贸易公司于是仔细地核对留底单据与信用证，发现在信用证47A中附加条件中有一条款规定为"Full set of non-negotiable shipping documents to be sent to the captain of the carrying vessel and handed over to Messrs. ×× and captain's receipt accompanied by the original documents for negotiation"。泰佛贸易公司认为银行拒付没有道理，于是与银行据理力争，理由之一是该单据并没有出现在需要单据(46A:DOCUMENTS REQUIRED)条款中，而是出现在其他附加条件中(47A:ADDITIONAL CONDITION)，故没有必要提交该单据。泰佛贸易公司的理由成立吗？为什么？在什么情况下，泰佛贸易公司的理由才成立？请举例说明。

二、动手操练

泰佛贸易公司与挪威 Kuffert Kompagniet 公司经过友好洽商就出口野餐篮子达成一份出口合同，数量 5 000 套，CFR OSLO，付款方式为即期信用证，要求出运后发送装运通知给 Kuffert Kompagniet 公司以便办理投保手续。现在泰佛贸易公司已经完成交货义务，将 5 000 套野餐篮子装在 2021 年 8 月 28 日开航的"EASTWIND VOY18"的船上，提单号为 COSO9969，作为单证员，请根据信用证要求和补充信息缮制装运通知(样例 3-18)。

1. 信用证相关的主要条款摘录如下。

27:SEQUENCE OF TOTAL   1/1
40A:FORM OF DOC CREDIT   IRREVOCABLE
40E:APPLICABLE RULES   UCP LATEST VERSION
20: DOC CREDIT NUMBER   QC08-0014578
59: BENEFICIARY   TIFERT TRADING CO.，LTD.
                               NO. 86，ZHUJIANG ROAD, TIANJIN, CHINA
50: APPLICANT   KUFFERT KOMPAGNIET
                               BANEMARKSVEJ 50，NW-2605 BROENDBY, NORWAY
32B:CURRENCY CODE，AMOUNT   USD79 000,00
44E: LOADING ON BOARD/DISPATCH/TAKING IN CHARGE AT/FROM...TIANJIN
44F: FOR TRANSPORTATION TO   OSLO
44C: LATEST DATE OF SHIPMENT 210830
45A:DESCRIPTION OF GOODS/SERVICE
    PICNIC BASKETS   STYLE PB1158   5,000SETS   USD15. 80/SET
                       CFR OSLO
                       PACKING IN CARTONS OF 1SET EACH
                       DETAILS AS PER S/C NO. 21MM0965 DATED 5/7/2021
    SHIPPING MARKS   KUFFERT

S/C NO. 21MM0965

OSLO

NO. 1-UP

46A：DOCUMENTS REQUIRED

＋ SHIPMENT ADVICE WITH FULL DETAILS INCLUDING CTN NUMBERS，VESSEL'S NAME，B/L NUMBER，VALUE AND QUANTITY OF GOODS，SHIPPING MARKS MUST BE SENT ON THE DATE OF SHIPMENT TO APPLICANT

2. 补充信息如下。

(1) 发票号：MK210828

(2) 提单日期：AUG 28,2021

(3) 提单号：COSO9969

(4) 船名航次：EASTWIND VOY18

(5) 有权签字人：王宏

样例 3-18 空白装运通知

SHIPPING ADVICE

NO. :

DATE：

TO：

DEAR SIR，

WE ARE PLEASED TO INFORM YOU THAT THE FOLLOWING MENTIONED GOODS HAVE BEEN SHIPPED OUT，FULL DETAILS AS FOLLOWS：

1. COMMODITY：

2. QUANTITY：

3. NUMBER & KIND OF PACKAGES：

4. BILL OF LADING NO. ：

5. OCEAN VESSEL：

6. PORT OF LOADING：

7. PORT OF DISCHARGE：

8. DATE OF SHIPMENT：

9. TOTAL VLAUE：

10. SHIPPING MARKS：

WE HOPE YOU ARE SATISFIED WITH THE QUALITY OF OUR GOODS AND LOOK FORWARD TO RECEIVING YOUR REPEAT ORDER SOON.

....

Authorized Signature

任务十二　缮制汇票

案例导入

我国某出口公司 A 与科威特某中间商成交货物一批，贸易条件为 CFR5％，货值为 USD52 500.00。国外开来 L/C 总金额为 USD49 875.00，并注明"议付时扣 5％佣金额给科威特中间商"，原文为"When negotiating documents 5％ commission to be deducted from amount negotiated and returned to××"。但 A 公司在制单中忽略核对 L/C 金额，在缮制商业发票和汇票时均按照合同金额 USD52 500.00，议付时银行扣除 5％，按 USD49 875.00 借记开证行北京账户。开证行接单后来电拒付，理由是发票金额超过信用证金额。经多次与开证行及中间商交涉均无效，只好在 L/C 有效期内另赶制新发票和汇票，即金额改为 USD49 875.00，再扣去 5％佣金，结果是最后实际付给科威特中间商 10％的佣金，金额计 USD5 250.00。

思政分析

该案例主要由于 A 公司业务员因缺乏经验，对审证、制单和审单等环节把关不严，最后酿成损失。具体而言，第一，没有把好审证关。信用证开来的金额为扣除 5％佣金后的净值，就不应该在信用证中再注明"议付时扣 5％佣金额给科威特中间商"，原文为"When negotiating documents 5％ commission to be deducted from amount negotiated and returned to ××"，对此 A 公司业务员应该毫不犹豫地要求开证申请人删除此条款。而事实是，A 公司业务员对此没有理睬。第二，制单环节，又疏忽了，没有按照信用证金额缮制商业发票和汇票，最后导致超证支付，银行拒付。由于在审证和制单、审单环节都把关不严，以致中了外商设下的圈套，重复支付了 5％的佣金，可谓有苦难言。因此，在实际业务中，一定要严把审证第一关，最后到交单议付环节上出现单证不符往往都是审证关没有把紧，严格按照信用证要求制单，绝对不能超证支付，最后还要把好审单关，只有做到相符交单，才能安全及时收回货款。总之，一定要养成耐心细致、精益求精的工作作风，只有这样，我们才能避免发生此类损失。

任务背景

> 张琳同学具体负责的女童夹克衫进料加工业务，目前该批夹克衫已由"顺风"轮由中国天津港装运出海驶往日本的东京港，并且已经拿到中外运天津公司签发的已装船清洁提单，接下来就可以缮制汇票连同全套装运单据送中国银行天津分行议付货款。
>
> 于是张琳同学抓紧时间缮制该票业务项下的商业汇票，然后送单证部审核全套装运单据，保证单单相符、单证相符，争取尽早安全收回货款。

汇票是无条件的支付命令，是国际贸易中使用最多的支付工具，它具有流通性、无因性等特点，是一种金融单据，为了不影响其流通转让，汇票的缮制质量要高，在实际业务中一般不允许有涂改的痕迹。

缮制汇票操作规范及样例

实训目的

◇ 能看懂信用证(合同)中有关汇票的条款;

◇ 掌握汇票缮制的规范和技巧;

◇ 能够独立缮制汇票。

操作前准备

◇ 出口商提供的销售合同和信用证;

◇ 出口商提供的已缮制妥的商业发票。

操作程序

◇ 浏览信用证对汇票的要求及相关附加指示;

◇ 结合商业发票了解发票号、金额等内容;

◇ 对照信用证或合同中的汇票条款审核汇票,检查汇票各个栏目填写是否与已缮制妥的发票、装箱单、提单、原产地证书等结汇单据单单相符、单证相符。

一、汇票缮制规范

汇票缮制规范见表 3-12。

表 3-12　汇票缮制规范

项目顺序号	填写内容	要点提示
(1) 单据名称 Name of doc	Bill of Exchange,Bill 或 Draft	一般已印妥
(2) 汇票编号 No.	此笔业务的发票号	与商业发票上的发票号保持一致
(3) 日期和地点 Place and Date	汇票的出票地点和日期	① 出票地点一般为议付行和出票人所在地点 ② 出票日期应在提单日后,信用证有效期和交单期前
(4) 小写金额 Amount in Figure	货币名称缩写和阿拉伯数字构成	不得超过信用证最高限额
(5) 付款期限 Tenor	① 即期付款,在 At 和 Sight 之间填写 *** 或 - - - ② 远期付款,在 At 和 Sight 之间填写具体的期限	远期付款的几种表示方法: ① 见票后××天付款 ② 出票后××天付款 ③ 提单日后××天付款 ④ 指定日期付款
(6) 收款人 Payee	① 限制性抬头 ② 指示性抬头,便于流通转让 ③ 来人抬头	实际业务中,多填写成指示性抬头
(7) 大写金额 Amount in Words	用文字叙述支付货币名称和支付的金额	① 习惯上,在货币名称前加"say",在大写金额后加"only"字样 ② 大小写金额保持一致

续表

项目顺序号	填写内容	要点提示
(8) 出票依据 Drawn under	信用证方式下包括开证行名称、信用证号和开证日期	信用证有规定的文句照抄即可 托收项下,填写 For Collection
(9) 付款人 Drawee	一般为开证行或信用证指定的付款人	托收项下,填写进口商
(10) 出票人 Drawer	受益人或合同中出口商	① 加盖受益人签章 ② 如果要求手签,则必须亲笔签名

二、汇票缮制样例

汇票见样例 3-19。

样例 3-19　汇票

BILL OF EXCHANGE　（1）

No.　TIFERT123456　(2)　　　　　　　Tianjin, China.　MAY 5, 2021　(3)

Exchange for　　　USD52,500.00　　(4)

At　　* 　* 　*　(5)　　sight of this FIRST of Exchange(Second of exchange being unpaid), pay to

the order of　　　BANK OF CHINA TIANJIN BRANCH　(6)　　　the sum of

U. S. DOLLARS FIFTY-TWO THOUSAND FIVE HUNDRED ONLY　　(7)

Drawn under　BANK OF TOKYO　(8)

L/C No.　A-13-0058

Date　FEB15, 2021

To：　BANK OF TOKYO　　(9)

TIFERT TRADING CO., LTD.
泰佛贸易有限公司
*　(10)

三、汇票操作注意事项

1. 汇票的基本要求

（1）在信用证要求汇票的情况下,汇票付款人应当为信用证规定的银行。在托收付款方式下,汇票付款人应当为进口商。

（2）银行仅在 ISBP745 中第 Para B2 至 Para B17 段描述的范围内审核信用证项下汇票。

2. 汇票的付款期限

（1）汇票显示的付款期限应当与信用证条款一致。

（2）当信用证要求汇票的付款期限不是即期或见票后定期付款时,应当能够从汇票自身数据确定付款到期日。

（3）当汇票的付款期限规定为提单日期之后若干天时,装船日期将视为提单日期,即便装船日期早于或晚于提单出具日期。

（4）当使用"从……起(from)"和"在……之后(after)"确定付款到期日时,到期日将从单据日期、装运日期或信用证规定的事件日期的次日起计算,例如,从 5 月 4 日起 10 天或 5 月 4 日之后 10 天,均为 5 月 14 日。

(5)当信用证要求提单,而汇票付款期限做成,例如,提单日期之后 60 天或从提单日期起 60 天,且提交的提单显示货物从一条船卸下后再装上另一条船,并显示了不止一个注明日期的装船批注,表明每一装运均从信用证允许的地理区域或港口范围内的港口装运时,其中最早的装船日期将用以计算付款到期日。

(6)当信用证要求提单,而汇票付款期限做成,例如,提单日期之后 60 天或从提单日期起 60 天,且提交的提单显示同一条船上的货物从信用证允许的地理区域或港口范围内的多个港口装运,并显示了不止一个注明日期的装船批注时,其中最迟的装船日期将用以计算付款到期日。

(7)当信用证要求提单,而汇票付款期限做成,例如,提单日期后 60 天或从提单日期起 60 天,而一张汇票下提交了多套提单时,其中的最迟装船日期,将用以计算付款到期日。

(8)假远期 L/C 的汇票制作与真远期基本一样,但通常注明"Negotiable on sight basis"字样。

3. 汇票付款到期日

当汇票使用实际日期表明付款到期日时,该日期应当反映信用证条款。

当汇票付款期限做成,例如,"见票后 60 天"时,付款到期日按如下规则确定。

(1)在相符交单的情况下,付款到期日为向汇票的受票银行,即开证行、保兑行或同意按指定行事的指定银行("付款银行")交单后的 60 天。

(2)在不符交单的情况下,当该付款银行未发送拒付通知时,付款到期日为向其交单后的 60 天;当该付款银行为开证行且其已发送拒付通知时,付款到期日最迟为开证行同意申请人放弃不符点后的 60 天;当该付款银行是开证行以外的一家银行且其已发送拒付通知时,付款到期日最迟为开证行发送的单据接受通知书日期后的 60 天。当该付款银行不同意按照开证行的单据接受通知书行事时,开证行应当在到期日承付。

付款银行应当向交单人通知或确认付款到期日。

4. 银行工作日、宽限期和付款延迟

款项应于到期日在汇票或单据的付款地以立即能被使用的资金支付,只要该到期日是付款地的银行工作日。当到期日是非银行工作日时,付款将顺延至到期日后的第一个银行工作日。付款不应出现延迟,例如,宽限期、汇划过程所需时间等,不得在汇票或单据所载明或约定的到期日之外。

5. 汇票的出具和签署

(1)汇票应当由受益人出具并签署,且应注明出具日期。

(2)当受益人或第二受益人变更了名称,且信用证提到的是以前的名称时,只要汇票注明了该实体"以前的名称为(第一受益人或第二受益人的名称)"或类似措辞,汇票就可以新实体的名称出具。

6. 汇票的收款人

正确把握汇票的收款人。在信用证付款方式下,汇票的收款人一般习惯地填写为议付行,按照《中华人民共和国票据法》的规定,应该填写成信用证受益人或填写成"OURSELVES",然后受益人向银行交单议付时背书给议付行;在托收的付款方式下,汇票的收款人一般填写成托收行,同样按照《中华人民共和国票据法》的规定,应该填写成委托人

及出口商,然后出口商委托托收行代为收款时背书给托收行。

7. 汇票的付款人

(1) 当信用证仅以银行的 SWIFT 地址表示汇票付款人时,汇票可以相同的 SWIFT 地址或该银行的全称显示付款人。

(2) 当信用证规定由指定银行或任何银行议付时,汇票付款人应当做成指定银行以外的一家银行。

(3) 当信用证规定由任何银行承兑时,汇票付款人应当做成同意承兑汇票并愿意按指定行事的银行。

(4) 当信用证规定由指定银行或任何银行承兑,且汇票付款人做成了该指定银行(其不是保兑行),且该指定银行决定不按指定行事时,受益人可以选择:

① 如有保兑行,以保兑行为汇票付款人,或者要求将单据按照交单原样转递给保兑行;

② 将单据交给同意承兑以其为付款人的汇票并按指定行事的另一家银行(只适用于自由兑付信用证);或者要求将单据按照交单原样转递给开证行,在此情形下,随附或不随附以开证行为付款人的汇票。

(5) 当信用证规定由保兑行承兑,且汇票付款人做成了该保兑行,但交单不符,且该保兑行决定不恢复保兑时,受益人可以要求将单据按照交单原样转递给开证行,在此情形下,随附或不随附以开证行为付款人的汇票。

(6) 托收项下汇票付款人,一般填写进口商的名称和地址。

8. 汇票金额

一般情况下,汇票金额应与发票金额一致,但下列情况除外。

(1) 有的信用证要求汇票按发票金额的一定百分比出具,以 95% 为例,实际意味着扣除了 5% 的佣金,出于保密的原因,扣佣金不在发票内显示。

微课:汇票金额与
发票金额的关系

(2) 在信用证要求出具贷记/佣金单(credit note/com. note)时,汇票金额应为发票金额扣除贷记/佣金单金额之后的净额。如信用证要求佣金在议付时扣除,则汇票金额仍按发票金额照打,寄单索汇时应少收佣金部分并加说明即可。

(3) 如信用证规定运费、保险费或其他费用可在证下或超证支取,则汇票金额应为发票金额加费用后的总额,如果规定费用部分不许超证或在证外支取,则费用金额须另制一套汇票托收。

(4) 如托收付款方式下买方支付托收费用,或合同规定出具远期汇票,买方支付远期利息,在双方商妥的情况下,可将费用或利息与货款一并收取,汇票金额应为合计金额。

(5) 在部分信用证、部分托收的付款下,信用证方式与托收方式的汇票应按不同的金额分别出具,两者之和应该是发票的总金额。

9. 汇票背书

如果需要,汇票应当背书。

10. 汇票更正与更改(统称"更正")

汇票上数据的任何更正,应当看似已由受益人以额外的签字或小签加以证实。

当汇票上不允许数据更正时,开证行应当在信用证中明确规定。有些国家和地区不接受附有更正的汇票,即使有出票人的证实。

11. 以开证申请人为付款人的汇票

信用证不得开立成凭以开证申请人为付款人的汇票兑付。然而,当信用证要求提交以申请人为付款人的汇票,作为一种规定单据时,该汇票应当只在信用证明确规定的范围内予以审核,其他方面将按照 UCP600 第 14 条 f 款的规定审核。

 知识窗

一、汇票的概念

图片:真实的
汇票样例

汇票(bill of exchange,bill 或 draft)是由一个人向另一个人签发的无条件的书面支付命令,要求对方立即或在将来的固定时间或可以确定的时间支付一定金额给特定的人或其指定的人或持票人。汇票是一种要式的有价证券,是出口贸易结汇中的重要和基本的单据之一,是出口商凭以向进口商要求付款的收款工具,也是进口商付款的重要凭证。如果汇票缮制有误,开证行有权以"单证不符"为由拒付货款。

一般汇票有两张正本 First Exchange 和 Second Exchange ,两张正本汇票具有同等效力,付款人付一不付二,付二不付一,先到先付,后到无效。

二、汇票的当事人

汇票的当事人主要有以下相关人。

(1) 出票人(drawer)是指出具汇票的人。在信用证和托收业务中,通常是出口商。

(2) 付款人(drawee)是指支付票款的人。在出口贸易中通常是进口商或开证行。

(3) 收款人(payee)是指收取票款的人或称抬头人。收款人是票面上的债权人,他有权要求付款人付款,如遭拒付,可以向出票人追索票款。在出口贸易中,收款人应该是受益人,但在实际业务中,也有议付行代为收款的情况。

(4) 背书人(endorser)是指收款人或持票人在汇票背面签字,将收款权利转让他人的人。

(5) 承兑人(acceptor)远期汇票付款人办理了承兑手续即成为承兑人。在实际业务中,承兑人可能是开证申请人、开证行或其指定的付款行。

(6) 持票人(holder)是指持有汇票、有权收款的人。善意持票人是持票人的一种,即汇票的合法持有者,他善意地支付了全部票款的代价,取得了一张表面完整、合格、不过期的票据,他未发现这张汇票曾被退票,也未发现其前手在权利方面有任何缺陷。例如,在信用证业务中,议付行押汇后就处于善意持票人的地位。善意持票人的权利优于其前手,如果其前手以不当手段获得汇票,善意持票人的权利并不因此而受到影响,他可以向汇票的所有责任方要求付款。

三、汇票的种类

(1) 按付款期限划分为即期汇票和远期汇票。即期汇票(sight bill 或 demand draft)是指在提示或见票时付款人立即付款的汇票。一般情况下,即期交易应出即期汇票。远期汇票(time bill 或 usance bill)是指按约定的期限或日期付款的汇票。一般情况下,远期交易应出具远期汇票。也有的即期交易而信用证开成假远期,在这种情况下,受益人应出具远期汇票。

(2) 按是否随附单据划分为跟单汇票和光票。跟单汇票(documentary draft 或 documentary bill)是指跟随装运单据的汇票。这种汇票在国际贸易中经常使用,出口商交付货物后出具以进口商为付款人的汇票,收取货款。信用证规定的受益人汇票(beneficiary's draft)就是这种汇票。光票(clean bill)是指不跟随装运单据的汇票,仅凭汇票办理结算。这种汇票经常用于收取货款尾数、佣金或代垫费用。

(3)按出票人划分为银行汇票和商业汇票。银行汇票(banker's draft)是指出票人和付款人都是银行的汇票,这种汇票用于银行汇款。在出口贸易中,国外进口商可用这种方式汇付货款,出口商也可用这种方式汇付佣金等。商业汇票(trade bill 或 commercial bill)是指以进口商或商号为出票人,以进口商、商号或银行为付款人的汇票。这种汇票用于收款,是信用证或托收项下经常使用的汇票,受益人或出口商可用这种方法向对方收取货款。

(4)按承兑人划分为银行承兑汇票和商业承兑汇票。银行承兑汇票(banker's acceptance bill)是由银行承兑并到期付款的远期汇票。这种汇票有银行信用作保证,人们愿意接受,容易在市场上流通。商业承兑汇票(trader's acceptance bill)是以商号或个人为付款人并由其承兑和到期付款的远期汇票。这种汇票是以商业信用作保证,不如银行承兑汇票更容易在市场上流通。

四、汇票的使用

汇票的使用包括出票、提示、承兑、付款等行为。汇票如果转让,还需经过背书。汇票如果遭到拒付,还需做成拒绝证书和追索。

1. 出票

出票(to draw)是指出票人签发汇票并将其交给收款人的行为。通过"出票",出票人成了票据的债务人,承担保证汇票得到承兑和付款的责任。如果汇票遭到拒付,出票人应接受持票人的追索,清偿汇票金额、利息和有关费用。

2. 提示

提示(presentation)是持票人向付款人出示汇票要求承兑或付款的行为。提示是持票人要求取得汇票权利的必要程序。提示分为付款提示和承兑提示两种,不论是承兑提示还是付款提示,均应在规定的时间内进行。

(1)付款提示。持即期汇票或到期的远期汇票要求付款人付款的提示。

(2)承兑提示。持远期汇票要求付款人承诺到期付款的提示。

3. 承兑

承兑(acceptance)是远期汇票付款人在持票人作承兑提示时,明确表示同意按出票人的指示付款的行为。承兑的具体做法是付款人在汇票正面写明"承兑"(accepted)字样、注明承兑日期及签名后,将承兑的汇票交还持票人。付款人对汇票做出承兑,即成为承兑人以主债务人身份承担汇票到期时付款的法律责任。远期汇票承兑后,持票人可将其在市场上背书转让,使其流通。

4. 付款

付款(payment)是即期汇票的付款人和远期汇票的承兑人接到付款提示时,足额付款,履行付款义务的行为。持票人获得付款时,应在汇票上签收,并将汇票交给付款人存查。汇票一经付款,汇票上的债权债务即告结束。

5. 背书

背书(endorsement)是转让票据权利的一种法定手续。汇票背书指持票人在汇票背面签上自己的名字或再加上受让人的名字,并把汇票交给受让人的行为。背书后,原持票人成为背书人,担保受让人所持汇票得到承兑和付款,否则,受让人有权向背书人追索清偿债务。与此同时,受让人成为被背书人,取得了汇票的所有权,可以再背书再转让,直到付款人付款把汇票收回。对于受让人来说,在他前面的所有背书人和出票人都是他的"前手";对于出让人来说,在他后面的所有受让人都是他的"后手"。后手有向前手追索的权利。

6. 拒付与追索

拒付(dishonour)是持票人提示汇票要求承兑或付款时遭到拒绝承兑或付款的行为,又称退票。破产、死亡或逃避,也属拒付。遭到拒付后,持票人有权通知其前手(背书人、出票人)要求偿付汇票金额、利息和其他费用,这种行为被称为拒付通知和追索(recourse)。持票人施行拒付通知和追索须按法律规定时间、条件进行。

✍ 单证知识同步训练

一、单选题

1. 如果一张汇票的出票日期为 9 月 28 日,出票后 60 天付款,则到期日为(   )。
   A. 11 月 28 日　　　B. 11 月 30 日　　　C. 11 月 27 日　　　D. 11 月 29 日

2. 在假远期信用证支付方式下,受益人开具远期汇票,其利息由(   )承担。
   A. 开证行　　　　B. 受益人　　　　C. 开证人　　　　D. 付款行

3. 在其他条件相同的前提下,(   )的远期汇票对收款人最为有利。
   A. 出票后 30 天后付款　　　　　　B. 货到目的港后 30 天付款
   C. 见票后 30 天付款　　　　　　　D. 提单签发日后 30 天付款

4. 信用证上若未注明汇票的付款人,根据 UCP600 的规定,汇票的付款人应该是(   )。
   A. 开证人　　　B. 开证行　　　C. 议付行　　　D. 出口人

5. 由出口商签发的要求银行在一定时间内付款的汇票不可能是(   )。
   A. 商业汇票　　　B. 银行汇票　　　C. 远期汇票　　　D. 即期汇票

6. 国际贸易中经常使用的汇票多为(   )。
   A. 光票　　　　B. 商业跟单汇票　　C. 银行汇票　　D. 银行承兑汇票

7. 托收和信用证两种支付方式使用的汇票都是商业汇票,都是通过银行收款,(   )。
   A. 托收属于商业信用,信用证属于银行信用
   B. 托收属于银行信用,信用证属于商业信用
   C. 两者都属于商业信用
   D. 两者都不属于银行信用

8. 汇票的抬头人有不同的形式,其中使用最多的是(   )。
   A. 限制性抬头　　B. 指示性抬头　　C. 来人抬头　　D. 以上均不对

9. 商业汇票的出票人应该是(   )。
   A. 进口商　　　B. 进口地银行　　C. 出口地银行　　D. 出口商

10. 在国际货款结算业务中,需要办理承兑手续的汇票必然是(   )。
    A. 远期汇票　　B. 即期汇票　　　C. 商业汇票　　　D. 银行汇票

二、多选题

1. 汇票与本票的区别在于(   )。
   A. 前者是无条件支付命令,后者是无条件的支付承诺

    B. 前者则有三个,后者是当事人为两个

    C. 前者在使用过程中可能有承兑,后者无须承兑

    D. 前者的主债务人会因承兑而变化,后者的主债务人不会变化

2. 下列说法中,正确的是( )。

    A. 汇票有即期和远期之分　　　　　B. 汇票的当事人有三个

    C. 远期汇票承兑后可以贴现　　　　D. 汇票的付款人是出票人

3. 常见的规定远期汇票起算日期的方法有( )。

    A. 自开证日起算　B. 自出票日起算　　C. 自提单日起算　　D. 自见票日起算

4. 汇票背书的方式主要有( )。

    A. 限制性背书　　　B. 空白背书　　　　C. 指示性背书　　　D. 记名背书

5. 汇票的收款人也叫抬头人,一般有以下几种表示方式( )。

    A. 记名抬头　　　　B. 限制性抬头　　　C. 指示性抬头　　　D. 来人抬头

三、判断题

1. 信用证支付方式属于银行信用,所使用的汇票必然是银行汇票。　　　　　　　( )

2. 如果信用证未规定汇票的付款人,则应该理解为开证行是付款人。　　　　　　( )

3. 追索是指汇票等票据遭到拒付时,持票人要求其前手背书人、出票人、承兑人等清偿汇票金额及有关费用的行为。　　　　　　　　　　　　　　　　　　　　　　　　　( )

4. 一张商业汇票上的收款人是"仅付给 ABC 有限公司"(Pay to ABC Co. , Ltd. Only),这种汇票不能转让。　　　　　　　　　　　　　　　　　　　　　　　　　　　　　　( )

5. 汇票经背书后,汇票的收款权利转让给被背书人,被背书人若日后遭拒付,可向前手行使追索权。　　　　　　　　　　　　　　　　　　　　　　　　　　　　　　　　( )

6. 汇票、本票、支票均有即期和远期之分。　　　　　　　　　　　　　　　　　( )

7. 信用证支付方式下,汇票的付款人可以是开证申请人。　　　　　　　　　　　( )

8. 由于银行信用高于商业信用,所以银行承兑过的汇票比较容易被接受而给予贴现,或用以质押。　　　　　　　　　　　　　　　　　　　　　　　　　　　　　　　　( )

9. 汇票按付款期限可分为即期和远期汇票,前者为见票即付;后者在未到期之前,持票人可以办理贴现以便获取融资。　　　　　　　　　　　　　　　　　　　　　　　　( )

10. 银行汇票的出票人是银行,付款人可以是银行,也可以是企业或个人。　　　( )

单证技能进阶提高

一、动脑思考

1. 泰佛贸易公司在一笔出口贸易中收到国外进口商通过银行开立的信用证,该证显示:

This L/C is available with us by payment at 30 days after receipt of full set of documents at our counter.

请问:这是什么性质的信用证? 作为单证员,在缮制汇票时付款期限应如何处理? 汇票的付款人是谁?

2. 泰佛贸易公司在一笔出口贸易中收到国外进口商通过银行开立的信用证,信用证金额为 6 000 澳元,货描为 30M/T of Chinese Wheat at AUD200.00/MT FOB Shanghai。出

口商实际发货 30.5 M/T,如双方同意,将货款超过信用证金额的部分采用托收方式付款。

请问:作为单证员应如何缮制汇票? 需要做几套汇票? 信用证项下的汇票金额如何填写?

3. 泰佛贸易公司在一笔出口贸易中收到国外进口商通过银行开立的信用证,证中规定:Drafts to be drawn as follows:AUD30,000.00—Drafts to be drawn at sight on National Australia Bank Ltd.,Brisbane,Australia. AUD20,000.00—Drafts to be drawn at 45 days' sight on National Australia Bank Ltd.,Brisbane,Australia. 请问:作为制单员应出具几套汇票? 汇票的内容有哪些区别?

二、动手操练

泰佛贸易公司与英国 C&A 公司经过友好洽商就出口女式针织衫达成一份出口合同,数量 1 500 件,CIF LONDON,付款方式为提单日后 30 天付款的远期信用证(L/C at 30 days after bill of lading date)。作为单证员,请根据信用证有关条款和其他补充信息缮制汇票(样例 3-20)。

1. 信用证中与汇票相关的主要条款如下。

SENDER:MIZUHO CORPORATE BANK,LTD.,LONDON

RECEIVER:BANK OF CHINA,TIANJIN BRANCH

27:SEQUENCE OF TATAL	1/1
40A:FORM OF DOC. CREDIT	IRREVOCABLEABLE
44E:APPLICABLE RULES	UCP LATEST VERSION
20:DOC CREDIT NUMBER	ABL-AN107
31C:DATE OF ISSUE	211015
31D DATE AND PALCE OF EXPIRY	211130 AT NEGOTIATING BANK'S COUNTER
32B AMOUNT	CURRENCY GBP AMOUNT 16 500,00
59:BENEFICIARY	TIFERT TRADING CO.,LTD. NO. 86,ZHUJIANG ROAD,TIANJIN,CHINA
50:APPLICANT	C&A COMPAY LTD 88,RED SUN BUILDING,LONDON,U. K.
41D:AVAILABLE WITH/BY	BANK OF CHINA,TIANJIN BRANCH BY NEGOTIATION
42C:DRAFT(S) AT	DRAFT(S) AT 30 DAYS AFTER BILL OF LADING DATE FOR 97% OF TOTAL INVOICE VALUE
42D:DRAWEE	MIZUHO CORPORATE BANK,LTD,LONDON
44C:LATEST DATE OF SHIP	211115

2. 其他补充信息如下。

(1) 发票号码:INV. NO. TF123456

(2) 发票金额:GBP16,500.00

(3) 提单日期:2021 年 11 月 10 日

(4) 汇票日期:2021 年 11 月 15 日

(5) 有权签字人:王宏

样例 3-20　空白汇票

BILL OF EXCHANGE

凭 Drawn Under		不可撤销信用证 Irrevocable L/C No.

日期
Date _____　支 取 Payable with interest　@　　% 　按　息　付款

号码
No. _____　汇票金额 Exchange for ▨▨▨▨　天津 Tianjin

见票
at _____ sight of this FIRST of Exchange　(Second of Exchange being unpaid)
日后(本汇票之副本未付)付交
Pay to the order of _____

金额
the sum of ▨▨▨▨▨▨▨▨▨▨▨▨▨▨▨▨▨▨▨▨▨▨▨▨

此致
To _____　　　　　　　　　　　For and on behalf of

学习评价

学习目标测评表

(在□中打√,A 掌握、B 基本掌握、C 未掌握)

测评目标	评价指标	自测结果			存在问题
知识目标	发票、装箱单、提单、汇票等结汇单据的概念	□A	□B	□C	
	发票、装箱单、提单、汇票等结汇单据的当事人	□A	□B	□C	
	发票、装箱单、提单、汇票等结汇单据的种类	□A	□B	□C	
	发票、装箱单、提单、汇票等结汇单据的作用	□A	□B	□C	
	看懂信用证中发票、装箱单、提单、汇票等结汇单据条款	□A	□B	□C	
	能正确理解信用证中发票、装箱单、提单、汇票等结汇单据的特殊要求	□A	□B	□C	
技能目标	翻译信用证中的发票、装箱单、提单、汇票等结汇单据条款	□A	□B	□C	
	独立、正确缮制发票、装箱单、提单、汇票等结汇单据	□A	□B	□C	
	依据信用证单据条款,能够灵活处理各种特殊要求,做到相符交单	□A	□B	□C	
素养目标	要重合同、守信用,维护契约精神	□A	□B	□C	
	树立风险防范意识,能够洞察软条款	□A	□B	□C	
	干到老、学到老,养成终身学习的好习惯	□A	□B	□C	
	养成耐心、细致的工作作风,弘扬大国工匠精神	□A	□B	□C	
	工作上要高标准,力求准、不出差错	□A	□B	□C	
学生签字:	教师签字:		日期:		

项目四

结汇单据审核

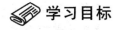 学习目标

知识目标

◇ 了解审单的概念、方法及作用；

◇ 了解 UCP600 有关的审单标准；

◇ 熟悉 ISBP745 有关的审单标准；

◇ 积累不同国家和地区对结汇单据的特殊要求。

技能目标

◇ 准确理解信用证中的主要条款；

◇ 掌握各种结汇单据缮制的规范；

◇ 掌握各种结汇单据常见的差错；

◇ 能够快速、准确地审核出单据存在的不符点并做出相应的修改。

素养目标

◇ 对待单证工作要一丝不苟，弘扬精益求精的大国工匠精神；

◇ 养成耐心、细致、严谨的工作作风；

◇ 牢记细节决定成败，把单据的差错率降到最低。

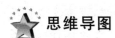 思维导图

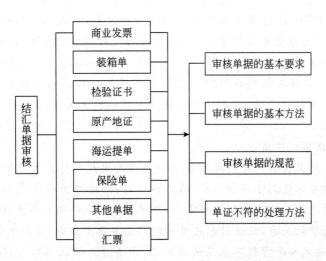

任务十三　审核结汇单据

 案例导入

中国 A 公司在 2021 年 5 月与阿联酋迪拜 B 公司签订了一份出口合同,货物为 1×20 集装箱一次性打火机。不久 B 公司即开来一份不可撤销即期信用证,来证规定装船期限为 2021 年 6 月 30 日,要求提供"Full set original clean on board ocean Bill of Lading…"(全套正本清洁已装船海运提单)。由于装船期太紧,A 公司便要求 B 公司展期,装船期限延展至 2021 年 7 月 31 日,B 公司接受了 A 公司的要求修改了信用证。收到信用证修改并经全面审核后未发现问题,A 公司在 7 月 30 日办理了货物装船手续,8 月 13 日向议付行交单议付。

9 月 20 日接到收到议付行转来的开证行的拒付通知:"你第×××号信用证项下的单据经我行审查,发现如下不符点:提单上缺少'已装船'批注。以上不符点已经与申请人联系,亦不同意接受。单据暂代保管,听候你方的处理意见。"

A 公司的有关人员立即复审了提单,同时与议付行一起翻阅与研究了 UCP600 的有关规定,证实了开证行的拒付是合理的。A 公司立即电洽申请人,提单缺少"已装船"批注是我方业务人员的疏忽所致,货物确实是被如期装船的,而且货物将 8 月 28 日如期到达目的港,我方同意申请人在收到目的港货代的提货通知书后再向开证行付款赎单。B 公司回复由于当地市场上一次性打火机的售价大幅下降,只有 A 公司降价 30% 后方可向开证行赎单。A 公司考虑到自己理亏在先,同时通过国内同行与其他客户又了解到,进口国当地市场价格确实已大幅下降,A 公司处于十分被动地位,由于在寄单前没有认真审单,只好同意降价 30% 了结此案,造成很大损失。

 思政分析

本案例 A 公司的最大失误是在交单议付前没有认证审核全套结汇单据,没有发现提单上漏"已装船"批注,恰巧议付行也疏忽了,没有发现此问题,全套单据到国外开证行被发现提单上缺少"已装船"批注,这意味着 A 公司提供的是收妥待运提单,而不是已装船提单。在实际进出口业务中,无论是开证行还是进口商都不接受收妥待运提单,因为这样的提单对进口到货是没有任何保障的,这也是为什么在实际业务中,都接受清洁的已装船提单的缘故。尽管 A 公司同意进口商在收到目的港货代的提货通知书后再向开证行付款赎单,以证明 A 公司确确实实如期把货出运,但是信用证付款方式的特点是银行只管单,不管货,开证行和进口商正是抓住了信用证结算这一特点,非常合情合理、名正言顺地拒付了货款,使 A 公司无言以对,只能请求进口商通融。

该案例的拒付的真实背景是当地市场上一次性打火机的售价大幅下降,进口商正是利用了带有不符点的单据达到了降价 30% 的真实目的,给进口商降价以可乘之机,这都是 A 公司的失误酿成的恶果。从中我们不难看出,审单在整个业务环节中是何等的重要,直接与企业的经济利益有密切关系,应该引起足够重视。在实际业务中,结汇单证存在任何一点小的瑕疵,都有可能造成整笔货款不能及时收回来,或者根本就收不回来,使前期的一切努力都付之东流。因此,我们对待单证工作一定要一丝不苟,弘扬精益求精的大国工匠精神,要养成耐心、细致、严谨的工作作风,牢记细节决定成败,力争把单据的差错率降到最低,这样才能保证企业的经济效益。

 任务背景

> 经过辛勤努力,张琳同学顺利地将女童夹克衫出运并完成了全套结汇单据的缮制任务,随后将全套单据送到公司单证部。踏进单证部,张琳同学不由地有一种回家的感觉,她把单据交给单证部负责终审的庞师傅,庞师傅对她交来全套单据进行了认真审核,总体来讲对张琳同学的工作相当满意,同时也指出了一些需要修改的地方。
>
> 张琳同学按照庞师傅的指示对全套单据进行了认真细致的修改。当天全套单据被单证部送交中行天津分行议付货款,此时张琳同学心里或多或少地有了几分成就感。

依据 UCP600 解释信用证是一项约定,该约定要求受益人以单据的形式向银行证明自己已履行了合同义务,银行即向其支付货款。同时信用证又是一种银行有条件的付款的承诺,这里的条件是指由受益人提交符合信用证要求的单据。在国际贸易中单据是当事人或第三方出具的履约证书,只有提交符合信用证要求的单证,做到单内相符、单单相符、单证相符,银行才履行付款义务,因此在实际业务中审核单据是非常重要且不可或缺的工作环节。

动画:审核单据

 审核结汇单据操作规范及样例

实训目的

◇ 掌握审核单据的技巧;
◇ 掌握各种结汇单据常见的差错;
◇ 掌握处理单据瑕疵的技巧。

操作前准备

◇ 出口商提供的合同;
◇ 信用证及相关修改书;
◇ 已经缮制好的全套结汇单据;
◇ 铅笔、橡皮、计算器等工具;
◇ 审单记录表。

操作程序

◇ 拿到信用证和单据后,先查看有无信用证修改书。如有信用证修改,将修改内容在原信用证条款上做好相应记录,确保信用证条款内容完整、正确;
◇ 按信用证先后顺序对单据进行逐一审核,要求有关单据的内容严格符合信用证的规定,做到"单证相符"(纵向审核法);
◇ 在纵向审核的基础上,以商业发票为中心审核其他规定的单据,使有关的内容相互一致,特别注意共有项目是否相一致,做到"单单相符"(横向审核法);

◇ 核对单据内容与信用证条款是否一致,如有不一致,应随手记录在审单记录表上。还要注意单据有些内容虽然信用证46A中没有明确规定,但与附加条款47A有具体要求,在这种情况下,也应该满足信用证的要求,保证做到"相符交单";

◇ 全部单据审核完毕后,将发现的所有瑕疵一并与相关业务部门沟通,落实具体解决办法。

一、审单操作规范

单据常见差错如下。

1. 商业发票(commercial invoice)

(1) 发票名称与信用证规定不符。

(2) 发票的抬头人与信用证要求不符。

(3) 发票上启运港或目的港与提单不一致。

(4) 发票的货描与信用证的货描不符或拼写错误。

(5) 发票中的数量、单价和金额没有如实反映实际所装运的货物。

(6) 发票上的金额超过信用证规定的金额或不在允许增减的机动幅度内。

(7) 对佣金和折扣的处理不符合信用证的规定。

(8) 发票上遗漏信用证要求表明或证明的内容,或缮制发票时机械照搬信用证中的证明词,没有作相应的变更。

(9) 发票的签署方式是否符合信用证要求。

2. 装箱单(packing list)

(1) 装箱单的名称不符合信用证规定。

(2) 装箱单的各项内容与发票、海运提单内容不符。

(3) 装箱单据中误出现单价和总金额,泄露了进口商的底价。

(4) 装箱单的日期填写不合理。

(5) 装箱单的内容与货物实际包装内容不完全相符。

(6) 装箱单据的具体缮制要求不符合信用证规定。

(7) 装箱单的签署方式是否符合信用证要求。

3. 检验证书(inspection certificate)

(1) 检验证书的种类不符合信用证要求。

(2) 检验证书的出证机构不符合信用证要求。

(3) 检验证书的商品名称、数量与发票、装箱单及提单等单据不符。

(4) 唛头与信用证或其他单据不符。

(5) 检验结果有瑕疵或不符合信用证或合同规定的要求。

(6) 检验日期晚于提单日期,鲜活、易腐易烂商品检验过早。

(7) 漏授权人签署或漏检验部门签章。

(8) 附页漏盖骑缝章。

(9) 检验证书更改处漏"更改章"及授权人签字。

4. 原产地证书（certificate of origin）

（1）原产地证书的出证机构不符合信用证要求。

（2）原产地证书出口商不符合信用证要求。

（3）原产地证书收货人不符合信用证要求。

（4）原产地标准引用不正确。

（5）原产地证书上的日期顺序不合理。

（6）原产地证书中货物件数的大小写不符。

（7）原产地证书中货物描述太笼统，导致在海关编码中找不到对应的编码。

（8）遗漏信用证中对原产地证书的其他要求。

（9）原产地证书的盖章、签字不清晰或重叠在一起。

5. 海运提单（ocean bill of lading）

（1）海运提单提交的种类与信用证要求不符。

（2）海运提单正本的份数与信用证要求不符或漏填海运提单正本的份数。

（3）运费支付方式的批注不规范或漏注。

（4）收妥待运海运提单漏装船批注或批注内容不完整。

（5）海运提单上记载的包装件数与信用证或其他单据不符。

（6）海运提单上包装件数大小写不一致或漏填大写。

（7）海运提单没有按照信用证要求正确背书或遗漏背书。

（8）海运提单日或装船日超过信用证规定的装运期。

（9）托运人与信用证规定不符。

（10）收货人与信用证规定不符。

（11）被通知人与信用证规定不符或填写不完整。

（12）正本提单漏注签发日期和签发地点。

6. 保险单（insurance policy）

（1）保险单的种类与信用证要求不符。

（2）保险单抬头人填写有误。

（3）保险金额不符合信用证规定。

（4）保险金额大小写不一致或大写金额不正确。

（5）保险金额所使用货币与信用证金额所使用货币不一致。

（6）保险单的投保险别与信用证规定险别不符或有遗漏。

（7）保险单上的船名与海运提单上的船名不相符。

（8）保险单的出单日期晚于提单日期。

（9）漏注赔付地点或赔付货币。

（10）遗漏背书或背书错误。

7. 其他单据（other documents）

（1）单据的名称与信用证要求不符。

（2）单据的内容不详尽。

（3）单据的出单日期不符合信用证或惯例规定。

（4）证明文句的内容照抄信用证原句。

（5）遗漏签署。

8. 汇票（bill of exchange）

（1）汇票的金额与发票或信用证规定不符。

（2）汇票的金额大小写不一致或大写金额填写不正确、不规范。

（3）汇票的货币币别与信用证规定使用的货币币别不相符。

（4）汇票的付款期限不符合信用证或合同规定或即期、远期的填写不规范。

（5）汇票的出票条款内容与信用证不符。

（6）汇票的付款人与信用证规定不符。

（7）汇票提交的份数不正确。

（8）汇票漏出票人签署。

二、单据审核操作范例

信用证见样例4-1，发票见样例4-2，装箱单见样例4-3，检验证书见样例4-4，原产地证书见样例4-5，海运提单见样例4-6，保险单见样例4-7，受益人证明见样例4-8，汇票见样例4-9，审单记录表见样例4-10。

样例 4-1　信用证

IRREVOCABLE DOCUMENTARY CREDIT

TO：BANK OF CHINA, TIANJIN BRANCH

DEAR SIR,

IN ACCRDANCE WITH THE TERMS OF UCP 600 WE ADVISE HAVING RECEIVED THE FOLLOWING TELETRANSMISSION FROM CENTRAL BANK OF SPAIN.

27	SEQ OF TOTAL：
	1/1
40A	FORM OF DC：
	IRREVOCABLE
40E	APPLICABLE RULES：
	UCP LATEST VERSION
20	DC NO：
	LCN038
31C	DATE OF ISSUE：
	211123
31D	EXPIRY DATE AND PLACE：
	211231 IN BENEFICIARY'S COUNTRY
50	APPLICANT：
	SKY INTERNATIONAL I/E LTD.
	1000 ALGECIRAS ST., SPAIN

59 BENEFICIARY:

    TIFERT TRADING CO. , LTD.

    NO. 86, ZHUJIANG RD. , TIANJIN, CHINA

32B DC AMT:

    USD131 512,30

41D AVAILABLE WITH /BY:

    ANY BANK BY NEGOTIATION

42C DRAFTS AT:

    SIGHT FOR FULL INVOICE VALUE

43P PARTIAL SHIPMENTS:

    ALLOWED

43T TRANSHIPMENT:

    ALLOWED

44E LOADING/DISPATCH AT/FROM:

    TIANJIN, CHINA

44F FOR TANSPORTION TO:

    BARCELONA, SPAIN

44C LATEST DATE OF SHIPMENT:

    211216

45A DESCRIPTION OF GOODS AND/OR SERVICES:

    NAPKIN

    MATERIAL: 55% COTTON, 45% POLYESTER

    SIZE: 18 * 18CM

    UNIT PRICE: USD1. 8215/PC CIF BARCELONA

    QUANTITY: 72,200PCS

    PACKING: 100PCS/CARTON

    AS PER S/C NO. SCN036

46A DOCUMENTS REQUIRED:

  + SIGNED COMMERCIAL INVOICE IN 6 COPIES INDICATING L/C NO. & S/C NO. SCN036

  + FULL SET OF CLEAN ON BOARD OCEAN BILLS OF LADING PLUS THREE COPIES MADE OUT TO ORDER AND BLANK ENDORSED, MARKED FREIGHT PREPAID AND NOTIFY APPLICANT

  + INSURANCE POLICY/CERTIFICATE IN 2 COPIES FOR 110 % OF THE INVOICE VALUE SHOWING CLAIMS PAYABLE IN SPAIN IN CURRENCY OF THE DRAFT, BLANK ENDORSED, COVERING ALL RISKS AND WAR RISK

  + PACKING LIST/WEIGHT MEMO IN 3 COPIES CERTIFYING THAT EACH ITEM HAS BEEN MARKED THE LABEL"MADE IN CHINA"

  + CERTIFICATE OF QUALITY IN 3 COPIES ISSUED BY GOVERNMENT AUTHORITY INDICATING DETAILED AND DEFINITE INSPECTION RESULTS

  + CERTIFICATE OF ORIGIN IN DUPLICATE ISSUED BY CCPIT SHOWING THE GOODS ARE WHOLLY PRODUCED IN CHINA

  + BENEFICIARY'S CERTIFICATE CERTIFYING THAT ONE FULL SET OF NON NEGOTIABLE DOCUMENTS HAVE BEEN SENT TO APPLICANT DIRECTLY WITHIN 48 HOURS

AFTER SHIPMENT

47A　ADDITIONAL CONDITIONS:

　　+ ALL BANKING CHARGES OUTSIDE THE OPENING BANK ARE FOR BENEFICIARY'S ACCOUNT

　　+ DOCUMENTS MUST BE PRESENTED WITH 21 DAYS AFTER THE DATE OF ISSUANCE OF THE TRANSPORT DOCUMENTS BUT WITHIN THE VALIDITY OF THIS CREDIT

THIS ADVICE CONSTITUTES A DOCUMENTARY CREDIT ISSUED BY THE ABOVE

BANK AND SHOULD BE PRESENTED WITH THE DOCUMENTS/DRAFTS FOR NEGOTIATION / PAYMENT /ACCEPTANCE, AS APPLICABLE.

ACCOUNT NO:88586-89778

BANK OF SPAIN

1000 MAIN STREET, ALGECIR SPAIN

TEL:34-4-2125001

样例 4-2　发票

Issuer TIFERT TRADING CO. , LTD. NO. 86, ZHUJIANG ROAD, TIANJIN, CHINA	商　业　发　票 **COMMERCIAL INVOICE**	
To SKY INTERNATIONAL I/E LTD. 1000 ALGECIRAS STREET, SPAIN	**No. :** INV NO. 21FZ018	**Date** NOV. 28, 2021
Transport Details SHIPMENT FROM TIANJIN TO BARCELONA BY SEA	**S/C No.** SCN036	**L/C No.** LCN038
	Terms of payment L/C AT SIGHT	

Marks and numbers	Number and kind of packages, Description of goods	Quantity	Unit price	Amount
SKY SCN036 BARCELONA C/NO. 1-722	NAPKIN MATERIAL: 55% COTTON, 45% POLYESTER SIZE:18 * 18CM PACKING:100PCS/CARTON	72,200PCS	USD1. 8215/PC	USD131,512. 30
	TOTAL:72,200PCS			USD131,512. 30

WE HEREBY CERTIFY THAT THE GOODS ARE OF CHINESE ORIGIN.

样例 4-3　装箱单

Issuer TIFERT TRADING CO. , LTD. NO. 86，ZHUJIANG ROAD, TIANJIN, CHINA	装　箱　单 PACKING LIST/WEIGHT MEMO		
To SKY INTERNATIONAL I/E LTD. 1000 ALGECIRAS STREET，SPAIN	Invoice No. INV NO. 21FZ018		Date NOV. 28，2021
Marks and Numbers	**Number and kind of package Description of goods**	**G. W.**	**N. W.**	**Meas.**
SKY SCN036 BARCELONA C/NO. 1-722	NAPKIN MATERIAL： 55％ COTTON, 45％ POLYESTER SIZE：18 * 18CM PACKED IN CARTONS OF 10PCS EACH	25,992.00KGS	24,909.00KGS	24.548CBM

WE HEREBY CERTIFY THAT EACH ITEM HAS BEEN MARKED THE LABEL"MADE IN CHINA"

样例 4-4　检验证书

中华人民共和国出入境检验检疫
ENTRY-EXIT INSPECTION AND QUARANTITE
OF THE PEOPLE'S REPUBLIC OF CHINA

正　本
ORIGINAL

编号 No.：21CIQ1187

QUALITY CERTIFICATE

发货人
Consignor　TIFERT TRADING CO. , LTD.

收货人
Consignee　＊　＊　＊　＊

品名 Description of Goods　NAPKIN	标记及号码　（9） Mark & No.
报检数量/重量 Quantity/Weight Declared　72,200PCS	SKY
包装种类及数量 Number and Type of Packages　722CARTONS	SCN036 BARCELONA
运输工具 Means of Conveyance　BY SEA	C/NO. 1-722

检验结果
Result of inspection
SAMPLES WERE DRAWN AT RANDOM FROM THE WHOLE LOT OF GOODS AND INSPECTED
STRICTLY ACCORDING TO THE S/C NO. SCN036

THE ABOVE RESULTS OF INSPECTION ARE IN CONFORMITY WITH THE REQUIREMENTS IN
THE SAID CONTRACT.

印章：　　　　　　　　签证地点 Place of Issue　TIANJIN　签证日期 Date of Issue　DEC 9, 2021
Official Stamp

授权签字人 Authorized Officer　ZHANG CHI　签名 Signature　张弛

我们已尽所知和最大能力实施上述检验，不能因我们签发本证书而免除卖方或其他方面根据合同和法律所
承担的产品质量责任和其他责任。

All inspection are carried out conscientiously to the best of our knowledge and ability. This certificate does
not in any respect absolve the seller and other related parties from his contractual and legal obligations espe-
cially when product quality is concerned.

样例 4-5　原产地证书

ORIGINAL

1. Exporter TIFERT TRADING CO., LTD. NO. 86, ZHUJIANG ROAD, TIANJIN, CHINA	Certificate No. C214408000200018
	CERTIFICATE OF ORIGIN **OF** **THE PEOPLE'S REPUBLIC OF CHINA**
2. Consignee SKY INTERNATIONAL I/E LTD. 1000 ALGECIRAS ST., SPAIN	
3. Means of transport and route SHIPMENT FROM TIANJIN TO BARCELONA BY SEA	5. For certifying authority use only
4. Country / region of destination SPAIN	

6. Marks and numbers	7. Number and kind of packages; description of goods	8. H. S. Code	9. Quantity	10. Number and date of invoices
SKY SCN036 BARCELONA C/NO. 1-722	722(SEVEN HUNDRED AND TWENTY-TWO) CARTONS OF NAPKIN 63025190		72,200PCS	INV NO. 21FZ018 NOV. 28, 2021

11. Declaration by the exporter	12. Certification
The undersigned hereby declares that the above details and statements are correct, that all the goods were produced in China and that they comply with the Rules of Origin of the People's Republic of China.	It is hereby certified that the declaration by the exporter is correct.
TIFERT TRADING CO., LTD 泰佛贸易有限公司 * TIANJIN DEC 7, 2021　　李明	中国国际贸易促进委员会 天津分会 TIANJIN DEC 7, 2021　　陈凯
Place and date, signature and stamp of authorized signatory	Place and date, signature and stamp of certifying authority

样例4-6　海运提单

Shipper	B/L No.	SINO081216

Shipper
TIFERT TRADING CO. , LTD.
NO. 86, ZHUJIANG ROAD, TIANJIN, CHINA

中国外运天津公司

SINOTRANS TIANJIN COMPANY

OCEAN BILL OF LADING

Consignee or order
TO ORDER OF SHIPPER

Notify address
APPLICANT

SHIPPED on board in apparent good order and condition（unless otherwise indicated）the goods or packages specified herein and to be discharged at the mentioned port of discharge or as near thereto as the vessel may safely get and be always afloat.

The weight, measure, marks and numbers, quality, contents and value, being particulars furnished by the Shipper, are not checked by the Carrier on loading.

The Shipper, Consignee and the Holder of this Bill of Lading hereby expressly accept and agree to all printed, written or stamped provisions, exceptions and conditions of this Bill of Lading, including those on the back hereof.

IN WITNESS where of the number of original Bills of Lading stated below have been signed, one of which being accomplished the other(s) to be void.

Pre-carriage by	Port of loading TIANJIN, CHINA
Vessel SHUNFENG V. 0827	Port of transshipment
Port of discharge BARCELONA, SPAIN	Final destination

Container. seal No. or marks and Nos.	Number and kind of package	Description of goods	Gross weight（kgs.）	Measurement （m³）
SKY SCN036 BARCELONA C/NO. 1-722	722 CARTONS SAY SEVEN HUNDRED AND TWENTY-TWO CARTONS ONLY	NAPKIN FREIGHT PREPAID	2,592.00KGS	24.548CBM

Freight and charges	REGARDING TRANSHIPMENT INFORMATION PLEASE CONTACT

Ex. rate	Prepaid at	Freight payable at	Place and date of issue TIANJIN, CHINA DEC. 8, 2021
	Total prepaid	Number of original Bs/L THREE	Signed for or on behalf of the Carrier SINOTRANS TIANJIN COMPANY 张涛

样例 4-7 保险单

PICC

中国人民财产保险股份有限公司
PICC Property and Casualty Company Ltd.

发票号码 Invoice No.	INVOICE NO. 21FZ018	保险单号次 Policy No.	PICC08526

海 洋 货 物 运 输 保 险 单
CARGO TRANSPORTATION INSURANCE POLICY

被保险人： TIFERT TRADING CO., LTD.
Insured：

中国人民财产保险股份有限公司(以下简称本公司)根据被保险人的要求,及其所缴付约定的保险费,按照本保险单承担险别和背面所载条款与下列特别条款承保下列货物运输保险,特签发本保险单。

This policy of Insurance witnesses that PICC Property and Casualty Company Ltd. (hereinafter called "The Company"), at the request of the Insured and in consideration of the agreed premium paid by the Insured, undertakes to insure the undermentioned goods in transportation subject to conditions of the Policy as per the Clauses printed overleaf and other special clauses attached hereon.

唛头(6) Shipping Marks	包装及数量(7) Quantity	保险货物项目(8) Descriptions of Goods	保险金额(9) Amount Insured
AS PER INV. NO. 21FZ018	722CARTONS	NAPKIN	USD144,664.00

总保险金额：
Total Amount Insured：SAY U. S. DOLLARS ONE HUNDRED FORTY-FOUR THOUSAND SIX HUNDRED AND SIXTY-FOUR ONLY

承保险别
Conditions
COVERING ALL RISKS AND WAR RISK AS PER OCEAN MARINE CARGO CLAUSES AND WAR RISKS CLAUSES (1/1/2009) OF PICC PROPERTY AND CASUALTY COMPANY LTD (ABBREVIATED AS C. I. C-ALL RISKS AND WAR RISK) (WAREHOUSE TO WAREHOUSE CLAUSE IS INCLUDED)

保费(12) Premium as arranged	载运输工具(13) Per conveyance S. S SHUNFENG V. 0827	开航日期(14) Slg. on or abt AS PER B/L

启运港(15) 目的港
From TIANJIN, CHINA To BARCELONA, SPAIN

所保货物,如发生本保险单项下可能引起索赔的损失或损坏,应立即通知本公司下述代理人查勘。如有索赔,应向本公司提交保险单正本(本保险单共有 二 份正本)及有关文件。如一份正本已用于索赔,其余正本则自动失效。(16)

In the event of loss or damage which may result in acclaim under this Policy, immediate notice must be given to the Company's Agent as mentioned hereunder. Claims, if any, one of the Original Policy which has been issued in TWO original (s) together with the relevant documents shall be surrendered to the Company. If one of the Original Policy has been accomplished, the others to be void.

PICC SPAIN BRANCH
RM101, 10TH FLOOR SUPER BUILDING, BARCELONA, SPAIN
TEL：0034-61-2458 7531

赔款偿付地点 **PICC Property and Casualty Company Ltd.**
Claim payable at CHINA IN USD

日期 Date(18) DEC. 9, 2021	在 At TIANJIN

王 华

样例 4-8　受益人证明

TIFERT TRADING CO. , LTD.
NO. 86 , ZHUJIANG ROAD , TIANJIN , CHINA
CERTIFICATE

DATE：　　　DEC. 8,2021

INVOICE NO：　21FZ018

TO WHOM IT MAY CONCERN

　　WE CERTIFY THAT ONE SET OF NON-NEGOTIABLE DOCUMENTS HAVE BEEN SENT TO APPLICANT DIRECTLY WITHIN 48 HOURS AFTER SHIPMENT.

样例 4-9　汇票

BILL OF EXCHANGE

No.　INV NO. 21FZ018　　　　　　　Tianjin , China.　DEC. 15 , 2021

Exchange for　　USD131,512. 30

At　＊　＊　＊　sight of this FIRST of Exchange(Section of exchange being unpaid), pay to the order of　BANK OF CHINA , TIANIN BRANCH　　　　　　　　　　the sum of U. S. DOLLARS ONE HUNDRED AND THIRTY-ONE THOUSAND FIVE AND TWENTY AND CENTS THIRTY ONLY

Drawn under　CENTRAL BANK OF SPAIN

　L/C No.　LCN038

　Date　NOV. 23, 2021

To：　BANK OF CHINA

样例 4-10 审单记录表

发票号	INV NO. 21FZ018		船名	SHUNFENG V. 0827	提单号	SINO081216
开证行	CENTRAL BANK OF SPAIN				装期	DEC. 16, 2021
					效期	DEC. 31, 2021
信用证号	LCN038		结汇金额	USD131 512.30	交单期	DEC. 29, 2021

单据名称	汇票	发票	装箱单	保险单	原产地证	GSP原产地证	品质证	重量证	卫生证	海关发票	船行证明	受益人证明	电抄	海运提单	海运提单副本	其他
应交份数	2	6	3	2	2		3					1		3	3	

存在问题及处理意见	发票： ① 单价和金额处漏写贸易术语 CIF BARCELONA； ② 装运港和目的港后漏加注 CHINA 和 SPAIN 国别； ③ 货描中遗漏 AS PER S/C NO. SCN036； ④ 多加注了 WE HEREBY CERTIFY THAT THE GOODS ARE OF CHINESE ORIGIN 应删除
	装箱单： ① 信用证要求提交 PACKING LIST/WEIGHT MEMO，不仅是 PACKING LIST； ② 包装应该是 100 条口布装一纸箱，而不是 10 条； ③ 在加注了声明文句后应有出票人的签字
	检验证书： 签证日期不能晚于提单日期，如是 DEC. 5, 2021，而不是 DEC. 9, 2021
	原产地证： ① 漏声明文句"THE GOODS ARE WHOLLY PRODUCED IN CHINA"； ② 货物描述最后漏截止符"＊＊＊＊＊"以示结束
	海运提单： ① 提单抬头应制成 TO ORDER，而不是 TO ORDER OF SHIPPER； ② 被通知人 APPLICANT 应具体写成 SKY INTERNATIONAL I/E LTD. 1 000 ALGECIRAS ST. , SPAIN； ③ 毛重与装箱单不符，应该是 25 992.00KGS，而不是 2 592.00KGS
	保险单： ① 赔付地点应是 SPAIN，而不是 CHINA； ② 保险单日期不能晚于提单日趋，如 DEC. 5, 2021 而不是 DEC. 9, 2021
	受益人证明函 ① 应该将申请人具体化为 THE SKY INTERNATIONAL I/E LTD. ； ② 遗漏签署，证明函单据性质决定必须签署
	汇票： ① 金额大写应该为 U. S. DOLLARS ONE HUNDRED AND THIRTY ONE THOUSAND FIVE HUNDRED AND TWELVE AND CENTS THIRTY ONLY. ； ② 付款人应为 CENTRAL BANK OF SPAIN

其他应注意事项：

单证员 王芳	审单员 庞峻岭	银行复核	结汇日期

三、单证不符的处理办法

1. 修改单证

如时间充裕,或货物尚未出运,应尽快修改单据。如必须修改信用证,则应立即联系开证申请人改证。信用证未修改之前,受益人绝对不能出运货物。

信用证项下不符单据的救济是指当单据由于不符合信用证规定而遭开证行拒付之后,受益人可在规定的时限内及时将替代或更正后的单据补交给银行。只要补交的单据符合信用证规定,开证行必须承担其付款责任。

微课:单证不符的处理办法

但在实际业务中,往往是出口商在前期的操作过程中浪费了大量的时间,因而补交单据在时间上往往不可能。

2. 表提结汇

如果货物已装船,或者虽未装船但需赶船期,致使受益人无法提出改证,在这种情况下,受益人可向议付行出具担保书(letter of indemnity),要求银行凭担保议付货款,如日后遭到开证行拒付时,由受益人承担一切后果。

当议付行向开证行交单收汇时,在随附单据的表盖(covering schedule)上指出单据不符点,并注明"凭保议付"字样,这种做法,又可称作"表盖提出"(即在表盖上将不符点提出来),简称"表提",也称"担保议付"。如果是非实质性的、一般性的单证不符,受益人估计对方会接受不符点时,往往考虑采取"表提"方式。

3. 电提结汇

如受益人交单金额较大,议付行先向开证行拍发电传、传真或邮件列明不符点,征求开证行同意,待开证行确认同意接受含有不符点的单据后,再将单据寄出。如不同意,则议付行即告知受益人,以便受益人采取相应措施,如将货物转卖或将货物中途卸下等。这种做法称为"电报提出",简称"电提"。对于实质性的单证不符,受益人往往采取"电提"方式。

4. 随证托收

在单证不符的情况下,如货物已经装出,而议付行又不愿采用"表提"或"电提"方法时,出口公司只能采用托收方式,委托银行寄单收款。由于与原来信用证有关,为了使进口商易于了解该项托收业务的由来,托收行仍以原信用证的开证行作为代收行,请其代为收款,这种做法称作"随证托收",以表示与"无证托收"的区别。

在信用证业务中,一旦出现单证不符,无论采用"表提""电提"还是"随证托收",事实上已将出口收汇由银行信用变成了商业信用。从这个意义上说,受益人已经失去了开证行的付款保证。在此情况下,即使有进口商的函电担保,也仅是商业信用而已。没有开证人的授权,银行会拒绝付款。

四、对"不符点单据"的善后处理

倘若由于某种原因,受益人既不能修改单据,又不能修改信用证条款,不得已向银行提交了含有不符点的结汇单据,此时进口商是否承付货款,完全取决于进口商的商业信用。为此,受益人应谨慎做好不符点结汇单据的

微课:对"不符点单据"的善后处理

善后工作,即密切注意出口货物的流向,采取相应措施,切忌只关心货款,不关心货物。

(1) 如果货物未被提走,应立即与进口商联系,要求其履行合同义务,催促其尽快办理付款赎单手续。

(2) 如果货物被以担保方式提走,应与船公司联系,以货主身份,要求其出示正本提单。在这种压力下,船公司会向进口商追索提单,迫使进口商到银行付款赎单。

(3) 如果货物被凭以正本提单提走,应立即与银行联系,告知开证行我方已获悉,开证行未收货款就放单,这一错误做法使进口商已将货物提走,请银行立即付款。此时,开证行考虑到自己的信誉,定会要求进口商付款。

在实际业务中,为了增加结汇的安全保障,减少经济上的损失,必须妥善解决单据不符点问题,做好不符点单据交单后的善后处理。

 知识窗

一、审单的基本要求

单据审核是对照信用证(信用证付款方式下)或合同(非信用证付款方式下)的有关条款内容对已经缮制备妥的单据进行及时检查、核对和改正,从而保证安全及时收汇。按照审核人不同,具体分为企业审单和银行审单。银行审单主要遵循表面一致性原则,侧重从政策方面审核。在此主要介绍企业审单的基本要求。

(1) 及时性。及时审核单据可以在第一时间内发现并更正单据的错误,避免不及时审单给各项工作带来的被动和收汇风险。

(2) 全面性。企业应当充分认识到审单工作对全面履行合同和安全收汇的至关重要性。企业在审单过程中要做到按照信用证和合同认真审核每一份单证,不忽略任何一个瑕疵,同时在处理所发现问题时应加强与各有关部门的联系和衔接,从而全面、妥善地处理好所发现的问题。

(3) 相符交单。按照"相符交单"的原则,做到与信用证条款、UCP600 及 ISBP745 一致。做到相符交单是安全收汇的前提和基础,信用证没有提及的内容应以《跟单信用证统一惯例》(UCP600)和国际标准银行实务(ISBP745)为准,所提交的单据中存在的任何不符哪怕是微小的差错都会造成一些难以挽回的损失。

二、审单的基本方法

为了保证审单工作的质量,除要求单证人员在思想上高度重视单证工作外,还要讲究工作方法。下面以信用证支付方式为例介绍企业审单的方法。

(1) 纵向审核法。以信用证或合同为基础对所要求的单据进行逐一审核,要求每个单据的内容与信用证条款严格相符,做到"单证相符"。

(2) 横向审核法。在纵向审核的基础上,以商业发票为核心审核所有其他单据,做到"单单相符"。

在审单过程中,如果发现单据的数据比较集中,可以先对各种单据的所有数据,如单价、数量、毛重、净重、尺码和包装件数等进行全面的复核,然后采用纵横审单法对其他内容进行审核。

✎ 单证知识同步训练

一、单选题

1. 发票的日期在全套结汇单据中应(　　　)。
 A. 早于汇票的签发日期　　　　　　　　B. 早于提单的签发日期
 C. 早于保险单的签发日期　　　　　　　D. 是最早签发的单据

2. 如果信用证未规定交单期限,根据 UCP600 的规定,受益人必须在货物装船后(　　　)天内交单议付,但不能超过信用证的有效期。
 A. 3　　　　　　　　B. 7　　　　　　　　C. 15　　　　　　　　D. 21

3. 海运提单日期应理解为(　　　)。
 A. 货物开始装船的日期　　　　　　　　B. 货物装船过程中任何一天
 C. 货物装船完毕的日期　　　　　　　　D. 签订运输合同的日期

4. 如信用证规定"shipment on or about 15th Oct. 2021",那么装运期应为(　　　)天。
 A. 9　　　　　　　　B. 10　　　　　　　　C. 11　　　　　　　　D. 12

5. 在托收项下,单据的缮制通常以(　　　)为依据。如有特殊要求,应参照相应的文件或资料。
 A. 信用证　　　　　　B. 发票　　　　　　C. 合同　　　　　　D. 提单

6. 保兑信用证的保兑行,其责任是(　　　)。
 A. 在开证行不履行付款义务时履行付款义务
 B. 在开证申请人不履行付款义务时履行付款义务
 C. 承担第一性的付款义务
 D. 开证行承担第一性的付款责任,保兑行承担第二性的付款责任

7. 使用 D/P、D/A 和 L/C 三种方式结算货款,就卖方的收汇风险而言,从大到小依次为(　　　)。
 A. D/A、D/P 和 L/C　　　　　　　　B. D/P、D/A 和 L/C
 C. L/C、D/P 和 D/A　　　　　　　　D. L/C、D/A 和 D/P

8. 一般附加险中不包括(　　　)。
 A. 破损破碎险　　　B. 淡水雨淋险　　　C. 黄曲霉素险　　　D. 短量险

9. 对港铁路货物运输,发货人凭以向银行结汇的运输单据为(　　　)。
 A. 铁路运单正本　　　　　　　　　　B. 铁路运单副本
 C. 承运货物收据　　　　　　　　　　D. 到货通知

10. 轻工进出口公司出口电冰箱共 1 000 台,合同和信用证都规定不准分批装运。运输时有 30 台被撞,包装破裂,冰箱外观变形,不能出口。根据 UCP600 规定,轻工进出口公司可以装运(　　　)台。
 A. 1 000　　　　　　B. 970　　　　　　C. 950　　　　　　D. 1 050

二、多选题

1. 审核单据的依据是(　　　)。

　　A. 开证申请书　　　B. ISBP745　　　　　C. UCP600　　　　　D. 信用证

2. 下列单据,银行可以拒付的有(　　　)。

　　A. 迟于信用证规定的到期日提交的单据

　　B. 迟于装运期后 15 天提交的单据

　　C. 单据内容与信用证规定不相符的单据

　　D. 单据与单据互相之间不符的单据

3. 下列关于信用证与合同关系的表述正确的是(　　　)。

　　A. 信用证的开立以买卖合同为依据

　　B. 信用证业务受买卖合同的约束

　　C. 合同是审核信用证的依据之一

　　D. 银行按信用证规定处理信用证业务

4. 假远期信用证又称买方远期信用证,其主要特点是(　　　)。

　　A. 由开证行开出延期付款信用证

　　B. 由受益人开出远期汇票

　　C. 由指定的付款行负责贴现汇票

　　D. 由进口人负担贴现息和费用

5. 承兑交单开立的汇票是(　　　)。

　　A. 即期汇票　　　B. 远期汇票　　　　　C. 银行汇票　　　　D. 商业汇票

三、判断题

1. 如信用证未规定交单期,则交单期不得迟于运输单据日期后的 15 天,且不得迟于信用证有效期。　　　　　　　　　　　　　　　　　　　　　　　　　　　　　　　(　　)

2. 海运提单、铁路运单、航空运单均为物权凭证,可以转让。　　　　　　　　(　　)

3. 空白抬头、空白背书的提单是指提单收货人一栏内空白而不需要背书的提单。
　　　　　　　　　　　　　　　　　　　　　　　　　　　　　　　　　　　(　　)

4. 发票的开立日期,不能早于信用证的开证日期,也不能迟于信用证的最迟交单日期。
　　　　　　　　　　　　　　　　　　　　　　　　　　　　　　　　　　　(　　)

5. 非物权凭证的单据,如果来证要求提交若干份,受益人可以只提交一份正本,其余以副本来满足,开证行不得拒绝。　　　　　　　　　　　　　　　　　　　　　　　　(　　)

6. 票汇业务和托收业务都是商业信用,使用的都是商业汇票。　　　　　　　　(　　)

7. 根据 UCP600,除非信用证另有规定,商业发票应由开证申请人签发,必须做成受益人的抬头。　　　　　　　　　　　　　　　　　　　　　　　　　　　　　　　　　　(　　)

8. 汇票、提单和保险单的抬头人通常各是付款人、收货人、被保险人。　　　　(　　)

9. 一张商业汇票上的收款人是"仅付给 ABC 有限公司"(Pay to ABC Co., Ltd. Only),这种汇票不能转让。　　　　　　　　　　　　　　　　　　　　　　　　　　　　　　(　　)

10. 保险单出具后,如需要补充或变更保险内容,保险公司可根据投保人的请求出具修改保险内容的凭证,该项凭证称为批单。　　　　　　　　　　　　　　　　　　　　　(　　)

单证技能进阶提高

一、动脑思考

1. 泰佛贸易公司接到国外开来信用证规定:"...Hongkong Shun Tai Feeds Development Co. as shipper on Bill of Lading."(……以香港顺泰饲料发展公司作为提单发货人)。泰佛贸易公司在装运时即按信用证上述规定以转口商香港顺泰饲料发展公司作为提单的发货人。但在向银行交单时单证人员才发现:该提单系空白抬头,须发货人背书。提单既以香港顺泰饲料发展公司作为发货人,则应以香港该公司盖章进行背书。但该公司在本地并无代表,结果只好往返联系,拖延了三个星期香港才派人来背书。后因信用证过期无法议付,造成损失。应该从中吸取什么教训?

2. 泰佛贸易公司出口一批货物,信用证要求提交"Marine shipped on board Bill of Lading",但船方提供的提单属于"收妥备运提单"。为了符合信用证要求,所以在提单空白处用打字机加注"Shipped on board"字样,最后承运人在提单签发栏"As agent for the Carrier"处签字盖章。该出口公司交单议付后,单据到国外被开证行拒付货款,理由是单证不符,所提供的提单并非"Shipped on board"提单。开证行拒付理由是否成立? 如果成立,应该吸取什么教训?

3. 泰佛贸易公司收到国外开来不可撤销信用证一份,由设在我国境内的某外资银行通知并加以保兑。泰佛贸易公司在货物装运后,正拟将有关单据交银行议付时,忽接该外资银行通知,由于开证银行已宣布破产,该行不承担对该信用证的议付或付款责任,但可接受泰佛贸易公司委托向买方直接收取货款的业务。对此,我方应如何处理?

二、动手操练

泰佛贸易公司出口猪皮劳动手套(pig leather work gloves),货号 WP301C 共 5 000 打,欧元 28.28 每打 CIFC5 汉堡,装于 100 个纸箱内,每箱 50 打,每箱毛重 55kg,净重 51kg,体积 0.075m³。此批货物装于一个 20 英尺集装箱内,货装"XINXING"轮自新港运至汉堡,现在货已出运,全套单据已经缮制妥,请根据信用证(样例 4-11)认真审核商业发票(样例 4-12)、装箱单(样例 4-13)、海运提单(样例 4-14)、保险单(样例 4-15)、普惠制原产地证(样例 4-16)和汇票(样例 4-17)等全套单据并填写审单记录表(样例 4-18),保证货款安全。

样例 4-11　猪皮劳动手套信用证

VEREINS-UND WESTBANK Hamburg, 5th May 2021
IRREVOCABLE DOCUMENTARY CREDIT No. 21/37-267
Advising Bank: Bank of China, Tianjin, China
Applicant: Helmut Feld Co.
　　　　　　Billstr. 177
　　　　　　2000 Hamburg Germany
Beneficiary: Tifert Trading Co., Ltd.
　　　　　　No. 86, Zhujiang Road, Tianjin, China
Amount: EUR136,800.00 (European Dollars One hundred Thirty Six Thousand and Eight Hundred Only)
Expiry date: 15th July 2021 in China

Dear Sir(s),

We hereby issue in your favor this documentary credit which is available by negotiation of your draft at sight drawn on VEREINS-UND WESTBANK, Hamburg bearing the clause:

"Drawn under documentary credit No. 21/37-267 of VEREINS-UNDWESTBANK" accompanied by the following documents:

1. Signed commercial invoice in three folds

2. Full set of clean on board ocean bills of lading, issued to order and blank endorsed, notify applicant marked freight prepaid

3. Insurance policy or certificate, covering All Risks and War Risk for 110% of invoice value

4. Packing list in two folds, showing gross/net weight, shipping mark

5. Certificate of Chinese origin, Form A

Covering shipment of: Pig Leather Work Gloves

5,000 doz. Art. WP 301C at EUR28. 80/doz. CIFC5 Hamburg as per S/C No. 21/ST-122

shipment from Chinese port to Hamburg

Partial shipment: Prohibited   Transshipment: Permitted

Special conditions: Shipment must be effected latest 30th June 2021

Documents have to he presented within 15 days after date of shipment.

Shipping marks: H   F
                   HAMBURG
                   No. 1-UP

We hereby engage with drawers and/or bona fide holders that drafts drawn and negotiated in conformity with the terms of this credit will be duly honored on presentation and that drafts accepted within the terms of this credit will be duly honored at maturity.

The advising bank is requested to notify the beneficiary without adding their confirmation.

Except so far as otherwise expressly stated, this documentary credit is subject to the "Uniform Customs and Practice for Documentary Credits" (2007 Revision) in accordance with Publication No. 600 of the International Chamber of Commerce.

Yours faithfully
VEREINS-UND WESTBANK

样例 4-12　商业发票

(1) Issuer **TIFERT TRADING CO. , LTD.** **NO. 86, ZHUJIANG ROAD, TIANJIN, CHINA**	商　业　发　票 **COMMERCIAL INVOICE**	
To **HELMUT FELD CO.** **BILLSTR. 177** **2000 HAMBURG GERMANY**	No. **BP200430134**	Date: **18ᵗʰ May, 2021**
Transport details **FROM XINGANG TO HAMBURG** **BY SEA**	S/C No. **21/ST-122**	L/C No. **21/37-267**
	Terms of payment **SIGHT L/C**	

Marks and Number	Number and kind of packages Description of goods	Quantity	Unit price	Amount
H F HAMBURG No. 1-100	100 CARTONS PIG LEATHER WORK GLOVES	5,000 DOZ	EUR 28.80 PER DOZ CIFC5 HAMBURG TIFERT TRADING CO., LTD. 王宏	EUR144,000.00

样例 4-13　装箱单

Issuer **TIFERT TRADING CO., LTD.** **86, ZHUJIANG ROAD, TIANJIN, CHINA**	装　箱　单 **PACKING LIST**	
To **HELMUT FELD CO.** **BILLSTR. 177** **2000 HAMBURG GERMANY**	Invoice No. **BP200430137**	Date: **May 18th, 2021**

Marks and Number	Number and kind of packages; Description of goods
H F HAMBURG No. 1-100	**100 CTNS 5,000 DOZ.　PIG LEATHER WORK GLOVES** **TOTAL GROSS WEIGHT 5,500KGS(@55KGS)** 　　**NET WEIGHT 5,200KGS(@52KGS)** **PACKED IN CARTONS OF 50DOZ EACH** 　　　　　TIFERT TRADING CO., LTD. 　　　　　王宏

样例 4-14　海运提单

| Shipper **TIFERT TRADING CO. , LTD.** **NO. 86, ZHUJIANG ROAD, TIANJIN, CHINA** | B/L NO. **123** |

中国远洋运输总公司
CHINA OCEAN SHIPPINGCO
Combined Transport BILL OF LADING

Consignee
TO ORDER

Notify Party
HELMUT FELD CO.
BILLSTR. 177
2000 HAMBURG GERMANY

Pre-carriage by	Place of receipt

| Ocean Vessel Voy No **XINXING V-1320** | Port of Loading **CHINA** |

Port of Discharge **HANBURG**	Place of Delivery	Final Destination

Marks & Nos Container Seal No.	No. of Containers or P'kgs	Kind of Packages;Description of Goods	Gross Weight	Measurement
H　F **HAMBURG** No. 1-100	**100 CTNS**	**PIG LEATHER WORK GLOVES** **FREIGHT TO COLLECT**	**7,860KGS**	**33. 200 M³**

TOTAL NUMBER OF CONTAINERS
OR PACKAGES(IN WORDS)　**SAY ONE HUNDRED CARTONS ONLY**

FREIGHT & CHARGES Revenue Tons	Rate	Per	Prepaid	Collect

Ex Rate	Prepaid at	Payable at	Place and date of Issue **TIANJIN， 25ᵀᴴ MAY, 2021**
	Total Prepaid	No. of Original B(S)/L	Signed for the Carrier

LADEN ON BOARD THE VESSEL

DATE　　　　　　　BY　　　　(TERMS PLEASE FIND ON BACK OF ORIGINAL B/L)

样例 4-15　保险单

PICC

中国人民财产保险股份有限公司
PICC Property and Casualty Company Ltd.

货 物 运 输 保 险 单
CARGO TRANSPORTATION INSURANCE POLICY　　ORINGINAL

发票号(INVOICE NO.)　**BP200430137**	保单号次
合同号(CONTRACT NO.)　**21/ST-122**	POLICY NO.　**NT0213908725594308216**
信用证号(L/C NO.)　**21/37-267**	

被保险人(Insured)：**TIFERT TRADING CO.，LTD.**

　　中国人民财产保险股份有限公司(以下简称本公司)根据被保险人的要求,由被保险人向本公司缴付约定的保险费,按照本保险单承保险别和背面所列条款与下列特款承保下述货物运输保险,特立本保险单。

THIS POLICY OF INSURANCE WITNESSES THAT PICC PROPERTY AND CASUALTY COMPANY LTD. (HEREINAFTER CALLED "THE COMPANY")AT THE REQUEST OF INSURED AND IN CONSIDERATION OF THE AGREED PREMIUM PAID TO THE COMPANY BY THE INSURED,UNDERTAKES TO INSURE THE UNDERMENTIONED GOODS IN TRANSPORTATION SUBJECT TO THE CONDITIONS OF THIS POLICY AS PER THE CLAUSES PRINTED OVERLEAF AND OTHER SPECIAL CLAUSES ATTACHED HEREON

标　记 MARKS & NOS.	包装及数量 QUANTITY	保险货物项目 DESCRIPTION OF GOODS	保险金额 AMOUNT INSURED
H　F **HAMBURG** **No. 1-100**	**100 CTNS**	**PIG LEATHER WORK GLOVES**	**EUR158,400.00**

总保险金额
TOTAL AMOUNT INSURED：**EUROPEAN DOLLARS ONE HUNDRED FIFTY-EIGH THOUSAND FOUR HUNDRED ONLY**

保费	启运日期：		装载运输工具：
PREMIUM　**AS ARRANGED**	DATE OF COMMENCEMENT　**AS PER B/L**		PER CONVEYANCE：**XINXING**
自	经	至	
FROM　**XINGANG**	VIA	TO　**HAMBURG**	

承保险别：
CONDITIONS：

ALL RISKS AND WAR RISKS AS PER CIC

所保货物,如发生保险单项下可能引起索赔的损失或损坏,应立即通知本公司下述代理人查勘。如有索赔应向本公司提交保险单正本(共二份正本)及有关文件。如一份正本已用于索赔,其余正本自动失效。

IN THE EVENT OF LOSS DAMAGE WHICH MAY RESULT IN A CLAIM UNDER THIS POLICY,IMMEDIATE NOTICE MUST BE GIVEN TO THE COMPANY AGENT AS MENTIONED HEREUNDER CLAIMS IF ANY,ONE OF THE ORIGINAL POLICY WHICH HAS BEEN ISSUED IN TWO ORIGINAL TOGETHER WITH RELEVENT DOCUMENTS SHALL BE SURRENDRED TO THE COMPANY IF THE ORIGINAL POLICY HAS BEEN ACCOMPLISHED, THE OTHERS TO BE VOID

赔款偿付地点
CLAIM PAYABLE AT　**HAMBURG**

出单日期
ISSUEING DATE　**MAY 28TH,2021**

中国人民财产保险股份有限公司
PICC Property and Casualty Company Ltd.

样例 4-16 普惠制原产地证

1. Goods consigned from (Export's name, Adress, country) **TIFERT TRADING CO. , LTD.** **NO. 86, ZHUJIANG ROAD, TIANJIN, CHINA**	Reference No. **GENERALIZED SYSTEM OF PREFERANCES** **CERTIFICATE OF ORIGIN** (Combined declaration and certificate) FORM A Issued in THE PEOPLE'S REPUBLIC OF CHINA
2. Goods consigned to (Consignee's name, Address, country) **HELMUT FELD CO.** **BILLSTR. 177** **2000 HAMBURG GERMANY**	
	（country）

3. Means of transport and route (as far as known) **SHIPMENT FROM XINGANG TO HAMBURG BY SEA**	4. For official use

5. Item number	6. Marks and numbers of packages	7. Number and kind of packages; description of goods	8. Origin criterion	9. Gross weight or other quantity	10. Number and date of invoice
	H F **HAMBURG** **No. 1-100**	**ONE HUDNRED（100）CTNS** **PIG LEATHER WORK GLOVES** * * * * * * *	"P"	**5,000 DOZ**	**BP200430137** May 18th,2021

11. Certification It is hereby certified, on the basis of control Carried out, that the declaration by the exporter is correct.	12. Declaration by the exporter The undersigned hereby declares that the above details and statements are correct; that all the goods were produced in _____**CHINA**_____ (country) And that they comply with the origin requirements specified for those goods in the Generalized System of Preferences for goods exported to _____**E U**_____ (importing country)
TIANJIN, MAY 21ST 2021 Place and date, signature and stamp of certifying authority	**TIANJIN, MAY 21ST, 2021** Place and date, signature of authorized signatory

样例 4-17　汇票

No.　**BP200430137**

Exchange for　**EUR136,800.00**　　　　Tianjin，**MAY 26TH,2021**

At _____ sight of this First of Exchange (Second of exchange being unpaid)

Pay to the order of　　**BANK OF CHINA，TIANJIN，CHINA**

The sum of **EUROPEAN DOLLARS ONE HUNDRED THIRTY SIX THOUSAND AND EIGHT HUNDRED ONLY**

Drawn under　**DOCUMENTARY CREDIT NO. 21/37-267 OF VEREINS-UNDWEST BANK**

TO　**VEREINS-UNDWESTBANK**

　　HAMBURG

　　　　　　　　　　　　　　　　　　　　　　TIFERT TRADING CO.，LTD.

　　　　　　　　　　　　　　　　　　　　　　　　　　（signed）

样例 4-18　空白审单记录

发票号		船名		提单号	
开证行				装期	
				效期	
信用证号		结汇金额		交单期	

单据名称	汇票	发票	装箱单	保险单	原产地证	检验证	GSP原产地证	海关发票	船行证明	受益人证明	电抄	海运提单	海运提单副本	其他
应交份数														
存在问题及处理意见														

其他应注意事项：

单证员	审单员	银行复核	结汇日期

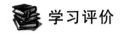 **学习评价**

学习目标测评表

（在□中打√，A 掌握、B 基本掌握、C 未掌握）

测评目标	评价指标	自测结果			存在问题
知识目标	审单的概念、方法及作用	□A	□B	□C	
	UCP600 有关的审单标准	□A	□B	□C	
	ISBP745 有关的审单标准	□A	□B	□C	
	积累不同地区对结汇单据的特殊要求	□A	□B	□C	
技能目标	准确理解信用证中的主要条款	□A	□B	□C	
	掌握各种结汇单据缮制的规范	□A	□B	□C	
	掌握各种结汇单据常见的差错	□A	□B	□C	
	能够快速、准确地审核出单据存在的不符点并做出相应的修改	□A	□B	□C	
素养目标	对待单证工作要一丝不苟，弘扬精益求精的大国工匠精神	□A	□B	□C	
	养成耐心、细致、严谨的工作作风	□A	□B	□C	
	牢记细节决定成败，把单据的差错率降到最低	□A	□B	□C	
学生签字：		教师签字：		日期：	

项目五

计算机软件制单

 学习目标

知识目标

◇ 了解计算机软件制单的概念及主要形式；

◇ 熟悉计算机软件制单的基本功能和特点。

技能目标

◇ 能够用 Word 或 Excel 模板制单；

◇ 掌握"轻松制单"软件的操作方法。

素养目标

◇ 树立终身学习的意识；

◇ 发扬积极进取、永不满足的学习精神。

 思维导图

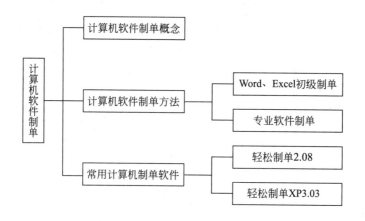

任务十四 "轻松制单"软件制单

 案例导入

A公司是一家小型贸易公司，经营的产品比较繁杂，为了制单方便，公司单证员利用Excel自行设计模板，缮制各种常用结汇单据，对于毛重、净重和尺码等数值A公司习惯地设置为整数，大幅提高了制单效率。A 公司在与中东某客户达成玻璃器皿的合同，款式多达 20 个品种，实际总毛重、总净重、总尺码分别是 2 567.90kg、2 485.45kg、27.588m³，各种数值输入完毕后，Excel 自动生成的总毛重、总净重和总尺码分别是 2 568.00kg、2 485.00kg、28.000m³，而货代公司签发的提单显示的总毛重和总尺码与大货实际相符，公司单证员在将全套单据送交银行议付货款前也疏忽了审核，议付行接到单据审核后发现毛、净重和尺码不符，要求 A 公司更改单据。鉴于交单期已到，最后 A 公司认为这仅是一个小小的不符点，考虑到客户是长期的老客户，指示议付行直接寄到开证行。但最后遭开证行拒付，这时 A 公司再洽中东进口商也杳无音讯，最后不得不低价转卖给其他客户，造成重大损失。

 思政分析

利用计算机软件缮制单据，单证上类同项目的内容只需输入一次，计算机就可以自动生成，大幅提高了制单效率，同时也能降低单证差错率。因此，在实际业务中，计算机制单对单证员的要求会更高，也要求单证员工作更细心。单据送交银行议付货款前，一定要认真审核单证，如发现问题，要及早修改。单证员要牢固树立终身学习的意识，积极进取，永不满足，深刻认识到只有做到相符交单才能保证安全收汇。

 任务背景

> 张琳同学任职的天津泰佛(TIFERT)贸易公司为了进一步提高单证的准确性，降低单证差错率，提高单证工作的效率，特请隆威软件公司为公司开发了一套 ERP 系统，从此公司所有的业务操作就必须借助 ERP 系统来完成。单证工作同样也不例外，即需要进入 ERP 系统进行计算机软件制单，这样单证上类同项目的内容只需输入一次，计算机就可以自动生成。只要一次输入正确，一份正确，份份正确，这样大幅提高了单证的效率，也很好地解决了"单单一致"问题。经过半个多月的摸索，张琳同学很快就掌握了计算机软件制单技巧。

尽管国际商务单证种类多，单证的内容复杂，但其主要内容有很多是相同的，如不同单证的进出口商名称、商品的名称、规格、数量、价格、发货人、收货人、装运港和目的港等，需要在每种单据上填写，还要反复核对，差错的概率很高，因此开发和使用计算机软件制单，利用现代技术为企业提供一个良好的单证缮制平台显得至关重要。利用计算机软件缮制单据，单证上类同项目的内容只需输入一次，计算机就可以自动生成，有效保证了"单单一致"。但不利之处则在于，一旦一处出错，则会导致整笔业务出错，因此，计算机软件制单对单证员的要求会更高。

 计算机软件制单操作规范及样例

实训目的
◇ 能够用 Word 或 Excel 模板制单；
◇ 掌握"轻松制单"等软件的操作方法；
◇ 能够用制单软件独立缮制单据。

操作前准备

◇ 计算机系统安装 Office 办公软件,包括 Word 和 Excel 软件;

◇ 从互联网上搜索有关电子制单的软件并安装到计算机系统中;

◇ 购买有关的计算机制单软件,或请软件公司为本企业专门开发 ERP 系统。

操作程序

◇ 安装计算机制单软件,并进行测试;

◇ 仔细阅读信用证或合同中的相关条款,对各种要求做到心中有数;

◇ 输入基本信息,做到准确、完整;

◇ 输入特殊条款;

◇ 生成各种单据,在预览状态下审核单据,有问题及时更改;

◇ 打印全套结汇单据。

一、计算机软件制单操作规范

"轻松制单"是阿丙软件(ABINSOFT)有限公司(http://www.abin.com.cn/gsjj.htm)针对国内外经贸企业信息化、标准化流程管理而开发的专业进出口单证软件。"轻松制单"自推出以来,因界面简洁、操作简单、功能齐全、适用性强等特点,深受外经贸企业的欢迎。

"轻松制单"有两个主要版本:"轻松制单 2.08""轻松制单 XP3.03"(免费下载地址:http://www.abin.com.cn/rjxz.htm),它们是阿丙软件公司 EASYTODO 系列产品的重要组成部分。除"轻松制单""轻松制单 XP"外,该公司还有"EASYTODO 外贸业务管理系统""外贸企业综合管理系统"等外贸专业软件。现分别以"轻松制单 2.08"和"轻松制单 XP3.03"版本为例,介绍其操作规范。

1."轻松制单 2.08"软件

(1) 下载、安装"轻松制单 2.08"软件。

① 在地址栏中输入"轻松制单 2.08"下载地址(图 5-1),并按回车键。

图 5-1 进入阿丙公司网站

② 单击"轻松制单 2.08"的"下载"按钮(图 5-2),下载该软件。

③ 打开软件安装程序,连续单击"下一步"按钮(图 5-3),至安装结束。

(2) 打开、进入"轻松制单 2.08"操作界面。

① 单击"轻松制单"图标(图 5-4)。

② 在"登录"对话框中输入用户名(QSZD)和口令(888)(图 5-5),单击"确定"按钮。

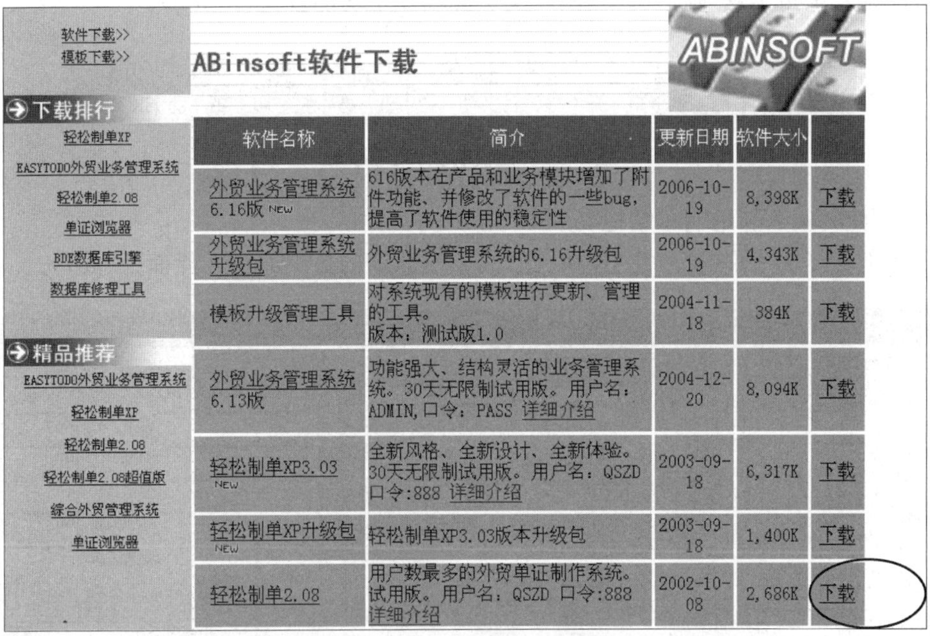

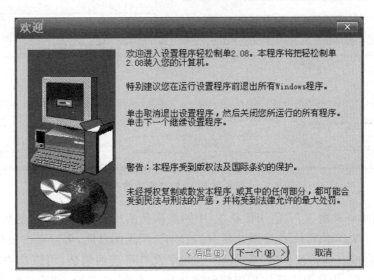

图 5-2 阿丙公司软件下载界面

图 5-3 软件安装程序界面

图 5-4 "轻松制单"图标

图 5-5 "轻松制单"登录界面

③ 屏幕左上角出现"轻松制单"滚动文字屏和 8 个功能按钮(图 5-6)。

图 5-6 "轻松制单"功能按钮

(3) 创建并输入新的制单信息。

① 单击功能按钮中的"新建"按钮(图 5-6),进入新的数据的输入界面(图 5-7)。

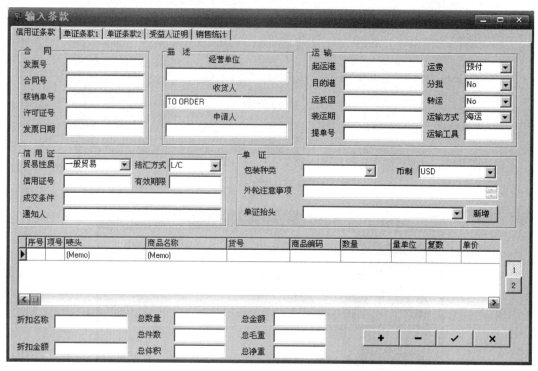

图 5-7 "轻松制单"新的数据的输入界面

② 输入制单各种信息。"信用证条款"中的数据是信用证条款中规定的数据,根据信用证的要求输入。缺省情况下,程序默认所有的日期为当天的日期,可以双击鼠标指针在显示出的日历中选择或直接修改。"包装种类"中如果没有可选的包装,可以选中"其他",显示"包装种类"对话框,根据要求添加相应的包装种类。单击"单证抬头"输入框右侧的"新增"按钮,显示"单证抬头设置"对话框,用于输入外经贸企业的资料。货物描述表格用于输入货物的描述细节,右侧有"1""2"两个选择按钮,可以分别输入两种货物描述的格式,分别用于缮制不同的单证。例如,在"1"中输入详细的货物描述,用于缮制交单用的发票、装箱单等;而在"2"中输入简单的综合描述,用于缮制保险单、报关单等单证(图 5-8)。

"单证条款"主要用于输入每一个单证单独的特殊条款(图 5-9)。

"受益人证明"用于输入信用证要求的受益人证明单证(图 5-10)。

图 5-8　"信用证条款"界面

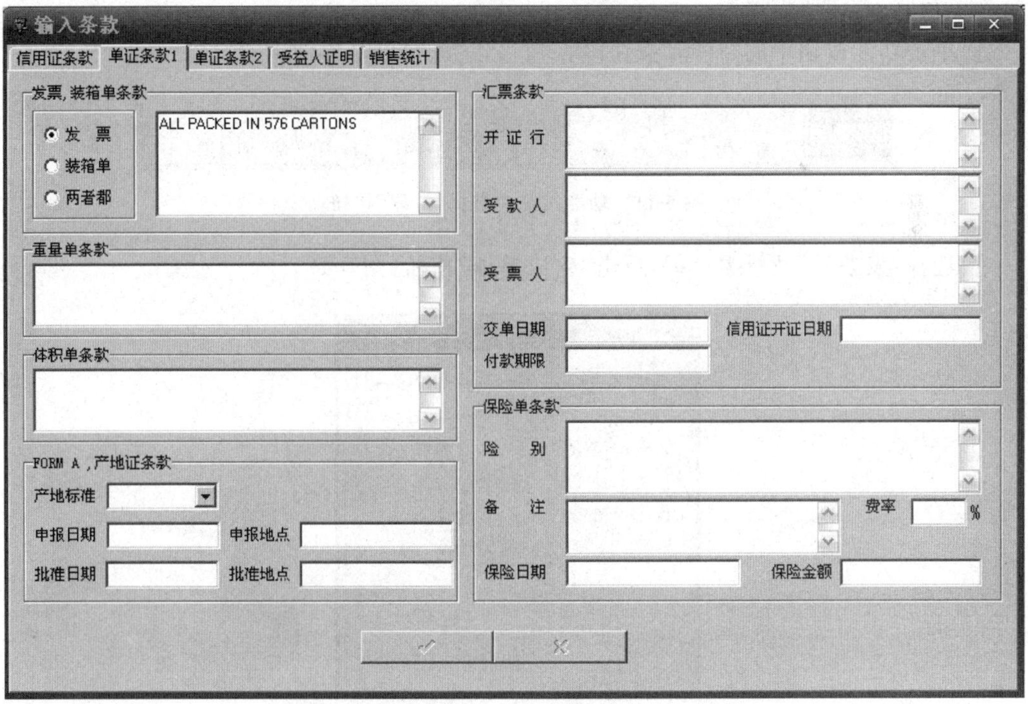

图 5-9　"单证条款"界面

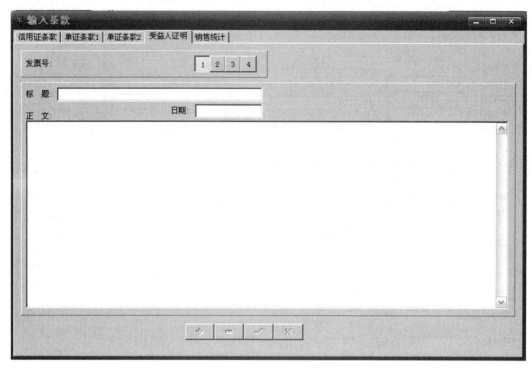

图 5-10 "受益人证明"界面

（4）预览、打印所需单据。

① 单击功能按钮中的"打印"按钮（图 5-11），进入"打印"界面。

图 5-11 功能按钮中选择"打印"按钮

② 选择"发票号"及所需单据，单击"生成单证"按钮（图 5-12）。

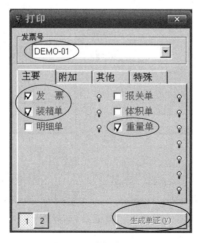

图 5-12 "打印"界面

③ 预览生成的单据(图 5-13)。

④ 打印所需单据(图 5-13)。

图 5-13 左上角的两个打印机图标分别用于打印全部单证和当前单证。每一种单证可以设置不同的打印份数,即使关闭预览窗口,该数值依然有效,直到改变发票号。"套打"或者"取消套打"分别用于在已经印刷的格式单证上填充打印或在白纸上直接打印。

图 5-13 打印预览界面

2."轻松制单 XP3.03"

(1) 下载、安装"轻松制单 XP3.03"。方法同"轻松制单 2.08"。

(2) 打开轻松制单 XP3.03。在"登录"对话框中输入用户名(QSZD)和口令(888)(图 5-14),单击"确定"按钮。

图 5-14 "轻松制单 XP3.03"登录

(3) 进入"输入条款"界面。单击"轻松制单"操作平台中 [新建单证] 按钮(图 5-15),进入"输入条款"界面。

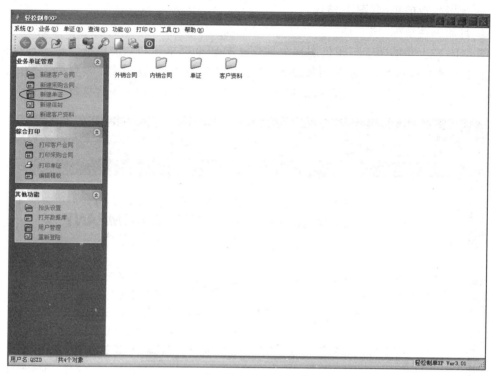

图 5-15 "轻松制单 XP"中选择"新建单证"

（4）按提示分别输入相关数据或信息并保存。

① 在"信用证条款"界面中，输入"合同""信用证"信息（图 5-16）。

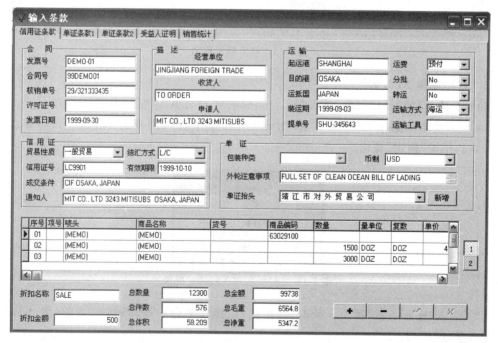

图 5-16 "信用证条款"界面输入信息

② 在"单证条款 1"界面中，输入发票、汇票、保险单、产地证、包装单据缮制信息（图 5-17）。

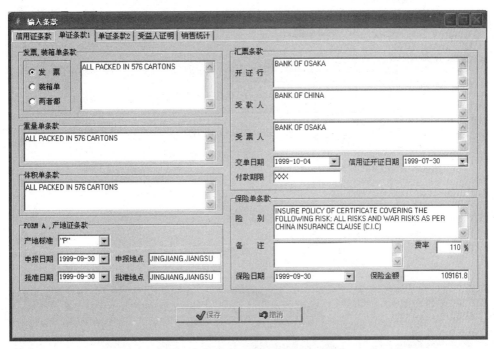

图 5-17　"单证条款 1"界面输入信息

③ 在"单证条款 2"界面中，输入运输单据（提单）缮制信息（图 5-18）。

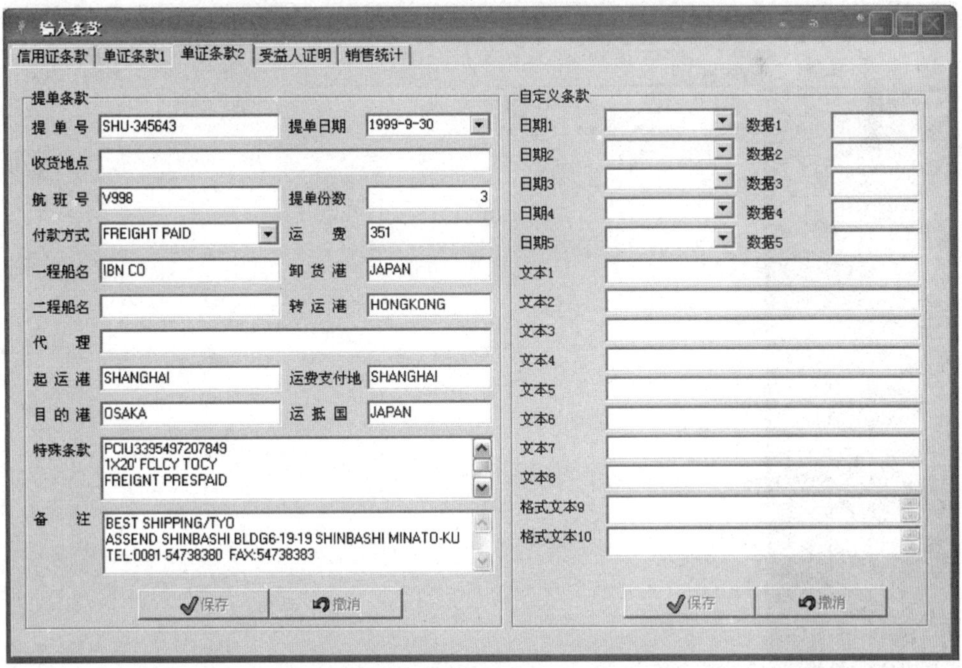

图 5-18　"单证条款 2"界面输入信息

④ 在"受益人证明"界面中,输入受益人证明缮制信息(受益人证明文句)(图 5-19)。

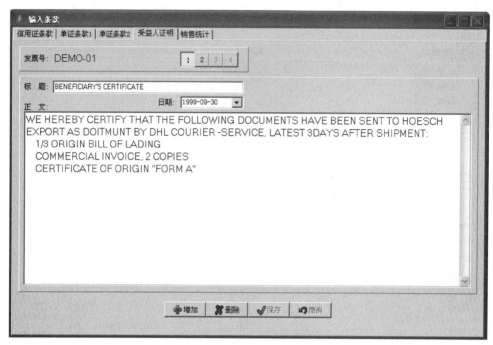

图 15-19 "受益人证明"界面输入信息

(5) 单击"轻松制单"操作平台中 ⏻ 打印单证 按钮(图 5-20);调出"打印"界面(图 5-21)。

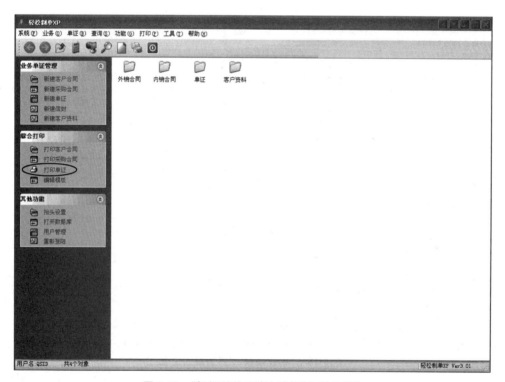

图 5-20 "轻松制单 XP"中选择"打印单证"

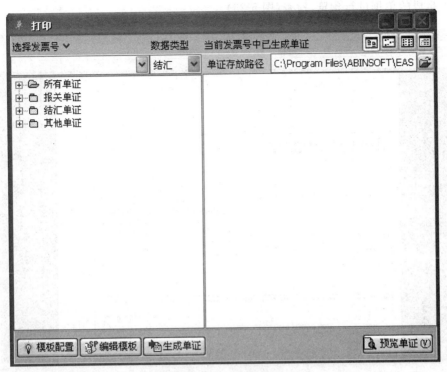

图 5-21 "打印"界面

（6）在"打印"界面中，选择发票号、打印单据的种类、名称，单击"生成单证"按钮（图 5-22）。

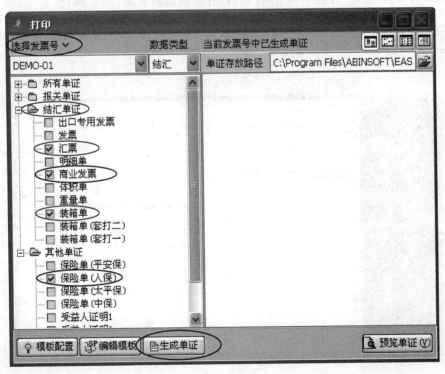

图 5-22 生成单证

（7）生成的单据进行预览、检查（图 5-23）。

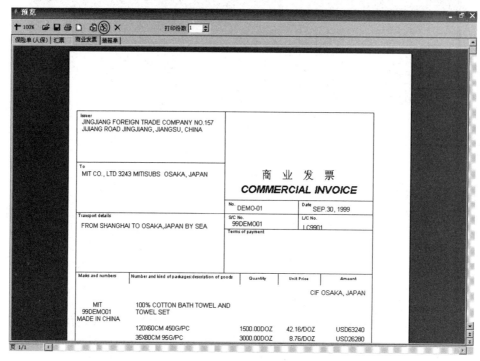

图 5-23　单据预览界面

（8）单击单据"预览"界面中的 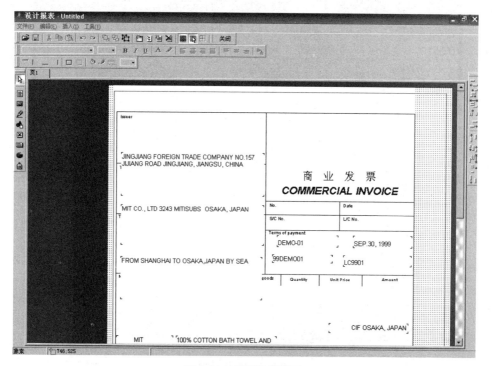 按钮，打开单据编辑界面（图 5-24）。

图 5-24　单据编辑界面

（9）双击要修改的内容，在"文本编辑器"中修改相关内容（图 5-25）。

图 5-25　"文本编辑器"界面

（10）单击文本编辑器中的 ✔（确定）按钮，保存修改结果（图 5-25）。

（11）单击单据"预览"界面中的 🖨（打印）按钮（图 5-26）。

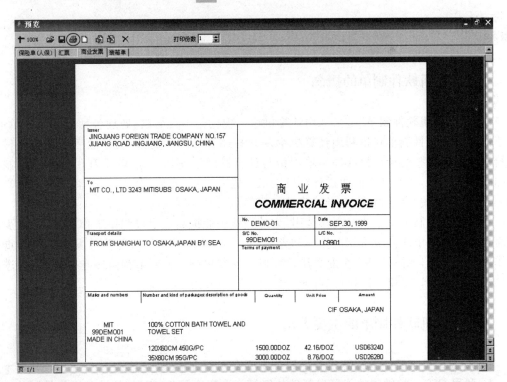

图 5-26　单据"预览"界面选择"打印"

（12）按提示完成单据打印（图 5-27）。

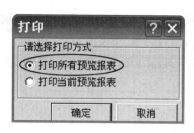

图 5-27 "打印"对话框

二、计算机软件制单操作注意事项

（1）尽管计算机软件制单具有手工制单无法比拟的优点，但计算机软件制单目前还不能完全取代手工制单。手工制单的知识、技能还需具备。

（2）即使计算机软件制单普遍运用，手工制单的各种知识仍然是单证员必须具备的，因为它是做好计算机软件制单的基础。

（3）首次输入进出口数据时必须十分仔细，认真检查，绝对不能出错，因为将来所有单据中的绝大部分数据均由计算机自动从此次输入的数据中调用。

（4）计算机毕竟是机器，我们既要依靠它，又不能完全依赖它。尤其是对一些重要单据和数据的审核，一定要用人工来检查其正确性。

 知识窗

一、计算机软件制单的概念

所谓"计算机软件制单"是指利用计算机这一现代化工具缮制、处理各种国际商务单证。简单的计算机软件制单仅指利用计算机缮制并打印各种国际商务单据，然后送银行议付或寄给进口商。完整的计算机软件制单则指与计算机网络连在一起，除了利用计算机缮制各种国际商务单据，还要将它们通过计算机网络传输到银行、商检、海关、国外客户等的计算机中，实现电子报关、电子报检、电子结算等，实现真正的"无纸贸易"。

计算机软件制单技术的出现与运用，为外经贸企业提高进出口制单工作的效率、减少国际商务单据缮制中的许多重复性操作与差错、提高办事效率和经济效益等发挥了极其重要的作用。近年来，我国外经贸企业采用计算机软件制单的业务环节和范围越来越多，如进出口报关、报检、出口退税、进出口许可证、原产地证申领等。

二、计算机软件制单的主要方法

目前，我国外经贸企业计算机软件制单主要有两种方法。

1. 利用 Office 的编辑功能可以帮助外经贸企业实现简单（初级）的计算机软件制单

（1）利用 Word 软件制单。Word 是最流行的文字编辑软件，不但可以对所输入信息方便地进行修改、复制、剪切、储存等操作,而且可以综合处理文字与表格,被较早使用在进出口单证业务中。Word 制单方法简单、直观明了,能做到输入的资料所见即所得,但 Word 计算、统计功能较低,它只不过是利用计算机模仿了人工打字机功能,没有"智能"操作。尽管如此,仍有许多外经贸企业利用 Word 做成各种单据模板,以此制单。

(2)利用 Excel 软件制单。Excel 可预先设置好模板,有统计功能,每一个 Sheet 可直接命名为商业发票、装箱单、原产地证书、海运提单、受益人证明、装船通知、汇票等,使用选择性粘贴,实现一次输入多单显示,直观、方便操作并能提高效率,外经贸企业可根据自己的实际情况设置模板,不用支出任何额外成本,故在实际业务中运用最广。

2. 利用专业制单软件帮助外经贸企业实现计算机软件制单

专业制单软件是指利用新一代计算机语言(如 Java、C++等)强大的数据库访问能力以及完善的远程通信功能,配合先进的数据库存储大量的表单数据,并通过软件制作数据输入接口和单证模板,形成的功能完备的单证表格软件。这类软件操作非常简单、智能,只要单证员按提示输入软件所需信息,选择所需要的单据,它就可以将单证员所要的各个单据即刻制成、显示出来,供单证员审查、调整或打印。具有信息一次输入,多次使用,多单使用以及单据自动生成、可视化、即时修改、单据套打等多种功能。

✍ 单证知识同步训练

一、单选题

1.( )软件可预先设置好模板,有统计功能,每一个 Sheet 可直接命名为商业发票、装箱单、原产地证书、海运提单、受益人证明、装船通知、汇票等,制单效果直观、操作方便并能提高效率。
   A. Word　　　　B. Point　　　　C. Excel　　　　D. Office

2.( )软件制单方法简单、直观明了,能做到输入的资料所见即所得,但其计算、统计功能较低,它只不过是利用计算机模仿了人工打字机功能,没有"智能"操作。
   A. Excel　　　　B. Word　　　　C. Point　　　　D. Office

二、多选题

1. 我国外经贸企业可根据自己的实际情况设置模板,不用支出任何额外成本,完成单证缮制的软件有( )。
   A. Word　　　　B. Point　　　　C. Excel　　　　D. Office

2. 我国外经贸企业采用计算机软件制单的业务环节和范围越来越多,如( )等。
   A. 进出口报关报检　　　　　　B. 原产地证申领
   C. 进出口许可证申领　　　　　D. 出口退税

三、判断题

1. 所谓"计算机软件制单"是指利用电子计算机这一现代化工具缮制、处理各种国际商务单证。 ( )

2. 完整的计算机软件制单指利用电子计算机缮制并打印各种国际商务单据,然后送银行议付或寄给进口商。 ( )

3. 简单的计算机软件制单是实现真正的"无纸贸易"的最主要途径。 ( )

4. 简单的计算机软件制单是利用 Word 和 Excel 软件,通过制作单据模板的形式实现的。 ( )

5. 完整的计算机软件制单往往是借助软件公司开发的专业制单软件实现的,具有信息一次输入,多次使用,多单使用以及单据自动生成、可视化即时修改、单据套打等多种功能。　　（　　）

 单证技能进阶提高

一、动脑思考

1. 专业制单软件有哪些主要功能和特点?

2. 下载、安装几个外贸制单及外贸业务管理软件,比较、分析它们的功能、特点。

3. 访问中国电子口岸等网站,了解进出口网上托运、投保、报关、报检、认证、退税等的操作规则及方法。

二、动手操练

天津服饰贸易公司与法国 DIRAMODE 公司就女士长裙出口业务达成一合同,法国客户及时通过银行开来信用证,天津服饰贸易公司也按照约定如期将货备好出运,载货船舶"星河"轮 168 航次于 2021 年 10 月 30 日驶离天津港,提单号为 WY091208,你作为公司单证员,请利用轻松制单软件缮制全套结汇单据(其他单据编号自拟),争取尽早将单据交银行议付货款。

27	:Sequence of total
	1/1
40A	:Form of Documentary Credit
	IRREVOCABLE
40E	:Applicable Rules
	UCP LATEST VERSION
20	:Documentary Credit Number
	00001LCC0603814
31C	:Date of Issue
	211015
31D	:Date and Place of Expiry
	211115 IN BENEFICIARY'S COUNTRY
51A	:Applicant Bank
	BNP PARIB AS
	ZI DE LA PILATERIE
	59442 WASQUEHAL FRANCE
50	: Applicant
	DIRAMODE
	3 RUE DU DUREMONT
	BP 21, 59531 NEUVILLE MARSELLES FRANCE
59	: Beneficiary
	TIANJIN APPREAL TRADING CO.
	NO. 31 ZHONG SHAN ROAD, TIANJIN,CHINA
32B	: Currency Code, Amount

USD77 600,00

39A	: Percentage Credit Amount Tolerance

05/05

41D	: Available With ...By ...

ANY BANK BY NEGOTIATION

42C	: Draft at ...

SIGHT

42D	: Drawee

BNP PARIBAS

ZI DE LA PILATERIE

59442 WASQUEHAL FRANCE

43P	: Partial Shipment

NOT ALLOWED

43T	: Transshipment

NOT ALLOWED

44A	: Loading on Board/Dispatch/Taking in Charge at/from ...

TIANJIN CHINA

44B	: For Transportation to ...

MARSELLES FRANCE

44C	: Latest Date of Shipment

211030

45A	: Description of Goods and/or Services

LADIES DRESS 10000 PCS AT USD8. 00/PC CIF MARSELLES INCLUDING 3% COMMISSION AS PER ORDER NO. 113851

46A	: Documents Required

+ COMMERCIAL INVOICE IN 4 FOLDS DULY SIGNED AND STAMPED, BEARING DOCUMENTARY CREDIT NUMBER

+ PACKING LIST IN FIVE FOLD

+ CERTIFICATE OF ORIGIN ISSUED BY CCPIT

+ 3/3 ORIGINAL BILL OF LADING MADE OUT TO ORDER OF SHIPPER AND EN-DORSED IN BLANK NOTIFY EXPEDITORS INTERNATIONAL-ROUTE DES FAMARDS-59818 MARSELLES FRANCE MARKED FREIGHT PREPAID

+ INSURANCE POLICY/CERTIFICATE COVERING ALL RISKS AND WAR RISK FOR 110% OF INVOICE VALUE INCLUDING W/W CLAUSE AS PER CIC, CLAIMS, IF ANY, PAYABLE AT PORT OF DESTINATION IN THE CURRENCY OF THE DRAFT

+ SHIPPER MUST MAIL ADVISING BUYER SHIPMENT PARTICULARS IN BRIEF IMMEDIATELY AFTER SHIPMENT AND COPY OF MAIL SHOULD BE PART OF NEGOTIATING DOCUMENTS

+ ONE COPY OF SIGNED INVOICE AND ONE NON-NEGOTIABLE B/L TO BE SENT TO BUYER BY SPECIAL COURIER 5 DAYS BEFORE THE SHIPPING

DATE. A CERTIFICATE TO THIS EFFECT SHOULD BE PRESENTED TO THE NEGOTIATING BANK AS PART OF DOCUMENTS NEEDED

47A   : Additional Conditions

+ALL DOCUMENTS MUST MENTIONING THIS L/C NO. AND S/C NO.

+3% COMMISSION SHOULD BE DEDUCTED FROM TOTAL AMOUNT OF THE COMMERCIAL INVOICE

+ 5 PERCENT MORE OR LESS IN QUANTITY AND CREDIT AMOUNT ACCEPTABLE

+ A FEE OF USD50.00 OR ITS EQUIVALENT WILL BE DEDUCTED FROM THE PROCEEDS OF EACH SET OF DISCREPANT DOCUMENTS, WHICH REQUIRE OUR OBTAINING ACCEPTANCE FROM APPLICANT

+ AN EXTRA COPY OF INVOICE AND TRANSPORT DOCUMENTS, IF ANY, FOR L/C ISSUING BANK'S FILE ARE REQUIRED

71B   : Charges

ALL BANKING CHARGES OUTSIDE OPENING BANK ARE FOR THE ACCOUNT OF BENEFICIARY

48   : Period of Presentation

DOCUMENTS TO BE PRESENTED WITHIN 15 DAYS AFTER SHIPMENT DATE BUT WITHIN THE VALIDITY OF THE CREDIT

49   : Confirmation Instructions

WITHOUT

78   : Instructions to the Paying/Accepting/Negotiating Bank

+ UPON RECEIPT OF DOCUMENTS CONFORMING TO THE TERMS AND CONDITIONS OF THIS CREDIT, WE SHALL PAY THE PROCEEDS AS DESIGNATED

+ NEGOTIATING BANK MUST FORWARD ALL DOCUMENTS TO US IN ONE LOT BY COURIER SERVICE AT BENEFICIARY'S EXPENSES

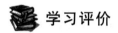 **学习评价**

学习目标测评表

（在□中打√，A掌握、B基本掌握、C未掌握）

测评目标	评价指标	自测结果			存在问题
知识目标	计算机软件制单的概念	□A	□B	□C	
	计算机软件制单的主要形式	□A	□B	□C	
	计算机软件制单的基本功能	□A	□B	□C	
	计算机软件制单的基本特点	□A	□B	□C	
技能目标	熟悉并掌握用 Word 或 Excel 模板制单	□A	□B	□C	
	掌握轻松制单软件的操作方法	□A	□B	□C	
素养目标	树立终身学习的意识	□A	□B	□C	
	发扬积极进取、永不满足的精神	□A	□B	□C	
学生签字：	教师签字：			日期：	

单证综合训练

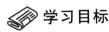 学习目标

知识目标

◇ 了解汇付的概念、当事人、种类及特点;

◇ 了解托收的概念、当事人、种类及特点。

技能目标

◇ 掌握不同结汇方式下商务单据缮制程序及技巧;

◇ 进一步巩固信用证结汇方式下单证缮制的技巧,提高熟练程度。

素养目标

◇ 不断学习,与时俱进,逐步提高工作质量;

◇ 善于总结经验,提高业务的综合处理能力。

 思维导图

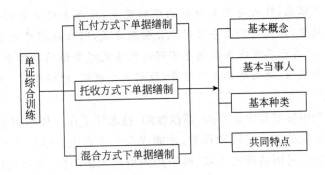

任务十五 缮制汇付和托收单据

 案例导入

A公司和B公司双方就出口笔记本电脑达成一出口合同,合同总金额为 100 000 欧元,信用证结算。出口商A公司将货物备妥后,将手提计算机从出口地机场空运至进口地机场。合同及信用证均规定货物应分两批发运,2021年5月和6月各发运一批。经进口商B公司书面同意,出口商A公司于2021年5月10日发运了全部货物。货物运抵进口地机场后,被进口商

B公司提走。但出口商A公司提交的单据却遭开证行拒付,拒付理由是单据不符合信用证有关分批装运的规定。出口商A公司向开证行提出两点反驳理由:①进口商B公司书面同意出口商A公司一次性发运全部货物;②进口商B公司已提取货物。那么,开证行的拒付理由是否合理? 为什么? 再有,出口商A公司向开证行提出的反驳理由是否成立? 为什么?

 思政分析

开证行的拒付合理。因为违反了信用证关于分批装运的规定,构成单证不符。由于信用证法律关系独立于合同法律关系,出口商的两点反驳理由均不成立。因此,进口商同意出口商一次性发运货物的意思表示不能约束开证行;再者,空运单据不是物权凭证,航空公司放货凭借的是到货通知和收货人的身份证明。

为了避免此类问题再现,我们一方面要把好审证第一关,进口商同意的条款必须落实到信用证修改中来;否则,买卖双方达成的一致意见对开证行无任何约束力。另一方面,提交议付货款单证必须做到单证相符、单单相符、单内相符。同时,因为空运单不是物权凭证,航空公司仅凭收货人的身份证明就可以放货,因此,运输采用空运的话,支付方式采用信用证付款对出口商而言,没有任何实际意义,因为不能控制物权,进口商白白支付开证费用。如果采用空运的话,最好采用全额前T/T的支付方式,这样比较稳妥。因此,在实际业务中,我们要不断学习,与时俱进,不断提高工作质量,并且要善于总结工作经验,提高业务的综合处理能力。

 任务背景

> 张琳同学经过近一段时间的具体操作积累了一定的业务实际经验,但与周围的老师傅相比自感差距很大,特别是随着业务的不断发展,她越来越发觉汇付、托收结汇方式有不断上升的趋势,甚至有些业务采用混合付款方式,因此她利用业余时间进行大量的单证综合训练,使自己尽可能多地熟悉不同结汇方式对单证的具体要求,进而更加熟练掌握单据的缮制技巧,提高单证工作质量,做到安全收汇,把好最重要的货款关。

商务单证工作是国际贸易中重要的、基础性的、技术性工作。外经贸企业的单证岗工作人员只有经过长期大量的工作实践和积累,才能成为一个真正合格的单证员。每笔具体的进出口业务所涉及的交易国别地区不同、所采用的贸易术语不同、采用的结汇方式不同,对单证工作的具体要求就会有天壤之别。

缮制汇付和托收单据操作规范及样例

实训目的
◇ 汇付结汇方式下单据缮制的具体要求;
◇ 托收结汇方式下单据缮制的具体要求;
◇ 混合付款结汇方式下单据缮制的具体要求。

操作前准备
◇ 预习有关不同付款方式的基础知识;

◇ 熟悉合同中的主要条款,特别深刻理解付款条款;

◇ 各种空白的纸质单据或空白单据模板。

操作程序

◇ 仔细地逐条查看、理解合同条款;

◇ 仔细阅读加工厂提供的具体的码单,并与合同条款相比较,核查备货情况是否符合合同(信用证)约定;

◇ 缮制各种结汇单据;

◇ 审核各种结汇单据;

◇ 打印各种结汇单据;

◇ 送银行议付货款。

一、汇付和托收单据缮制规范

一般而言,汇付和托收结汇方式下所要求的单据较信用证项下所要求的单据简单,大部分单据的缮制规范与信用证项下的单据缮制规范基本相同,最显著的不同反映在发票和汇票上。就发票而言,在付款方式栏目和自由处理区略有不同。就汇票而言,由于汇付属于顺汇,是进口商按照合同约定主动将款项通过银行划到出口商账户,故不需要汇票。托收属于逆汇,往往出口商将货物装船出运后,缮制汇票连同全套装运单据委托银行向进口商收款,故无论是即期付款交单(D/P AT SIGHT)还是远期付款交单(D/P AFTER SIGHT)都需要汇票。汇付和托收项下发票的缮制规范见表 6-1,托收项下汇票缮制规范见表 6-2。

表 6-1　汇付和托收项下发票的缮制规范

项目顺序号	填写内容	要点提示
(1) 单据名称 Name of doc	Commercial Invoice 或 Invoice	与合同上的规定完全一致
(2) 签发人 Issuer	合同中出口商	汇付和托收项下均填写合同中出口商
(3) 抬头人 To	合同中进口商	汇付和托收项下均填写合同中进口商
(4) 运输详情 Transport Details	启运港(地)、目的港(地)和运输方式	启运港(地)应明确具体,目的港(地)如有重名港后面要加国别
(5) 发票号码 Invoice No.	此笔业务的发票号码	由出口商自行编制
(6) 日期 Date	发票的出票日期	一般在提单签发日前,是全套单据中最早的日期
(7) 合同号 S/C No.	此笔业务的合同号码	
(8) 信用证号 L/C No.	留空	汇付和托收无须填写
(9) 付款方式 Terms of payment	此笔业务的付款方式	电汇填写 By T/T,托收填写 By D/P
(10) 唛头 Marks and numbers	合同规定的唛头	合同有指定唛头必须严格按照规定填写;合同没有指定唛头出口商可自行设计;没有唛头填写 N/M

续表

项目顺序号	填写内容	要点提示
(11) 货物描述 Number and kind of package, Description of goods	包括货物的件数、货物名称、规格、包装情况等	参照合同的规定结合实际情况进行填写
(12) 数量 Quantity	一般填写货物的实际出运数量	不要遗漏计量单位
(13) 单价 Unit price	包括计价货币、计量单位、单位金额和贸易术语	填写要完整、正确，不能遗漏贸易术语
(14) 总金额 Amount	单价与实际出运数量的乘积即发票总值	① 一般不能超过合同总金额 ② 有折扣或明佣的应在此扣除，计算出净值
(15) 声明文句 Statement	加注进口国对发票的特殊要求，如各种费用金额、原产地、特定号码、标明特殊的付款方式等声明文句	这些内容加注在发票商品栏以下的自由处理区
(16) 签字 Signature	签发人的签名或盖章	商业发票只能由合同中的出口商出具，但可以无须签署

表 6-2 托收项下汇票缮制规范

项目顺序号	填写内容	要点提示
(1) 单据名称 Name of doc	Bill of Exchange, Exchange 或 Draft	一般已印妥
(2) 汇票编号 No.	此笔业务的发票号	一定要与该笔业务的发票号保持一致
(3) 日期和地点 Date and place	汇票的出票日期和出票地点	① 出票日期应在提单日后，一般由银行代为填写 ② 出票地点一般为议付行和出票人所在地点
(4) 小写金额 Amount in figure	支付货币名称缩写和阿拉伯数字构成	一般与发票金额相同
(5) 付款期限 Tenor	在 At 前加注 D/P 字样，在 At 和 Sight 之间表示付款期限， ① 即期付款。在 At 和 Sight 之间填写 *** 或 - - - ② 远期付款。在 At 和 Sight 之间填写具体的期限	远期付款的几种表示方法： ① 见票后××天付款 ② 出票后××天付款 ③ 提单后××天付款 ④ 指定日期付款
(6) 收款人 Payee	托收行名称	指示性抬头便于流通转让
(7) 大写金额 Amount in words	用文字叙述支付货币名称和支付的金额	① 习惯上，在货币名称前加"say"，在大写金额后加"only"字样 ② 大小写金额保持一致

续表

项目顺序号	填写内容	要点提示
(8) 出票依据 Drawn under	货物名称、包装件数和合同号	也可以简单写成 For Collection
(9) 付款人 Drawee	受票人	进口商的名称和地址
(10) 出票人 Drawer	委托人	① 加盖出口商签章 ② 如果要求手签,则必须亲笔签名

二、汇付和托收单据缮制样例

汇付＋托收混合付款方式下商业发票见样例 6-1,托收收款方式下商业发票见样例 6-2,汇付＋托收混合付款方式下汇票见样例 6-3,托收付款方式下汇票见样例 6-4。

样例 6-1　汇付＋托收混合付款方式下商业发票

Issuer　　　　　　　　　　　　(2) TIFERT TRADING CO., LTD. NO. 86, ZHUJIANG ROAD, TIANJIN, CHINA	商 业 发 票　　　　(1) **COMMERCIAL INVOICE**	
To　　　　　　　　　　　　(3) MARUBENI CORP 5-7, HOMMACHI, 2-CHOME, CHUO-KU, OSAKA, JAPAN	**No.**　　　(5) TIFERT123456	**Date**　　(6) APR 15, 2021
Transport Details　　　　　(4) SHIPMENT FROM TIANJIN TO TOKYO BY SEA	**S/C No.**　　(7) 21TF0858	**L/C No.**　　(8)
	Terms of payment　　　　　(9) 50%BY T/T IN ADVANCE, 50% BY D/P	

Marks and number (10)	Number and kind of packages, Description of goods (11)	Quantity (12)	Unit price (13)	Amount (14)
				CIF TOKYO
MARUBENI S/C21TF0858 TOKYO CTN 1-250	250 CTNS OF GIRL JACKET SYTLE NO. GJ234 SHELL：WOVEN TWILL 100% COTTON LINING：WOVEN 100% POLYESTER PACKED IN CARTONS OF 20PCS EACH	5,000PCS	USD10.50/PC	USD52,500.00

WE HEREBY CERTIFY THAT THE GOODS ARE OF CHINESE ORIGIN　　(15)
50% OF TOTAL INVOICE AMOUNT RECEIVED IN ADVANCE

TIFERT TRADING CO., LTD.
泰佛贸易有限公司

(16)

样例 6-2　托收付款方式下商业发票

Issuer (2) TIFERT TRADING CO. , LTD. NO. 86, ZHUJIANG ROAD, TIANJIN, CHINA	商　业　发　票 (1) **COMMERCIAL INVOICE**		
To (3) MARUBENI CORP 5-7, HOMMACHI, 2-CHOME, CHUO-KU, OSAKA, JAPAN	**No.** (5) TIFERT123456		**Date** (6) APR 15, 2021
Transport Details (4) SHIPMENT FROM TIANJIN TO TOKYO BY SEA	**S/C No.** (7) 21TF0858		**L/C No.** (8)
	Terms of payment (9) D/P AT SIGHT		

Marks and number	Number and kind of packages, Description of goods	Quantity	Unit price	Amount
(10)	(11)	(12)	(13)	(14)
				CIF TOKYO
MARUBENI S/C 21TF0858 TOKYO CTN 1-250	250 CTNS OF GIRL JACKET SYTLE NO. GJ234 SHELL:WOVEN TWILL 100% COTTON LINING: WOVEN 100% POLYESTER PACKED IN CARTONS OF 20PCS EACH	5,000PCS	USD10.50/PC	USD52,500.00

WE HEREBY CERTIFY THAT THE GOODS ARE OF CHINESE ORIGIN (15)

(16)

样例 6-3　汇付＋托收混合付款方式下汇票

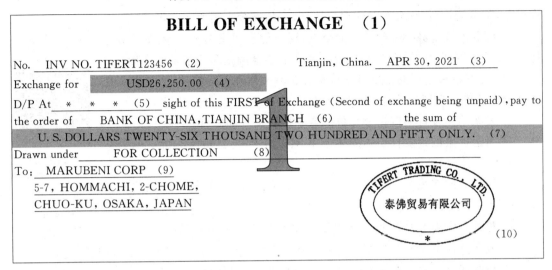

样例 6-4　托收付款方式下汇票

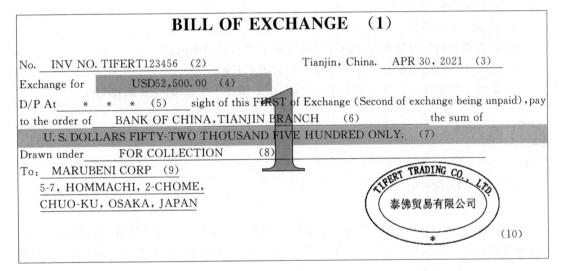

三、操作注意事项

（1）在混合付款的结汇方式下，如果 50% 采用汇付，50% 采用托收，则发票做成货款的 100%，汇票金额只能做成 50% 的货款；如果 50% 采用托收，50% 采用信用证，则发票做成货款的 100%，汇票需要分别做两套，各为总金额的 50%，信用证项下的汇票做成光票，托收项下的汇票做成跟单汇票，以保证安全收汇。

总之，要结合不同的结汇方式，来确定发票和汇票的金额，一般来说发票与汇票金额的关系有以下几种情况。

① 汇票金额 = 发票金额，一般情况下发票金额等同汇票金额。

② 汇票金额 = 两份发票金额之和，即两份发票合出一套汇票，但汇票要标明两份发票的发票号。

③ 汇票金额＝部分发票金额，即发票的部分金额出一套汇票，部分不出具。如采用混合付款，部分为汇付，部分为托收或信用证，汇付部分不需要出具汇票。

④ 两套汇票金额＝一份发票的金额，即一份发票出两套汇票，如采用混合付款时，50% 托收，50%信用证，要分别出两套汇票，两套汇票金额之和等于发票金额。

（2）注意各种单据的签发日期应符合逻辑关系和国际惯例，通常提单日期是确定各单据日期的关键，各单据日期关系如下。

① 发票的签发日期应在全套单据各单据签发日期之首。

② 海运提单的签发日期不能迟于 L/C 规定的装运期也不得早于 L/C 的最早装运期。

微课：进出口业务中各种单证出单的时间顺序

③ 保险单的签发日应早于或等于海运提单日（一般早于海运提单 2 天），不能早于发票。

④ 装箱单应等于或迟于发票日期，但必须在海运提单日之前。

⑤ 原产地证书的签发日期不要早于发票日期，也要不迟于海运提单日期。

⑥ 检验证书的签发日期不能晚于海运提单日期，但也不能过分早于海运提单日期，尤其是鲜活商品，容易变质的商品。

⑦ 受益人证明的签发日期等于或晚于海运提单日期。

⑧ 装船通知的签发日期等于或晚于海运提单日期后三天内。

⑨ 船公司证明的签发日期等于或早于海运提单日期。

⑩ 汇票日期应是一套单据中最晚的日期，但不能晚于 L/C 的有效期和交单期。

 **知识窗**

一、基本概念

（1）汇付（remittance）又称汇款，指资金在不同国家或地区之间的转移，是付款人（进口商）委托银行将一定数额的款项（货款）转移至银行在国外的分行或代理行，委托其付款给收款人（出口商）的一种结汇方式。

汇付方式由付款人向付款地银行填写汇付申请书，银行通过使用汇票、支付委托书、划账凭证等将货款转移至收款地银行付给收款人，实现货款的收付。此种方式下，进口商需主动按合同规定通过银行汇款给出口商，结算工具的流向与资金的流动方向相同，因此，被称作"顺汇"。国际贸易中，汇付方式主要用于预付货款或赊销。

（2）托收（collection）是出口商委托本国银行通过其在进口国的分行或代理行向进口商提示单据，收取货款的一种结汇方式。实际业务中，托收的一般做法是，出口商在货物装运后，开立以进口商为付款人的汇票，连同商业单据（主要是指商业发票、装箱单、保险单和提单等）交给本国出口地银行，委托该行通过其在进口地的分行或代理行向进口商代收货款。

托收方式下，结算工具的传递方向与资金流动的方向相反，被称为"逆汇"。托收是一种比较有利于进口商结汇方式。近些年来，我国出口贸易采用托收方式进行货款结算的比例有上升的趋势。

二、基本当事人

1. 汇付方式的基本当事人

(1) 汇款人(remitter)。汇款人是将货款交给进口地银行,委托该银行向国外汇出资金的付款人或债务人。国际贸易中,汇款人通常是进口商。

(2) 汇出行(remitting bank)。汇出行是接受汇款人的委托,将资金汇出国外,通过其在收款人所在地的分行或代理行,将货款付给收款人的银行,汇出行通常是汇款人当地的开户银行。

(3) 汇入行(paying bank)。汇入行也称解付行,通常指受汇出行委托,将货款解付给收款人的银行,汇入行通常是汇出行在收款人所在地的分行或代理行。

(4) 收款人(payee or beneficiary)。收款人是收取货款的债权人。国际贸易中,收款人通常是出口商。

2. 托收方式的基本当事人

(1) 委托人(principal)。委托人是开出汇票,连同全套装运单据委托银行向国外付款人收取货款的人。托收业务中,委托人通常为出口商。

(2) 托收行(remitting bank)。托收行是接受委托人的委托,通过国外分行或代理行向国外付款人收取货款的人。托收业务中,托收行通常为出口商在其所在地的开户银行。

(3) 代收行(collecting bank)。代收行是接受托收行的委托,代为向付款人提示汇票、收取货款的银行。托收业务中,代收行通常为进口商所在地银行。

(4) 付款人(payer 或 drawee)。付款人即汇票受票人,是指根据托收指示进行付款的人。托收业务中,付款人通常为进口商。

三、基本种类

(1) 根据银行发出的委托付款指示的传递方式的不同,汇付方式可以为信汇、电汇和票汇三种。

① 信汇(mail transfer,M/T)。信汇是指汇出行应汇款人的申请,将信汇委托书以航空信方式寄给汇入行,授权解付一定金额给收款人的一种汇款方式。

信汇方式的特点是费用较为低廉,收款人收到汇款的时间较迟。

② 电汇(telegraphic transfer,T/T)。电汇是指汇出行应汇款人的申请,拍发加押电报、电传或 SWIFT 给在另一国家的分行或代理行(即汇入行)指示解付一定金额给收款人的一种汇款方式。

电汇方式的特点是收款人可迅速收到汇款,费用较高。

③ 票汇(remittance by banker's demand draft,D/D)。票汇是指汇出行应汇款人的申请,代汇款人开立以其分行或代理行为解付行的银行即期汇票(banker's demand draft),支付一定金额给收款人的一种汇款方式。

票汇与电汇、信汇的不同在于票汇的汇入行无须通知收款人取款,而由收款人持票登门取款;这种汇票除有限制转让和流通的规定外,经收款人背书,可以转让流通,而电汇、信汇的收款人则不能将收款权转让。

电汇方式是汇付业务中最常用的方式。

（2）托收方式按汇票是否随附单据可以分为光票托收和跟单托收两种。光票托收指出口商开具汇票而不随附商业单据（主要指货运单据）的托收；跟单托收指出口商开具汇票，连同全套装运单据一起交银行并委托其代收货款。国际贸易一般把全套装运单据的交付和货款的支付当作对流条件，因此，国际贸易托收多采用跟单托收。

跟单托收方式下，根据出口商对银行交单指示的不同，可将托收分为付款交单和承兑交单两种方式。

① 付款交单（documents against payment，D/P）。付款交单指出口商的交单以进口商的付款为条件，即出口商将汇票连同全套装运单据交银行托收时，指示银行只有在进口商付清货款时才能交出装运单据。如果进口商拒付，就不能从银行取得装运单据，也无法提取单据下的货物。付款交单按支付时间不同，又可分为即期付款交单和远期付款交单两种。

② 承兑交单（documents against acceptance，D/A）。承兑交单指出口商的交单以进口商的承兑为条件。进口人承兑汇票后，即可向银行取得装运单据，并凭单据提货，待汇票到期日才付款，承兑交单只适用于远期汇票的托收。

四、共同特点

1. 商业信用

汇付业务中，银行虽参与货款的拨付，但不垫付资金，不承担风险，不保证付款。出口商能否按期如数收回货款取决于进口商的信誉，进口商是否按质、按量收到货物取决于出口商的信誉，银行只提供服务。同样，托收虽然也是通过银行办理，但银行只是按照出口商的指示办事，不承担付款的责任。托收业务中，银行不过问单据的真伪，对已运到目的港（地）的货物也不负提货和看管责任。托收业务中，出口商交货后，能否收回货款，完全取决于进口商的商业信誉，需承担一定的风险。因此，无论是汇付还是托收都属于商业信用。

2. 风险大

汇付方式主要用于预付货款和赊销，对于预付货款的进口商和货到付款的出口商来说，一旦付款或者发货就失去了制约对方的手段，他们能否收到货或者收回款，完全依赖于对方的商业信用，如果对方的信用不好，很可能货款两空，存在较大风险。同样对于托收也是如此，特别是在承兑交单的情况下，如果进口商的信用不好，遇到市场行情发生剧烈波动，出口商很容易落到货款两空的境地，故风险大。一般在信誉好的老客户之间才采取汇付或托收方式。

3. 手续简便、费用低

首先，汇付方式手续最为简单、快捷、费用最低；其次，托收方式较信用证支付方式费用也大幅降低。在进出口双方相互信任的情况下，汇付和托收不失为理想的支付方式，现在这两种结汇方式有呈上升的趋势。

📝 单证知识同步训练

一、单选题

1. 除非特殊情况，通常开证行开立的信用证一般不是（　　）。

    A. 不可撤销信用证　　　　　　　　B. 议付信用证

    C. 跟单信用证　　　　　　　　　　D. 预支信用证

2. 汇票的抬头人是（　　　）。

    A. 受款人　　　　　　　　B. 发票的抬头人　　C. 付款人　　　　　　　D. 提单的收货人

3. 商业发票的抬头人一般是（　　　）。

    A. 受益人　　　　　　　　B. 买方　　　　　　C. 开证银行　　　　　　D. 卖方

4. 以下是出口合同中的承保险别，唯一正确的是（　　　）。

    A. 一切险和水渍险　　B. 战争险　　　　　　C. 易碎易破险　　　D. 平安险

5. 航空运单（　　　）。

    A. 代表物权，经背书可转让

    B. 代表物权，但不能转让

    C. 不代表物权，也不能凭以向承运人提货

    D. 不代表物权，但可以作为提货凭证

6. H 公司以 CIF 贸易术语进口一批货物，国外卖方提交的海运提单上有关"运费支付"一项应写成（　　　）。

    A. Freight Prepaid　　　　　　　　　　B. Freight as Arranged

    C. Freight Collect　　　　　　　　　　D. Freight Payable at Destination

7. 在集装箱运输中，能够实现"门到门"运输的集装箱货物交接方式是（　　　）。

    A. LCL/LCL　　　　　B. FCL/FCL　　　　C. LCL/FCL　　　　D. FCL/LCL

8. 下面四份海运提单，收货人填写不同，其中（　　　）需托运人背书。

    A. To Order　　　　　　　　　　　B. ABC Co. , Ltd.

    C. To Order of Applicant　　　　　　D. To Order of issuing bank

9. 根据 UCP600 的规定，除非确需在单据中使用，对诸如"迅速""立即""尽快"之类词语（　　　）。

    A. 开证行要求开出信用证之日起 30 天内收到单据

    B. 议付行要求通知信用证之日起 30 天内收到单据

    C. 受益人收到信用证之日起 30 天内交单

    D. 银行将不予置理

10. 信用证的汇票条款注明"drawn on us"，则汇票的付款人是（　　　）。

    A. 开证申请人　　　　B. 开证行　　　　　C. 议付行　　　　　D. 受益人

二、多选题

1. 信用证的特点包括（　　　）。

    A. 银行信用　　　　　B. 商业信用　　　　C. 单据买卖　　　　D. 自足文件

2. 我国对外贸易货运保险包括（　　　）。

    A. 海上运输保险　　　B. 陆上运输保险　　C. 航空运输保险　　D. 邮包运输保险

3. 在我国海洋运输货物保险业务中，下列（　　　）险均可适用"仓至仓"条款。

    A. ALL RISKS　　　B. WA or WPA　　C. FPA　　　　　D. WAR RISK

4. 假远期信用证与远期信用证的区别是（　　　）。

    A. 开证基础不同　　　　　　　　B. 付款人不同

    C. 利息的负担者不同　　　　　　D. 收汇的时间不同

5. 属于逆汇法的支付方式有（　　　）。

    A. 汇款　　　　　　　B. 托收　　　　　　C. 信用证　　　　　D. 银行保函

三、判断题

1. 按国际保险市场惯例,大保单与小保单具有同等法律效力。 （ ）

2. 根据 UCP600 的规定,信用证经修改后,开证行即不可撤销地受该修改的约束,受益人收到修改通知后,原信用证的条款失效。 （ ）

3. 凡装在同一航次,同一条船上的货物,经同一航线同时运抵目的港,即使装运时间和装运地点不同,也不作分批装运。 （ ）

4. 本票可以是远期的,远期本票像远期汇票一样也存在承兑行为。 （ ）

5. 无论是 CIC 的战争险,还是 ICC 的战争险,都可以单独投保。 （ ）

6. 背对背信用证与可转让信用证一样对供货方有利。 （ ）

7. 信用证受益人收到信用证后,经审核如发现来证内容与成交合同不符,可经过通知行转告开证行,要求开证行修改不符之处。 （ ）

8. 偷窃提货不着险和交货不到险均在一切险范围内,所以只要投保一切险,收货人若提不到货,保险公司均应负责赔偿。 （ ）

9. 可转让信用证办理转让后,买卖合同也随之由第一受益人转让第二受益人。 （ ）

10. 在 CFR 条件下,如合同与信用证中均未规定卖方发送"装运通知",卖方将货物在规定时间内装上海轮后,可以不必向买方发送装运通知。 （ ）

单证技能进阶提高

一、动脑思考

1. 天虹食品公司向马来西亚出口 50 箱冻肉用鸡,规定航空运输。信用证要求提供已装运的航空运单(Shipped Airway Bill),天虹食品公司即按规定办理了空运,装运后交单议付。但单据到国外,开证行提出单证不符,拒绝接受。理由是信用证规定提供已装运的航空运单,而实际提供的航空运单未标明已装运字样(如类似"Shipped"等),所以不能接受。

天虹食品公司与议付行共同研究,反驳开证行并提出:我所提供的航空运单系国际上通用标准格式,运单上有两个日期,即"Executed on 28th May,2021"和"Flight date:29th May 2021"。上述"Flight date"(起飞日期)即可证实该批货物已装运,而且在本栏中又有民航局签章,完全符合信用证要求。请即付款。同时天虹食品公司亦直接向买方进行说理解释工作,最后承付了货款。

请问:在此笔案例中之所以开证行最后能同意付款,主要原因是什么? 从中得出什么样的经验,请说明。

2. 2021 年 8 月,天顺工业品进出口公司与英国 A 商人成交一笔交易,采用信用证付款,来证规定装运港为 CHINA PORT,货物在青岛港装船出运后,业务员在缮制提单时,在装运港栏目填写为 QINGDAO PORT,随后将全套单据交议付行议付,但单据到国外开证行后遭拒付,理由是从单据表面上看不出青岛港是属于中国港口。出口商通过议付行多次与开证行进行交涉,青岛港是中国主要的港口,这是任何人都知道的事实,开证行完全是无理挑剔。最后经过多方交涉,拖延了 4 个多月后开证行才同意付款,出口商损失利息达一万多元。请问:通过此案例应该吸取什么教训? 在缮制提单时如何填写装运港,开证行就无懈可击了,请举例说明。

3. 南通正大集团出口一笔豆粕,合同规定以旧、修补麻袋包装。信用证对于包装条件规定:"Packed in gunny bags"(麻袋包装)。南通正大集团公司按合同规定,货物以旧、修补麻袋包装,提单按信用证规定"麻袋包装"缮制。承运人在签发提单时发现货物包装是旧袋且有修补,要求在提单上加注。南通正大集团公司考虑提单加添批注造成不清洁提单则无法议付,以为合同即规定允许货物以旧、修补麻袋包装,买方不会有异议,所以修改提单为货物以旧、修补麻袋包装。单据交议付行议付时,议付行也疏忽未发现问题,单到开证行却被拒付,其理由:信用证规定为"Packed in gunny bags."(麻袋包装),而发票与提单却表示为"Packed in used and repaired gunny bags."(旧、修补麻袋包装),故单证不符。南通正大集团几经交涉无果,结果以削价处理才结案。请问:通过本案例,如何看待合同与信用证之间的关系?从中应该吸取什么教训?

二、动手操练

大连纺织品进出口公司与韩国大宇家纺有限公司于 2021 年 5 月 8 日就台布达成一出口合同 21DRA207(样例 6-5),随后大连纺织品进出口公司抓紧按合同要求备货,并于 2021 年 4 月 15 日把 4 800 条台布全部备妥,在清河轮 185 航次(QINGHE V. 185)订妥舱位,货代公司要求 4 月 18 日下午 5:00 前把货送至大连指定仓库,下货纸号为 BTB0810090,作为单证员,请用空白单据,按照合同要求缮制发票(样例 6-6)、装箱单(样例 6-7)、海运提单(样例 6-8)、保险单(样例 6-9)、原产地证(样例 6-10)和汇票(样例 6-11)等结汇单据。

补充信息如下。

(1) 发票号:FZ210615

(2) 发票日期:JUNE15,2021

(3) 毛重:15KGS/CTN;净重:13KGS/CTN

(4) 尺码:35X45X55CM/CTN

(5) 海运提单日:JUNE25,2021

(6) 保险单号:PICC21000987689

(7) 原产地证书号:C211267567890056

(8) HS CODE:6302519000

(9) 汇票日期:JUNE27,2021

(10) 托收行:BANK OF CHINA,DALIAN BRANCH

样例 6-5　销售合同

SALES CONFIRMATION

卖方 Seller:	DALIAN TEXTILES IMPORT & EXPORT CORP. NO. 4, YING CHUN STREET, DALIAN, CHINA	NO.:	21DRA207
买方 Buyer:	DAWOO HOMETEXTILE CO. LTD. C. P. O. BOX7155 SEOUL, KOREA	DATE:	MAY8, 2021

经买卖双方同意成交下列商品,订立条款如下:

This contract is made by and agreed between the BUYER and SELLER, in accordance with the terms and conditions stipulated below.

唛头 Marks and Numbers	名称及规格 Description of goods	数量 Quantity	单价 Unit Price	金额 Amount
DAWOO 21DRA207 BUSAN CTN 1-240	TABLE CLOTH 100% COTTON 120X120CM	4,800PCS	CIF BUSAN USD12.00/PC	USD57,600.00

总值 **TOTAL**：U. S. DOLLARS FIFTY-SEVEN THOUSAND SIX HUNDRED ONLY.

Transshipment（转运）：

☐　　Allowed（允许）　　☒　　not allowed（不允许）

Partial shipments（分批装运）：

☐　　Allowed（允许）　　☒　　not allowed（不允许）

Shipment date（装运期）：

NOT LATER THAN 30TH JUNE, 2021

Packing（包装）：

1PC TO A PLASTIC BAG, 20BAGS TO A CARTON.

Insurance（保险）：

To be covered by the ___SELLER___ FOR 110% of the invoice value covering ___ALL RISKS AND WAR RISK___ from ___DALIAN___ to ___BUSAN___.

Terms of payment（付款条件）：

The buyers shall pay 30% of the sales proceeds by T/T remittance to the seller not later than ___MAY15, 2021___ AND 70% will be made by D/P at sight after shipment

THE SELLER

张天一

THE BUYER

朴金焕

样例 6-6　空白发票

Issuer	商 业 发 票 COMMERCIAL INVOICE		
To			
	No.		**Date**
Transport Details	**S/C No.**		**L/C No.**
	Terms of payment		
Marks and numbers	**Number and kind of packages,** **Description of goods**	**Quantity**	**Unit price** **Amount**

样例 6-7　空白装箱单

Issuer	装　箱　单 PACKING LIST				
To					
	Invoice No.		Date		
Marks and Numbers	Number and kind of package Description of goods	Quantity	Package	G. W.	N. W.	Meas.
TOTAL:						
SAY TOTAL:						

样例 6-8　空白海运提单

Shipper	BILL OF LADING B/L No.：
Consignee	
Notify Party	**CHINA OCEAN SHIPPING CO.** 中 国 远 洋 运 输 公 司

Pre carriage by	* Place of Receipt	
Ocean Vessel Voy. No.	Port of Loading	ORIGINAL

Port of discharge	* Final destination	Freight payable at	Number original Bs/L

Marks and Numbers	Number and kind of packages；Description	Gross weight	Measurement m3

TOTAL PACKAGES（IN WORDS）

Freight and charges

Place and date of issue
Signed for the Carrier

样例 6-9　空白保险单

PICC

中国人民财产保险股份有限公司
PICC Property and Casualty Company Ltd.

发票号码
Invoice No.

保险单号次
Policy No.

货 物 运 输 保 险 单
CARGO TRANSPORTATION INSURANCE POLICY

被保险人：
Insured：

　　中国人民财产保险股份有限公司（以下简称本公司）根据被保险人的要求，及其所缴付约定的保险费，按照本保险单承担险别和背面所载条款与下列特别条款承保下列货物运输保险，特签发本保险单。

　　This policy of Insurance witnesses that PICC Property and Casualty Company Ltd. (hereinafter called "The Company"), at the request of the Insured and in consideration of the agreed premium paid by the Insured, undertakes to insure the undermentioned goods in transportation subject to conditions of the Policy as per the Clauses printed overleaf and other special clauses attached hereon.

唛头 Shipping Marks	包装及数量 Quantity	保险货物项目 Descriptions of Goods	保险金额 Amount Insured

总保险金额：
Total Amount Insured：

承保险别
Conditions

保费
Premium＿＿＿＿＿＿＿＿＿

载运输工具
Per conveyance S. S ＿＿＿＿＿＿＿＿＿

开航日期
Slg. on or abt ＿＿＿＿＿＿＿

起运港
From ＿＿＿＿＿＿＿＿＿＿＿＿＿＿＿＿

目的港
To ＿＿＿＿＿＿＿＿＿＿＿＿＿

所保货物，如发生本保险单项下可能引起索赔的损失或损坏，应立即通知本公司下述代理人查勘。如有索赔，应向本公司提交保险单正本（本保险单共有　　份正本）及有关文件。如一份正本已用于索赔，其余正本则自动失效。

In the event of loss or damage which may result in acclaim under this Policy, immediate notice must be given to the Company's Agent as mentioned hereunder. Claims, if any, one of the Original Policy which has been issued in original (s) together with the relevant documents shall be surrendered to the Company. If one of the Original Policy has been accomplished, the others to be void.

赔款偿付地点
Claim payable at

日期
Date ＿＿＿＿＿＿＿＿＿＿＿＿＿＿＿

在
at ＿＿＿＿＿＿＿＿＿＿＿＿＿

样例 6-10　空白原产地证

ORIGINAL

1. Exporter	Certificate No.
2. Consignee	**CERTIFICATE OF ORIGIN** **OF** **THE PEOPLE'S REPUBLIC OF CHINA**
3. Means of transport and route	5. For certifying authority use only
4. Country/region of destination	

6. Marks and numbers	7. Number and kind of packages; description of goods	8. H. S. Code	9. Quantity	10. Number and date of invoices

11. Declaration by the exporter	12. Certification
The undersigned hereby declares that the above details and statements are correct, that all the goods were produced in China and that they comply with the Rules of Origin of the People's Republic of China.	It is hereby certified that the declaration by the exporter is correct.
---------------------------------- Place and date, signature and stamp of authorized signatory	---------------------------------- Place and date, signature and stamp of certifying authority

样例 6-11　空白汇票

No. _____ Dalian，China_____

Exchange for _____

At _____ sight of this FIRST of Exchange(Second of exchange being unpaid)，pay to the order of

the sum of _____

Drawn under _____

To：_____

_____

No. _____ Dalian，China_____

Exchange for _____

At _____ sight of this SECOND of Exchange(First of exchange being unpaid)，pay to the order of

the sum of _____

Drawn under _____

To：_____

_____

学习评价

学习目标测评表

（在□中打√，A掌握、B基本掌握、C未掌握）

测评目标	评价指标	自测结果			存在问题
知识目标	汇付的概念和当事人	□A	□B	□C	
	汇付的种类及特点	□A	□B	□C	
	托收的概念和当事人	□A	□B	□C	
	托收的种类及特点	□A	□B	□C	
技能目标	掌握汇付方式下进出口单据缮制程序及技巧	□A	□B	□C	
	掌握托收方式下进出口单据缮制程序及技巧	□A	□B	□C	
	进一步巩固信用证结汇方式下单证缮制的技巧，提高熟练程度	□A	□B	□C	
素养目标	不断学习，与时俱进，逐步提高工作质量	□A	□B	□C	
	善于总结经验，提高业务的综合处理能力	□A	□B	□C	

学生签字： 教师签字： 日期：

参 考 文 献

[1] 谢娟娟. 对外贸易单证实务与操作[M]. 2版. 北京:中国人民大学出版社,2022.

[2] 杨金玲. 进出口单证实务[M]. 北京:首都经济贸易大学出版社,2022.

[3] 戈雪梅,谢恽. 外贸单证操作[M]. 2版. 北京:高等教育出版社,2022.

[4] 莫运襟,崔蕾. 最新外贸单证实务[M]. 大连:东北财经大学出版社,2021.

[5] 林榕,吕亚君. 外贸单证实务(微课版)[M]. 北京:人民邮电出版社,2018.

[6] 林建煌. 品读 ISBP745[M]. 厦门:厦门大学出版社,2013.

[7] 宋毅英. 信用证、单据审核指南[M]. 北京:中国金融出版社,2008.

[8] 阎之大. UCP600 解读与例证[M]. 北京:中国商务出版社,2007.